# 100 WERELDPLEKKEN

## DIE JE GEZIEN MOET HEBBEN

*De royalty's die Floortje Dessing met dit boek verdient gaan naar een kleine school van de Kajunju Abahambani GCS (Growers Cooperative Society), een koffieplantage die met het keurmerk van Max Havelaar koffie produceert. Met dit geld kunnen zij leslokalen inrichten en lesmateriaal aanschaffen. Floortje Dessing is ambassadeur van stichting Max Havelaar.*

*Voor meer informatie over het project en de vorderingen ervan, check www.maxhavelaar.nl/floortje.*

*Daarnaast gaat een deel van de opbrengst van* 100 wereldplekken *naar de stichting Share Trade, die zich inzet voor verschillende projecten op het gebied van fair-tradehandel. In februari 2006 opende Floortje Dessing de fair-tradewinkel Nuku Hiva aan de Haarlemmerstraat 36 te Amsterdam.*

FLOORTJE DESSING

# 100 WERELDPLEKKEN
## DIE JE GEZIEN MOET HEBBEN

2010 Prometheus Amsterdam

Eerste druk 2004
Dertiende druk 2010


Met medewerking van Mandy Soons
Omslagontwerp Leon Bloemendaal
Opmaak binnenwerk Marieke Oele/Mat-Zet BV
Foto auteur Yvette Wolterink
Foto omslag Remco van Puffelen
www.uitgeverijprometheus.nl
ISBN 978 90 446 1676 7

# INHOUD


Kaart 8-9

Woord vooraf 11

Alaska – Wildernislodge 15

Argentinië & Chili – Rondreis 19

Australië – Outback 26

Australië – Tasmanië 33

Australië, Torquay – Stuntvliegen 37

De Bahama's – San Salvador 42

België – Kastelentocht 46

Belize – Shark Alley 49

Bermuda – Trouwen 52

Brazilië – Amazonehotel 56

Brazilië – Salvador de Bahia 59

Brunei – Ontmoet de sultan 63

Cambodja – Phnom Penh 67

Canada – Sun Peaks 72

China – Beijing 76

Cookeilanden – Rarotonga 84

Cookeilanden – Aitutaki 88

Costa Rica – Zwitsers hotel 92

Cuba – Havana 96

Cuba – Santiago de Cuba 100

Duitsland – München 103

Ecuador – Poor Man's Galápagos 107

Fiji – Kavaceremonie 112

Finland – IJsbrekercruise 116

Frankrijk – Camargue 120

Frankrijk – Champagne! 124

Frans-Polynesië – Tahiti 127

Frans-Polynesië – Bora Bora 130

Frans-Polynesië, Moorea – Zwemmen met roggen 134

Groenland – Sisimiut 137

Groenland – Hondensledetocht 140

Groot-Brittannië – Brighton 144

Guatemala – Rondreis 148

Hawaï – Molokai 153

Hawaï – The Big Island 159

Ierland – Pubs 165

India – Kerala 168

Indonesië – Bali 172

Indonesië – Sumatra 177
Italië – Calabrië 181
Italië – Pizza's in Napels 184
Jamaica – Achterland 187
Japan – Tokio 191
Japan – Kyoto 194
Jordanië – Rondreis 199
Kenia – Wild kamperen 202
Korea – Karate met monniken 207
Korea – Eten 211
Laos – Luang Prabang 215
Laos – Vlotvaren 220
Malediven – Soneva Gili Resort & Spa 225
Maleisië – Langkawi 230
Mallorca – Sierra de Tramuntana 236
Marokko – Rondreis 241
Marokko – Marrakech 245
Mauritius – Oberoi Hotel 249
Mexico – San Cristóbal de las Casas 252
Mexico – Tulum 255
Mongolië – Naadam-festival 259
Namibië – Sossusvlei 263
Nepal – Kathmandu 267
Nicaragua – Granada 270
Nieuw-Zeeland – Abel Tasman National Park 273
Nieuw-Zeeland – Pahia 277
Noorwegen – Lofoteneilanden 280
Noorwegen – Zomerskiën 283
Noorwegen – Spitsbergen 287
Palau – Jellyfish Lake 293
Palau – Palau Pacific Resort 297
Peru – Machu Picchu 301
Peru – Niños Hotel 306
Portugal – De Azoren: San Miguel, Pico en Faial 310
Qatar – Woestijn 316
Rusland – Sint-Petersburg 321
Schotland – Edingburgh 326
Schotland – Spookkasteel 329
De Seychellen – Droomeilanden 333
Sri Lanka – Kandy 337
St. Lucia – Rondtocht 340
Suriname – Jungle 343
Taiwan – Sun Moon Lake en Lanyu 349
Tanzania – Ngorongoro Crater Lodge 355
Thailand – Koh Pha Ngan 360
Thailand – Koh Phi Phi 363

Thailand – Olifanten 366
Tobago – Stoomsauna van Bobo Shanti 369
Treinreizen – Trans-Siberië Express 373
Trinidad – Carnaval 380
Turkije – Skiën en cultuur 383
Verenigde Staten – San Francisco 386
Verenigde Staten – Freestyle skispringen 390
Verenigde Staten – New York 394
Verenigde Staten, Memphis – Graceland 399
Verenigde Staten, Memphis – Shack-up Inn 402
Vietnam – Saigon 405
Zuid-Afrika – Kaapstad 409
Zuid-Afrika – Kamperen in Krugerpark 414
Zweden – Vlotvaren 418
Zwitserland – Vakantieland 422

Eindbestemming – Nederland 426

Fotoverantwoording 430
Dank dank dank... 431

# Kaart

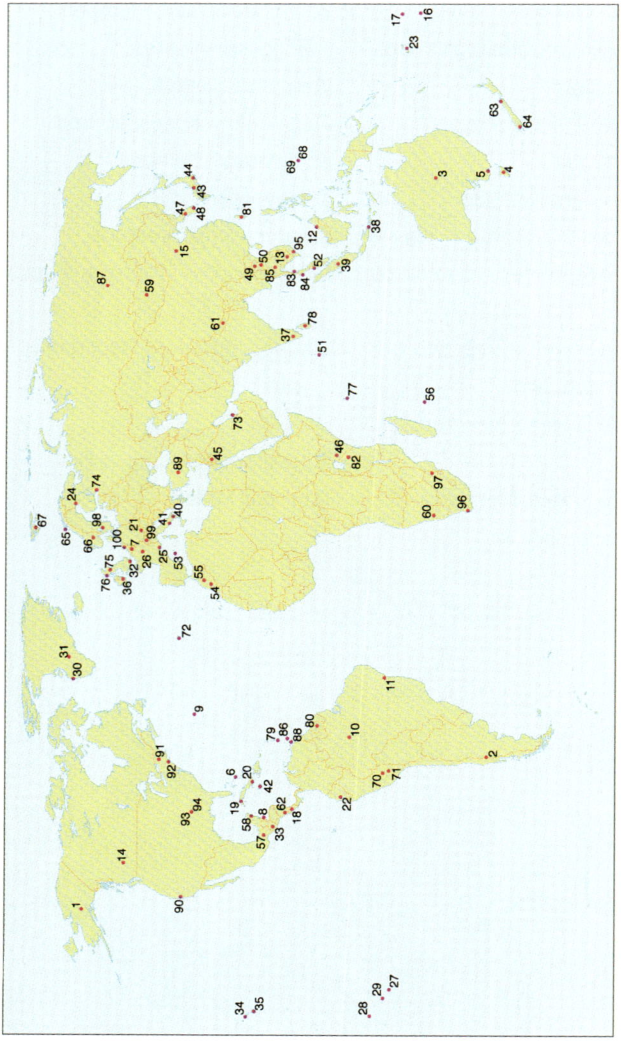
1
14
90
93
94
91
92
57
58
33
8
19
62
18
6
20
42
22
79
86
88
80
10
70
71
2
11
9
30
31
72
34
35
28
29
27
67
65
66
98
24
74
100
7
21
99
41
40
76
75
36
32
26
25
53
55
54
89
45
73
46
82
97
60
96
77
56
51
37
78
61
87
59
15
47
48
44
43
81
49
50
85
13
83
84
95
12
52
39
38
69
68
3
5
4
63
64
17
16
23

1 Alaska
2 Argentinië & Chili
3 Australië, Outback
4 Australië, Tasmanië
5 Australië, Torquay
6 De Bahama's
7 België
8 Belize
9 Bermuda
10 Brazilië, Amazonehotel
11 Brazilië, Salvador de Bahia
12 Brunei
13 Cambodja, Phnom Penh
14 Canada, Sun Peaks
15 China, Beijing
16 Cookeilanden, Rarotonga
17 Cookeilanden, Aitutaki
18 Costa Rica
19 Cuba, Havana
20 Cuba, Santiago de Cuba
21 Duitsland, München
22 Ecuador
23 Fiji
24 Finland
25 Frankrijk, Camargue
26 Frankrijk, Champagne!
27 Frans-Polynesië, Tahiti
28 Frans-Polynesië, Bora Bora
29 Frans-Polynesië, Moorea
30 Groenland, Sisimiut
31 Groenland, Hondensledetocht
32 Groot-Brittannië, Brighton
33 Guatemala
34 Hawaï, Molokai
35 Hawaï, The Big Island
36 Ierland
37 India, Kerala
38 Indonesië, Bali
39 Indonesië, Sumatra
40 Italië, Calabrië
41 Italië, Napels
42 Jamaica
43 Japan, Tokio
44 Japan, Kyoto
45 Jordanië
46 Kenia
47 Korea, Karate met monniken
48 Korea, Eten
49 Laos, Luang Prabang
50 Laos, Vlotvaren
51 Malediven
52 Maleisië, Langkawi
53 Mallorca, Sierra de Tramuntana
54 Marokko, Rondreis
55 Marokko, Marrakech
56 Mauritius
57 Mexico, San Cristóbal de las Casas
58 Mexico, Tulum
59 Mongolië
60 Namibië, Sossusvlei
61 Nepal, Kathmandu
62 Nicaragua, Granada
63 Nieuw-Zeeland, Abel Tasman National Park
64 Nieuw-Zeeland, Pahia
65 Noorwegen, Lofoteneilanden
66 Noorwegen, Zomerskiën
67 Noorwegen, Spitsbergen
68 Palau, Jellyfish Lake
69 Palau, Palau Pacific Resort
70 Peru, Machu Picchu
71 Peru, Niños Hotel
72 Portugal, De Azoren
73 Qatar
74 Rusland, Sint-Petersburg
75 Schotland, Edingburgh
76 Schotland, Spookkasteel
77 De Seychellen
78 Sri Lanka, Kandy
79 St. Lucia
80 Suriname
81 Taiwan
82 Tanzania
83 Thailand, Koh Pha Ngan
84 Thailand, Koh Phi Phi
85 Thailand, Olifanten
86 Tobago
87 Treinreizen
88 Trinidad
89 Turkije
90 Verenigde Staten, San Francisco
91 Verenigde Staten, Freestyle skispringen
92 Verenigde Staten, New York
93 Verenigde Staten, Memphis, Graceland
94 Verenigde Staten, Memphis, Shack-up Inn
95 Vietnam, Saigon
96 Zuid-Afrika, Kaapstad
97 Zuid-Afrika, Krugerpark
98 Zweden
99 Zwitserland
100 Nederland

# WOORD VOORAF

Een aantal jaren geleden was ik, tijdens een tussenstop richting de Pacific, een dagje in Los Angeles en wandelde daar over de boulevard van Santa Monica. Een vriendin die mee was stelde voor om mijn hand te laten lezen bij een vrouw die op een klein klapstoeltje zat. De vrouw nodigde me uit om tegenover haar plaats te nemen en mijn hand in haar schoot te leggen.

Na een paar minuten naar mijn hand gestaard te hebben vroeg ze of ik hier gekomen was met een vraag. Ik antwoordde ontkennend en de vrouw keek me met een glimlach aan: 'Ik zie ook geen directe problemen bij jou, maar wel veel onrust. Je bent altijd onderweg, om dingen te zien en te beleven. Dat is een boeiend leven, maar het is wel vermoeiend.'

Ik knikte. Ik had net een maand thuis op de bank gelegen omdat ik geen stap meer kon zetten van vermoeidheid.

'Ga op pad, maar doe het met beleid. En doe iets met je reizen. Vertel aan iedereen wat je gezien hebt. Schrijf het desnoods op en maak er een boekje over.'

Het was uitgesloten dat deze Amerikaanse vrouw wist dat ik al een paar jaar reisprogramma's maak voor de Nederlandse televisie.

Van kinds af aan is een leven met zo veel reizen mijn grote droom geweest. Ik herinner me nog haarscherp hoe ik als kind van tien in mijn bed lag te huilen om het idee dat ik nog minstens acht jaar naar school moest. Ik wilde weg en zeker niet omdat ik het thuis niet goed had. Sterker nog: ik heb een fantastische jeugd gehad! Er was bij ons thuis genoeg vrijheid en vaak trokken we eropuit om te gaan zeilen met onze kleine zeilboot of om ergens in Nederland te gaan kamperen.

Maar ik wilde meer, toen al. Ik droomde weg bij het zien van een wereldkaart en fantaseerde hoe al die vreemde gekleurde landen er in het echt uit zouden zien.

En dan eindelijk dit boek dat er – ondanks de drukte – toch gekomen is, met grote dank aan Mandy Soons, redacteur/producer van *Yorin Travel*, die vijf jaar geleden bij mijn bedrijf begon als stagiaire en is gegroeid tot een van de besten in haar werk. De aangewezen persoon om dit boekje mee te schrijven omdat we samen ontelbare keren de wereld over gegaan zijn en omdat ze na zo veel jaren afscheid van *Yorin Travel* heeft genomen om andere programma's te gaan produceren.

*100 wereldplekken* is een weerslag van de jaren dat ik reisprogramma's maakte, maar ook van de vele reizen tijdens deze periode. Het is een verzameling van honderd plaatsen die ik heb gezien. Ze staan op alfabetische volgorde, want een toptien is er niet te maken. Het is ook niet de ultieme lijst van honderd bestemmingen, want ik weet zeker dat er nog tienduizend andere prachtige plekken zijn die er niet in staan. Dit boek is bedoeld als een inspiratiebron voor toekomstige reizen.

En mocht je zelf een wereldplek ontdekken, dan vind ik het geweldig om daarover te horen: floortje_dessing@yahoo.com. Natuurlijk hoor ik ook graag je op- en aanmerkingen op dit boek.

*Floortje Dessing*
voorjaar 2004

PS: Veel dank voor het aanschaffen van *100 wereldplekken*, want hiermee steun je een onderwijsproject in Afrika, ter bestrijding van analfabetisme, in samenwerking met Max Havelaar. Deze organisatie zorgt ervoor dat producenten in ontwikkelingslanden een eerlijke prijs voor hun producten krijgen. Deze prijs stelt hen in staat te investeren in kwaliteit en zelf te werken aan een betere toekomst.

Toevoeging bij de zesde druk

Verschillende gebieden waar ik ben geweest zijn getroffen door de tsunami op 26 december 2004. Bij deze verschrikkelijke ramp zijn onvoorstelbaar veel mensen omgekomen en zijn huizen, dorpen en toeristische oorden volledig van de kaart geveegd.

Als nieuwe ambassadeur van Het Nederlandse Rode Kruis kon ik een paar dagen na de ramp afreizen naar de zwaar getroffen zuidkust van Sri Lanka: een zeer ingrijpende reis die ik niet snel meer zal vergeten. Ik zag er niet alleen de verwoesting maar ook de hoop van mensen op een nieuw bestaan, zo kort nadat ze alles kwijt zijn geraakt. Ondanks het feit dat deze rampgebieden nog lange tijd nodig zullen hebben om enigszins te herstellen, kan het toerisme in deze landen de bevolking mede helpen om er materieel gezien weer bovenop te komen.

Ook in dit boek staan plekken die door de tsunami zijn verwoest: het Soneva Gili Resort op Lankafushi Island (de Malediven, p. 225-229) en het Maphrao Resort op Koh Phi Phi Don (Thailand, p. 363-365). De resorts worden nu gerestaureerd en de stranden worden opgeknapt. Op de volgende sites kun je informatie vinden over de huidige situatie: http://www.sixsenses.com/soneva-gili/ en www.maprao.com.

En mocht je niet op reis gaan,

dan kun je natuurlijk altijd geld storten op giro 555 van de gezamenlijke hulporganisaties.

# WILDERNISLODGE

## Alaska

Mijn hele leven wilde ik al naar Alaska. In mijn fantasie was het een land met eindeloze vlaktes waar je dagen rond kon rijden en slechts af en toe een pick-up truck zou tegenkomen, waarvan de bestuurder verstoord zou opkijken omdat hij al in geen dagen een ander mens had gezien. Geen idee waar die fascinatie vandaan komt, misschien hou ik wel gewoon van dit soort eenzaamheid.

In het najaar van 2002 land ik eindelijk in de stad Anchorage. De vlucht was verre van ontspannend, want we vliegen op 11 september, precies een jaar na de aanslagen op het WTC. Ik heb zel-

den een vlucht meegemaakt die zo angstaanjagend is als deze, want niemand zegt een woord en je mag het eerste uur zelfs niet uit je stoel opstaan omdat je dan voor een terrorist zou kunnen worden aangezien. Maar het blijft rustig en na meer dan zestien uur onderweg te zijn geweest, sta ik eindelijk op het vliegveld van de stad Anchorage.

Eigenlijk is het land in de realiteit helemaal niet zo anders dan ik me heb voorgesteld. Goed, niet iedereen woont in een blokhut ergens op een kale vlakte en je kunt in enkele steden ook gewoon in de file staan, maar toch bevestigt het land veel van de vooroordelen. Je kunt er dagen rondreizen zonder iemand tegen te komen. Niet zo gek als je je bedenkt dat dit land bijna net zo groot is als Australië en er maar 600.000 mensen wonen. Als je de samenleving zat bent en je wilt helemaal alleen verdergaan, dan kun je hier een nieuw en afgezonderd leven beginnen.

Alaska blijkt echt een prachtig land te zijn. Eindeloze uitgestrekte gletsjers worden afgewisseld met ruige bergtoppen en voor je het weet sta je oog in oog met een eland of, met een beetje pech, met een bruine beer. (Nooit gaan rennen! Altijd het dier aan blijven kijken en voorzichtig achteruit lopen.)

Het hoogtepunt van mijn verblijf in Alaska is een bezoek aan de wildernislodge van Pam en Mike. Vijfentwintig jaar geleden kwamen ze hier met hun zoontje Dean wonen om de gekte van San Francisco te ontvluchten. Om wat bij te verdienen richtten ze een kleine blokhut naast het huis in als gastenverblijf.

Dat bleek een groot succes te zijn. Als je hier komt logeren, kun je voelen hoe het is om écht ver van de bewoonde wereld te leven en een buurman te hebben die op een dag lopen bij je vandaan woont.

Het avontuur begint als je door Mike wordt opgepikt in zijn wa-

tervliegtuig voor een tocht van een uur richting de lodge. Na de landing op het meer voor het huis word je hartelijk begroet door Pam, die met hete koffie en verse muffins zit te wachten.

Overdag maak je lange wandelingen met Mike, die uren kan vertellen over het leven ver van de bewoonde wereld. Over die keer dat ze 's winters onverwacht bezoek kregen van een hongerige bruine beer die te vroeg uit zijn winterslaap was ontwaakt. Of over die keer dat hij Dean beloofd had met hun vliegtuig naar een concert van Garth Brooks te gaan, maar het vliegtuig kapot was, waarna ze drie dagen naar de grote stad hebben gelopen om er toch bij te kunnen zijn.

Als je na een dag lang lopen moe en hongerig thuiskomt, ruik je bij binnenkomst het verse brood dat Pam heeft gebakken en kun je aanschuiven voor een maaltijd die zelden zo lekker heeft gesmaakt.

Voor het slapen gaan neemt Mike je nog even mee naar de top van de heuvel naast het huis, om je de planeten en de sterren aan te wijzen. Verder weg van de bewoonde wereld zul je je niet snel voelen.

**WAT:** Wildernislodge

**WAAR:** Talkeetna, Alaska

**WANNEER:** Het hele jaar door, behalve de weken dat het meer ontdooit of juist bevriest, want dan kan het watervliegtuig niet gebruikt worden en is de lodge van de buitenwereld afgesloten.

**WAT KOST HET:** Drie dagen verblijf, alle dranken en maaltijden plus vervoer per watervliegtuig: vanaf $ 895

**MEER INFORMATIE:** Alaska algemeen: www.alaska.com; Caribou Lodge, tel.: 001 907 733 21 63, www.cariboulodgealaska.com/, of www.alaskatours.com/wildlife/alaska-lodges/

# RONDREIS

## Argentinië & Chili

Voordat ik me fulltime ben gaan storten op het produceren en presenteren van RTL *Travel*, kon ik gelukkig al op pad voor – toen nog – Veronica. Een van mijn eerste klussen was het presenteren van de Camel Trophy, voor mij toentertijd een droom die uitkwam. In 1997 was de eerste: een maand door Mongolië, waarna ik een jaar later naar Argentinië en Chili mocht. Een maand lang zat ik op de achterbank van de Landrover van het Nederlandse team en hobbelde ik mee tot in alle uithoeken van de verschillende landen. Tijdens deze Camel Trophy moesten twaalf internationale teams in een aantal weken een route afleggen, terwijl men onderweg diverse opdrachten moest uitvoeren. Voor mij was het geweldig: er reisde ook een groot team van begeleiders en journalisten mee, dus het was bijzonder gezellig, de landen waren oogverblindend mooi, ik sliep elke nacht in een tentje op de meest bijzondere plekken en kwam ook nog eens overal in zo'n land.

De Trophy van 1998 voerde ons door zowel Chili als Argentinië en deze route is voor mij nog steeds een van de mooiste die ik ooit gereden heb. Wil je de landen zelf bezoeken, dan kan ik je deze tocht bijzonder aanbevelen. Ondanks het feit dat er zowel in Chili als in Argentinië goede mogelijkheden zijn om per openbaar vervoer te reizen, kun je deze tocht het best per auto maken. Het probleem is namelijk dat er geen goede verbindingen zijn van de hoofdstad Santiago naar het uiterste zuiden, daarnaast heb je met de auto natuurlijk ook veel meer vrijheid.

De trip begint in de hoofdstad van Chili: Santiago. Deze stad is sowieso de moeite van een bezoek waard. Ondanks het feit dat de stad door zijn ligging tussen de bergen vrijwel altijd in een deken van smog gehuld is, is er genoeg te zien en te beleven. Bijvoorbeeld de Mercado Central, het grote centrale plein en het Parque Metropolitano. Dit gigantische stadspark is gebouwd op een hoge heuvel waarvandaan je een prachtig uitzicht over de stad hebt (helaas alleen als het geregend heeft, dan is er namelijk minder smog).

Reis je tijdens de Chileense winter (als het bij ons zomer is) dan kun je niet ver van Santiago skiën of snowboarden in Valle Nevado, een van de grootste skigebieden van het zuidelijk halfrond. Met meer dan dertig kilometer piste, een halfpipe voor de snowboarders, moderne skiliften en goede hotels kun je je hier een paar dagen prima vermaken. En wil je nog meer actie, dan boek je een trip in een Bell 407 helikopter voor een onvervalste heli-ski- of snowboardervaring.

Dan is het tijd om richting het zuiden te gaan. De eerste dagen reis je over het laatste gedeelte van de Panamericana, een prachtige route met vulkanen, bergen, meren en uitgestrekte bossen.

Halverwege Chili is het gedaan met deze weg en moet je afbuigen naar het oosten om via Argentinië verder naar het zuiden te kunnen rijden. Ook de moeite waard is een bezoek aan Bariloche, een beroemd wintersportoord (Willem-Alexander en Máxima zijn er ook gesignaleerd) en tevens chocolademekka van Argentinië. Argentijnen zijn echt dol op zoetigheid en hier vind je tientallen winkels waar je alle mogelijke soorten chocolade kan kopen.

Het tweede gedeelte van de reis is een aaneenschakeling van hoogtepunten, letterlijk! Eerst bezoek je het Parque Nacional los Glaciares waar je uren kunt staren naar de torenhoge en ijsblauwe Morenogletsjer die om de zoveel tijd immense brokken ijs loslaat die met een donderend geraas naar beneden komen.

Daarna steek je de grens weer over naar Chili, voor een bezoek aan het onbeschrijfelijk mooie Torres del Paine National Park. Niet voor niets wordt dit park een van de mooiste ter wereld genoemd en het landschap is zo indrukwekkend dat je er eigenlijk een paar weken zou moeten blijven. Glooiende groene valleien worden doorsneden door helder stromende beken, met op de achtergrond het decor van gigantisch hoge bergen die als messen de lucht in steken. Deze drie grillige granieten bergen die meer dan 2000 meter hoog zijn hebben het park ook zijn naam gegeven: de torens van Paine (Pie-nay bete-

kent 'blauwe lucht').

Neem een tent mee en ga er kamperen, maak ellenlange wandelingen, ga kajakken op de onvoorstelbaar blauwe meren tussen de ijsschotsen van de gletsjers of, als je genoeg ervaren bent, beklim de bergen. Maar mis dit park niet, want je zult zelden iets mooiers hebben gezien. Je vindt in dit gebied trouwens ook een van de mooiste hotels van Zuid-Amerika: Salto Chicko. Dit design hotel, dat gebouwd is aan het Lake Pehoe, is helemaal van hout. Vanuit de kamers heb je een oogverblindend uitzicht op de spitse bergen. Prachtig, maar helaas onvoorstelbaar duur.

Het laatste gedeelte van de tocht voert door Magallanes en het legendarische Tierra del Fuego; bij ons beter bekend als Vuurland! Al sinds de beroemde ontdekkingsreiziger Magelhaens in de zestiende eeuw dit gebied ontdekte, is de mensheid gefascineerd geweest door deze uithoek. Hier houdt de wereld op, veel verder weg van de beschaving kun je niet komen. Het is dan ook heel bijzonder om na dagenlang gereden te hebben door de meest afgelegen vlaktes in Punta Arenas te arriveren. Dit is een westerse stad waar je ineens weer gewoon kunt pinnen of tanken bij een Shell-station met broodjes en koffie. In deze stad vind je onder meer een van de mooiste begraafplaatsen ter wereld met veel Europese graven, maar ook elegante en stijlvolle gebouwen uit de tijd dat de stad veel rijkdom kende door de handel in wol.

Het eindpunt van de reis is het kleine stadje Ushuaia, dat weer in Argentinië ligt en dat tevens het meest zuidelijke stadje op aarde is. Ooit was het de plek waar Argentinië zijn criminelen en politieke gevangenen heenbracht, maar sinds de jaren vijftig staat het vooral bekend als een belangrijke marinebasis voor het Argentijnse leger. Zijn grootste bekend-

CAMEL
TROPHY
DISCOVERY
George Derksen
Aletta van Beeck
CAMEL
TROPHY

heid ontleent Ushuaia aan het feit dat het de toegangspoort naar Antarctica is. Van hieruit vertrekken de voornamelijk Russische schepen voor lange expedities richting de zuidpool.

Heb je nog een paar dagen, ga dan naar het Museum Presidio de Ushuaia waar tot 1947 de plaatselijke gevangenis gevestigd was. Je kunt een bezoek brengen aan de donkere en ijskoude cellen, sommige nog in originele staat met tekeningen en foto's van de laatste bewoners aan de muur. Hier zie je hoe zwaar het leven voor de gevangenen was in deze ruige uithoek. Tegenwoordig is het leven hier een stuk aangenamer. Er staat een aantal goede hotels, waaronder het dure Las Rayas Resort Hotel, maar ook het spotgoedkope Residencia Lucia Zaprucki.

Je kunt je reis 's winters eindigen op de meest zuidelijke skipiste op aarde: Cerro Castor, een unieke ervaring. In dit gerenoveerde skigebiedje zijn vier skiliften, een restaurant en een ski- en snowboardverhuurcentrum. 's Zomers is het er ook prachtig, in de omgeving kun je mooie wandelingen maken.

En als je daar ten slotte op de kade staat na zo veel duizenden kilometers te hebben afgelegd, met de wetenschap dat het hier allemaal ophoudt, zul je zeker terugkijken op een van de meest bijzondere tochten van je leven.

**WAT:** Tocht van bijna 3000 kilometer van Santiago de Chili naar Ushuaia
**WAAR:** Chili en Argentinië
**WANNEER:** November tot maart voor de groene landschappen, beter begaanbare wegen en het weer, juni tot september voor de wintersport en het afzien!
**KOSTEN:** Een aantal jaar geleden was Argentinië een van de duurste landen van Zuid-Amerika, terwijl Chili juist heel goedkoop was. De laatste jaren is deze situatie omgedraaid: door de devaluatie van de peso is Argentinië ook voor budgetreizigers betaalbaar geworden, terwijl je in Chili juist meer betaalt. In Argentinië worden er soms twee prijzen worden gehanteerd: één voor de Argentijnen zelf en een (duurdere) voor toeristen.
Benzine is niet duur. Overnachten doe je in een tent of in pensionnetjes, zgn. *residenciales*, waar je vanaf $ 4 al een kamertje kunt huren. Salto Chicko: vanaf $ 1398 voor drie dagen (= minimale verblijfsduur)
**MEER INFO:** AAA Chili (wegenwacht die je kan helpen met bijv. landkaarten) (02) 2125702; voor autohuur: www.hertz.com; voor alle info over het kopen van een auto in Chili: http://home.wish.net/~bandido/wereldreis/onderweg/Chili_9.html; skigebied Valle Nevado: www.vallenevado.com/; hotel Salto Chico: 0056-23952581 of www.explora.com; hotels Ushuaia: www.dilos.com/location/hotels/14468, skiën Ushuaia: www.tierradelfuego.org.ar/funcardio/ski.htm

# OUTBACK

## Australië

Waar moet ik beginnen om uit te leggen waarom Australië een wereldplek is? Misschien gewoon bij het begin: zo gauw je het vliegtuig uit wandelt merk je dat er een bijzonder relaxte sfeer hangt. Tijdens het wachten in de rij voor de douane klinkt er rustige muziek, bij het hokje word je begroet door vriendelijke douaniers en eenmaal in de aankomsthal staan bij de infobalie vriendelijke meisjes klaar om je vragen te beantwoorden. En zo gauw je het vliegveld af wandelt, ruik je de eucalyptusgeur die je de rest van je verblijf zal blijven volgen.

Australiërs zijn een trots volk en met recht, want hun land is van een onmetelijke schoonheid. Naast wereldsteden als Sydney en Melbourne vind je hier onvoorstelbaar mooie natuur die altijd afwisselend is. Natuurlijk is er de Great Barrier Reef – het grootste koraalrif van de wereld –, de prachtige stranden en de ruige jungle in het noorden, maar ook het zuiden is oogverblindend met een groene, vruchtbare kuststreek, afgewisseld door bergachtige gebieden waar de Australiërs zelfs 's winters skiën.

Het meest imposante is natuurlijk de outback: de grootste woestijn op aarde, een onmetelijke vlakte van dor, droog en onbegaanbaar land. Een gebied dat altijd al tot de verbeelding van reizigers heeft gesproken en waar je je als mens nietiger dan ooit kunt voelen.

Wil je naar de outback, plan je trip dan goed, want zonder goede voorbereiding heb je een probleem, dit land kent namelijk geen genade.

Er zijn een paar mogelijkheden om de outback te ontdekken, bijvoorbeeld per trein (zie Treinreizen), maar je kunt ook direct het vliegtuig nemen naar een stad als Alice Springs. Veel reizigers gaan ook per bus, dat scheelt je een hoop geregel en je loopt geen risico's. Toch is de mooiste manier om hier rond te reizen de auto. Je hebt alle vrijheid om je eigen planning te maken en je bent niet gebonden aan anderen. Wil je een auto huren of kopen, informeer dan goed naar de mogelijkheden. Word lid van de Australische wegenwacht, verzeker jezelf, plan je route, laat op verlaten stukken een bericht bij de plaatselijke politie achter wanneer je aan denkt te komen en zorg voor voldoende proviand, water en reserveonderdelen. Denk na, gebruik je gezonde verstand en luister naar de verhalen van medereizigers, dat kan je een hoop ellende besparen.

Auto's kun je huren in de grote steden, maar je kunt er ook een kopen, bijvoorbeeld in speciale garages waar backpackers hun auto weer verkopen nadat ze hun reis beëindigd hebben. Voordeel is dat je er veel extra (kampeer-)spullen bij krijgt, nadeel is dat de auto's vaak al redelijk afgeragd zijn. Maar ben je net aangekomen in het land, dan zijn er in de verschillende hostels zat mensen die je alle informatie kunnen geven over het reizen door de outback.

De outback begint nadat je vanaf de kust het boerenland binnen rijdt. In deze vruchtbare gebieden worden groenten en fruit geteeld en vind je kleine, van god verlaten dorpjes. Waar de landbouwgrond ophoudt, begint een gele grasvlakte die honderden kilometers verderop overloopt in woestijn. Dit is de echte outback, het land

van ruige cowboys, die hun vee hoeden door middel van helikopters, maar ook het land van de aboriginals.

Er zijn niet veel wegen in de outback. Darwin, helemaal in het noorden, wordt verbonden met Adelaide in het zuiden. Op die lange weg heb je de keus om naar de westkust, naar Perth, af te slaan, of naar Townsville, in het oosten. Daartussenin ligt een dor landschap met hier en daar een spookstadje, waar ooit goudzoekers woonden.

In het droge binnenland kun je dagen rijden zonder ook maar iemand tegen te komen. De horizon is oneindig en de lucht verandert constant van kleur. Nooit eerder had je zo veel ruimte.

Kom je een benzinepomp tegen, dan moet je altijd je tank vol gooien. En het liefst ook een jerrycan. Het is een ongeschreven regel dat je stopt voor iemand met pech, want er is een kans dat je de enige andere voorbijganger bent van die dag. Outbackwaardige auto's hebben een 'roo-bar' op de voorbumper, een ijzeren constructie die de ergste klap opvangt wanneer je een kangoeroe aanrijdt. Overal langs de weg liggen dode kangoeroes, vaak met een groepje gieren eromheen. Het wordt sterk afgeraden om in het donker te rijden; zodra de temperatuur daalt komen kangoeroes in beweging. In groten getale springen ze over de weg en ze zijn dan bijna niet te ontwijken.

Midden in het land ligt Alice Springs, waar je verblijft als je Ayers Rock – of Uluru zoals de aboriginals hun heilige rots noemen – wilt bezoeken, 1488 kilometer van Darwin. Een prachtige tocht en heel populair bij reizigers. Tussen deze twee steden liggen dagen van eenzaamheid. Geen mens te bekennen, slechts jij en de natuur. En voor de gezelligheid een reispartner, of twee.

En dan opeens, na dagen van

onafgebroken rijden, staat daar de Daly Waters pub, op de enige kruising in het noorden van de outback. Hier kies je of je naar beneden – naar Alice Springs – gaat, of naar het oosten – richting Townsville. Welke kant je ook besluit op te gaan, de Daly Waters Pub mag en wil je niet missen. Een koud biertje smaakt zelden zo lekker. In de pub zitten steevast een paar gasten aan de toog, hoofdzakelijk mannen met baarden van het type dat vrouwen steevast met 'Sheela' aanspreekt (ook nadat je ze verteld hebt hoe je echt heet).

De mensen die op deze verlaten plek alle dagen van hun leven doorbrengen zijn blij met nieuw gezelschap, dus alle grote verhalen die ze kennen worden nog eens extra aangedikt en smakelijk verteld. Als je moeite hebt je los te rukken van de bar kun je bij Daly Waters Pub ook overnachten. In de achtertuin is een grasveldje speciaal gereserveerd voor gasten die hun roes uit willen slapen voordat ze weer verder reizen richting de horizon.

WAT: Autorit door de outback van Australië met een bezoek aan een echte outbackpub.

WAAR: Daly Waters, Tennant Creek

WANNEER: Maart tot mei, september en november zijn de aangenaamste tijden om door de outback te reizen

HOEVEEL KOST HET: Ticket naar Darwin vanaf € 950

MEER INFO: australië.pagina.nl of www.australia.com. Northern Territory: www.travelnt.com; NRMA: www.mynrma.com.au/travel.asp; tweedehandsauto's Sydney: tweede verdieping parkeergarage Kings Cross. Check ook de hostels voor adressen in andere steden. Veel mensen kopen hun auto via een advertentie uit de krant. De auto moet wel goedgekeurd zijn door de NRMA (wegenwacht) met een zgn. 'pink slip'. Meer informatie over Daly Waters Pub vind je op www.walkabout.com.au

# TASMANIË

## Australië

Zo veel mensen bezoeken Australië en zo weinig gaan er maar naar Tasmanië, terwijl het volgens vele kenners de mooiste staat van Australië is! Het eiland Tasmanië, de meest zuidelijke staat van Australië, is voor wie van natuur houdt één groot attractiepark. Het heeft een unieke flora en fauna en frisse lucht die nergens anders is te vinden. Een vijfde van het eiland valt onder het werelderfgoed en het hele zuidwestelijke deel wordt beschouwd als een van 's werelds laatste wildernissen, mede dankzij de geïsoleerde ligging van dit eiland. Het eiland is 2,6 keer zo groot als Nederland en toch wonen er nog geen 500.000 mensen, genoeg ruimte dus voor de overweldigende natuur.

De eerste Europeaan die het eiland in 1642 bezocht was de Nederlandse ontdekkingsreiziger Abel Tasman die het eiland 'Van Diemensland' noemde, naar de gouverneur van de Oost Indische Compagnie. Uiteindelijk kreeg het eiland de naam van zijn 'ontdekker' en sindsdien heet het eiland Tasmanië.

Pas 161 jaar na Tasman vertrokken de eerste Europeanen naar dit eiland om zich er te vestigen. Ze troffen er de aboriginals aan die aanvankelijk nog getolereerd werden, maar uiteindelijk in een massale slachtpartij een voor een werden vermoord. Wil je het hele verhaal van deze inktzwarte geschiedenis lezen, dan kan ik je het boek *The Fatal Shore* van Robert Hughes aanraden, want hierin wordt het ontstaan van het huidige Australië volledig beschreven.

Tegenwoordig vechten de afstammelingen van de aboriginals

nog steeds voor het land dat hen vroeger is ontnomen. In 1995 heeft de overheid twaalf gebieden teruggegeven aan de Aboriginal Community, zoals Oyster Cove, Kutikina Cave en Steep Island. In 1999 kwam daar nog eens het gebied Wybalenna bij.

De voornaamste reden om dit eiland tegenwoordig te bezoeken zijn de vele nationale parken. Een aanrader is het Freycinet National Park, waar je verschillende soorten landschap vindt: van de 'wetlands' en de heidegebieden tot de kustduinen en de eucalyptusbossen. Ook zijn er prachtige baaien en stranden waaronder Wineglass Bay, door het outdoorblad *Outside* uitgeroepen tot een van de mooiste stranden op aarde. Overal groeien orchideeën en in de zee voor de kust kun je dolfijnen en walvissen zien zwemmen. Een paradijsje dus.

Wil je niet alleen wandelen, dan kun je op verschillende manieren dit gebied verkennen, bijvoorbeeld door een tocht per *quad bike* waardoor je nog veel meer kunt zien. Er gaat niet alleen een gids mee, maar ook een *bushtucker* die je onderweg alles kan uitleggen over dit fascinerende gebied. Ook spectaculair is het rotsklimmen en abseilen van de steile rotsen voor de kust met een adembenemend uitzicht, als je daar tenminste oog voor hebt, want het is aardig hoog.

Overnachten kun je onder meer in de Freycinet Lodge waar je, verscholen tussen het groen, kleine *cabins* vindt en een groot hoofdgebouw waar je heerlijk kunt eten. De lodge is zoveel mogelijk in harmonie met de natuur gebouwd, met gebruik van veel natuurlijke materialen. Water en afval worden gerecycled en energie wordt opgewekt. Echte avonturiers kiezen er natuurlijk voor hun tentje op te zetten, bijvoorbeeld op de Freycinet National Park Campgrounds. Houd er wel rekening mee dat je niet overal in het park mag kamperen.

Op weg naar Hobard is er een adresje dat je niet mag missen: Kate's Berry Farm. Het klinkt truttig, maar dit is een geweldige plek! De boerderij ligt op de rotsen van de Great Oyster Bay en van hieruit heb je een prachtig uitzicht over de Hazard Range, een mooi heuvelgebied. In de lente koop je hier de lekkerste verse frambozen, aardbeien, kruisbessen en andere bessen, maar ook de meest mogelijke variaties op dit fruit zoals jam, ijs, chutney en zelfs wijn. Vooral de aardbeienrieslingwijn is om voor naar Tasmanië te verhuizen.

Het leukste is nog wel Kate zelf; een Tasmaanse van rond de vijftig met geweldige humor, die voor iedereen de tijd neemt. Kate heeft niet alleen dit bedrijf, maar is ook nog eens vrijwilliger voor de lokale SOS-dienst: geregeld springt ze in haar pick-up truck om weer ergens een toerist of aussie uit de brand te helpen. Geloof me, deze plek is er eentje die je zult onthouden.

PS Zou je wel eens een tijdje mee willen helpen op de boerderij van Kate, of een ander (ecologisch) boerenbedrijf in dit gebied, dan kun je je aanmelden bij WWOOF (= Willing Workers On Organic Farms). In ruil voor kost en inwoning werk je op de boerderij. Een ideale manier om het land en de mensen te leren kennen en hier voor weinig geld te verblijven. Je vindt de WWOOF-boerderijen ook in de rest van Australië en Nieuw-Zeeland.

Ik heb zelf een tijdje in Nieuw-Zeeland op zo'n boerderij gewerkt en ik kan het je absoluut aanraden!

WAT: Freycinet National Park

WAAR: Tasmanië, Australië

WAT KOST HET: Toegang tot het Freycinet National Park: $ 10; Freycinet Lodge: vanaf $ 280; kamperen: vanaf $ 6,60 (rond Kerst ver van tevoren boeken, zie website); WWOOF: eenmalige inschrijfkosten van € 30, inclusief verzekering.

MEER INFO: Australië algemeen: www.australia.com; Tasmanië: www.discovertasmania.com; Freycinet National Park: Tel: 0061-(03) 6256 7000; outdoor sporten: Freycinet Adventures www.tasadventures.com/freycinetadventures; Freycinet Lodge: Freycinet National Park, Coles Bay, Tasmania, 7215, tel.: (03) 6257 0101, www.parks.tas.gov.au/; Freycinet Lodge: www.puretasmania.com.au/; camping: www.parks.tas.gov.au/natparks/freycinet/facilities.html; Kate's Berry Farm: Addison St, Swansea. Tel. 0061-(03) 6257 8428; WWOOF: www.wwoof.com.au/.

# STUNTVLIEGEN

## Australië, Torquay

Ben jij zo'n type dat in de achtbaan op de kermis al groen ziet, dan moet je het Tiger Moth World Adventure Park maar vergeten als je de zuidkust van Australië bezoekt. Hier kun je namelijk een vlucht maken met een authentieke Tiger Moth: een dubbeldeks vliegtuig waarmee je de meest halsbrekende toeren uithaalt.

Dit vliegveld ligt vlak bij het surfmekka van Australië, Torquay, een dorpje op zo'n 80 minuten rijden van Melbourne. Dit dorpje alleen al is de moeite van een bezoek dubbel en dwars waard. Experts zeggen dat je hier de beste golven van heel Australië vindt, en

dus barst het dorp uit zijn voegen van de surfboys en -girls. Bells Beach en Jan Luc behoren tot de bekendste surfgebieden ter wereld en daar moet je dan ook zijn als je zelf het water op wilt. Maar ook als je niet sportief bent is Torquay een prima plek, want de stranden zijn er prachtig. Verder is Torquay vooral beroemd omdat het het beginpunt is van de Great Ocean Road. Deze weg langs de westkust van Victoria is een unieke belevenis in Australië, en niet zonder reden wordt de Great Ocean Road beschreven als een van de mooiste kustwegen ter wereld.

Maar goed, de Tiger Moth dus! Ik heb gelukkig zelf geen last van een zwakke maag en ik ben dol op wilde en woeste attracties, dus dat vliegtuig leek me wel wat.

Bij aankomst op het vliegveld werden we begroet door een jongen van een jaar of negentien. Hij stelde zich voor als Jonathan en ging ons voor naar de vliegtuigen. Ik had het idee dat Jonathan vooral een soort van manusje van alles was omdat hij bij onze aankomst net bezig was met het bijvullen van de koffiemachine. Maar tot mijn grote verbazing trok hij een grote groene legeroverall aan, gaf er ook een aan mij en ging op zijn gemakje het toestel uitleggen. Jonathan bleek de zoon van de baas te zijn en al meer dan vier jaar op dit toestel te vliegen. Paps had hem als klein mannetje al meegenomen in de Tiger Moth-toestellen en nadat hij zijn brevet had gehaald, vloog hij nu zelf met toeristen rond.

Even later zat ik stevig vastgesnoerd in de voorste stoel van het kleine toestel. Op mijn hoofd kreeg ik nog een leren vliegeniersmuts en voor mijn neus een kleine DV-camera die stevig was vast getapet aan de voorkant van de cockpit.

Niet veel later stegen we op en

ik kan je verzekeren dat dat alleen al een geweldige ervaring was, want hoe vaak ga je in een halfopen vliegtuig de lucht in terwijl de wind om je oren giert?

De eerste vijftien minuten vloog Jonathan over de kustlijn, een adembenemend mooi spektakel van hoge kliffen, brede zandstranden en kleine dorpjes. Na een kwartiertje maakten we een scherpe bocht en vlogen we boven zee in de tegenovergestelde richting. Na een paar minuten tikte Jonathan mij op de schouder en maakte me met een handgebaar duidelijk dat er wat te gebeuren stond. Nog voor ik goed en wel doorhad wat er gebeurde, maakte het toestel plotseling een scherpe duik naar beneden. Ogenblikkelijk stortten we als een bezetene naar beneden, om niet veel later weer steil omhoog te gaan en een driedubbele looping te maken. Erg veel kreeg ik er niet van mee want ik was alleen maar mijn longen uit mijn lijf aan het schreeuwen van afgrijzen en opwinding! Even later trok het toestel weer recht en kon ik even op adem komen. Maar niet voor lang, want toen ik me omdraaide naar Jonathan zag ik zijn brede grijns waaruit ik op kon maken dat we weer gingen stunten. Twee seconden later stokte mijn adem in mijn keel toen plots de motor al pruttelend tot stilstand kwam. Terwijl ik er volledig van overtuigd was geraakt dat dit écht het einde van mijn reis in zowel Australië als op deze aarde was, viel het vliegtuig als een bezetene tollend naar beneden. Na wat voor mijn gevoel een eeuwigheid leek te zijn, trok hij vlak boven de grond de neus van het toestel weer omhoog, waarbij het leek alsof mijn maag in mijn schoenen zakte. De G-kracht was zo sterk dat zelfs het licht even uitging in mijn hoofd, maar een paar seconden later lag het vliegtuig weer op koers en gingen mijn hersenen langzaam weer werken. Na nog een paar loopings (waar ik ondertussen al niet meer van opkeek) zette Jonathan eindelijk weer koers richting de landingsbaan.

Tien minuten later sprong ik nog wat wankel uit het vliegtuig. Ik keek naar Jonathan en allebei schoten we in de lach. De truc met de motor was altijd het hoogtepunt van de vlucht, vertelde hij lachend. Vrijwel iedere passagier trapt erin, net als ik. Goed, als je hier gaat vliegen, ben jij in ieder geval gewaarschuwd. Sorry dat ik die verrassing alvast verklapt heb, maar geloof me, het is een vlucht om nooit te vergeten...

PS: Zoek je een bijzondere slaapplek om even bij te komen van alle actie, ga dan naar het Otway National Park, een groen regenwoud met een prachtige kustlijn. Aan de voet van de grote vuurtoren midden in het park vind je de Cape Otway Cottages, een paar kleine huizen waar vroeger de vuurtorenwachter woonde en die nu verhuurd worden als vakantieverblijf. Onvergetelijk, vooral als je 's nachts op de veranda zit met een fles goede Australische wijn en je in de verte de golven van de zee tegen de rotsen hoort beuken.

**WAT:** Stuntvliegen

**WAAR:** Torquay, Australië

**WANNEER:** Het hele jaar. Van oktober tot maart is het zomer en heb je dus de meeste kans op goed weer.

**WAT KOST HET:** Vluchten zijn er vanaf € 55. Een cottage huur je vanaf € 80 per nacht.

**MEER INFORMATIE:** Algemene informatie over Australië: www.australia.com; Tiger Moth World Adventure Park, 325 Blackgate Road, Torquay, 0061-52.61.51.00; Cape Otway Lighthouse Cottages, 615 Hordern Vale Road, Hordern Vale, 0061-5237.9240 of www.lightstation.com.

# SAN SALVADOR

## De Bahama's

Je hebt van die dagen dat Nederland even niet de plek is om te wonen: als er weer eens de hele dag een grijze sluier over het land hangt, er een snijdende wind staat en het maar niet op wil houden met motregenen. Zo'n dag waarop je echt kunt verzuchten: 'Zat ik maar op de Bahama's.'

De Bahama's liggen vlak voor de kust van Florida, op een halfuurtje vliegen van Miami. Het is dan ook hét vakantieoord voor veel Amerikanen en soms heb je het gevoel dat je gewoon in Amerika bent.

Maar zijn de Bahama's nou echt het paradijs waar wij zo van kunnen dromen op koude nare dagen? Qua ligging in ieder geval wel. De eilandengroep vormt het meest noordelijke gedeelte van het Caribische gebied, en je vindt er dan ook alles wat je van tropische eilanden verwacht: witte stranden, palmbomen en onvoorstelbaar veel hotels om de gigantische hoeveelheid toeristen in onder te brengen. Dat zorgt er meteen voor dat de Bahama's soms helemaal niet zo paradijselijk zijn. Vooral de hoofdstad kan propvol zijn met toeristen, voornamelijk afkomstig van de enorme cruiseschepen die hier zij aan zij in de haven liggen.

Vlak bij Nassau vind je het Atlantishotel, waar je helemaal het gevoel hebt dat je in een gigantisch pretpark terecht bent gekomen. Dit hotel is het grootste in het hele Caribische gebied en je vindt er onder meer een gigantisch casino, een *shopping mall* met peperdure winkels, verschillende zwembaden, een kunstmatig binnenmeer met een aangelegd strand en nog meer van dit soort zaken. Wat de plek echter weer wel de moeite waard maakt is het feit dat het hotel om het grootste aquarium ter wereld heen is gebouwd. In de lobby zitten gigantische glazen puien waarachter je de meest bijzondere vissen voorbij ziet zwemmen. Je kunt door de gangen dwalen en de haaien over je heen zien zwemmen, of de aparte bassins bekijken met duizenden kwallen, zeeslangen en reuzenkarpers. Gelukkig hoef je geen gast van het hotel te zijn om al dit moois te bekijken, want je kunt gratis en voor niets dit spectaculaire aquarium bewonderen, als je tenminste wat eet of drinkt in het restaurant.

Eigenlijk moet je Nassau maar zo snel mogelijk achter je laten, want de echte Bahama's vind je op de kleine eilandjes. Daar is het leven precies zoals je soms zo graag zou willen. Lange lome dagen die doorlopen in warme nach-

ten met heldere sterren aan de hemel, en kleine houten huisjes geschilderd in kleuren als koraalroze en appelgroen. Ook vind je hier natuurlijk de openluchtrestaurantjes waar je tot diep in de avond verse vis eet en alle cocktails uitprobeert, maar ook fijne lange witte stranden waar geen mens te vinden is en je hele dagen op je gemak een stapel boeken kan uitlezen. Daarnaast kun je op de Bahama's fantastisch duiken, bijvoorbeeld rondom het prachtige eiland San Salvador, op een uur vliegen van Nassau, een echte aanrader, ook als je niet duikt. Het kleine langwerpige eiland is begroeid met lage struiken en palmbomen. In het smalle hart van het eiland ligt een groot aantal zoetwatermeren en een paar kleine dorpjes waar je alleen hier en daar een paar spelende kinderen op straat ziet. Een prachtig uitzicht over het hele eiland heb je vanuit de hagelwitte vuurtoren op de noordoostpunt van het eiland. Je kunt ook een bezoek brengen aan het monument voor Columbus, want dit eilandje claimt het eerste stukje land te zijn waar Columbus aanmeerde op weg naar zijn ontdekking van Amerika.

Maar dat is niet het enige monument: er is er namelijk nóg een, maar om daar te komen moet je wel een eind naar beneden: twintig meter om precies te zijn, want vlak voor de kust in de baai vind je een van 's werelds weinige onderwatermonumenten. Het duiken is hier sowieso fantastisch. Het water is zo helder dat je minstens veertig meter zicht hebt. Zo gauw je onder water gaat en om je heen kijkt zie je eindeloos azuurblauw water met kleurig koraal en ontelbare vissen. In het rif vind je diverse grotten waar je in kunt duiken en niet zelden zie je in de verte een haai zwemmen. Het monument is een grote platte steen met een inscriptie op een hagelwitte zandbodem.

Na het duiken drink je nog een

drankje in de bar in Cockburn Town. Het is niet veel meer dan een tamelijk kale ruimte met een bar, een poolbiljart en een paar stoelen met ernaast een deejay in een hokje van kippengaas. Als je er vroeg bent lijkt het er uitgestorven, maar als je even geduld hebt duiken één voor één de *locals* op die hun dagelijkse biertje komen drinken. Voor je het weet staat iedereen te schudden op de dansvloer en verandert het in een stampende en dampende massa.

En dan te bedenken dat dit slechts een van de vele bijzondere eilanden is... Je moet even je best doen om de grote toeristenstroom te ontwijken, maar dan vind je wel dat paradijsje dat soms onvoorstelbaar ver weg lijkt, maar in werkelijkheid best makkelijk te vinden is.

**WAT:** San Salvador

**WAAR:** De Bahama's

**WANNEER:** De beste tijd om de Bahama's te bezoeken is van december tot april. Vanaf augustus begint het orkaanseizoen, waarin je meer kans hebt op regen (en heel soms inderdaad een orkaan). Toch kun je ook dan een prima vakantie hebben, groot voordeel is in ieder geval dat de prijzen lager zijn.

**WAT KOST HET:** Een overnachting in het Atlantishotel: vanaf $ 380. Slapen op San Salvador kun je in het kleine maar uitstekende hotel Riding Rock Inn: vanaf $ 114 per nacht. *Two tank dive*: $ 70.

**MEER INFORMATIE:** Algemene informatie over de Bahama's: www.bahamas.com (officiële site) of www.thebahamas.com. Atlantishotel: www.atlantis.com; Riding Rock Inn: www.ridingrock.com. Duiken bij San Salvador: via de Riding Rock Inn.

# KASTELENTOCHT

## België

Wie bij de Belgische Ardennen alleen denkt aan koude kanotochten en stoere stormbaanlopen heeft het mis! Dit Waalse deel van België leent zich niet alléén voor survivalvakanties, je kunt je hier bij uitstek een weekendje gedragen als een echte kasteelheer of kasteelvrouw. Tussen de bossen, valleien en riviertjes van de Belgische Ardennen staan veel charmante en robuuste kastelen die de woelige tijden van weleer goed hebben doorstaan. De meeste van deze kastelen zijn alleen overdag toegankelijk voor bezoekers, maar sommige kastelen zijn omgetoverd tot een origineel hotel waar je zowel met een groep vrienden als met je geliefde een heerlijke tijd kunt hebben.

Op 230 kilometer van Utrecht ligt Namen, de toegangspoort tot de Belgische Ardennen. Dit sfeervolle stadje heeft zo'n 40.000 inwoners en ligt aan de oevers van de rivieren de Maas en de Sambre. Het stadscentrum is klein en overzichtelijk. In een halve dag krijg je al een goed beeld van de stad.

In het kleine plaatsje Porcheresse, dat 40 kilometer ten zuiden van Namen ligt, staat het gelijknamige kasteel Chateau de Porcheresse. Het leuke van dit kasteel is dat je het in zijn geheel kunt afhuren. Het biedt plaats aan vijftien personen. Bij aankomst in de statige hal krijg je de sleutel van het kasteel en daarmee heb je de beschikking over acht slaapkamers, drie zitkamers, een eetkamer, een keuken, een sauna met bubbelbad en een gigantische tuin. Het kasteel is gebouwd in 1704 en was tot voor kort eigendom van barones Boulanger de Bertinchamps. Zij heeft het kasteel de laatste jaren met veel zorg laten restaureren en kosten noch moeite zijn gespaard om de sfeer van vroeger te behouden.

Ben je meer in de stemming voor een romantisch weekend voor twee, rijd dan een halfuurtje oostwaarts naar het plaatsje Hotton-Hampteau. Midden in de bossen en direct aan de oever van het riviertje de Ourthe ligt het domein Chateau d'Heblon. Alleen de ligging belooft al veel goeds. Dit kasteel werd in 1850 gebouwd en is door de huidige eigenaren Henri en Michèle Misson omgebouwd tot een prachtig hotelletje. Het eerder kitscherig dan chique aandoende kasteel heeft negen kamers, die allemaal hun eigen sfeer en inrichting hebben. Vraag naar de kamer met de naam 'Charme'. Deze heeft een knusse bedsteeachtige uitbouw en ligt aan de voorkant van het hotel, dus als je in bed ligt hoor je slechts het gekabbel van het riviertje dat pal voor je neus stroomt. De eigenaren hebben bij hun kasteel tevens een fokkerij van Arabische volbloeden.

Wil je je weekendje Ardennen in stijl afsluiten, boek dan een ballonvaart. Het glooiende landschap is elke tijd van het jaar prachtig om van bovenaf te zien. Piloot Luc Madou kent de Belgische Ardennen op zijn duimpje en weet altijd wel een geschikte locatie te vinden om de lucht in te gaan. Geruisloos zweef je vroeg in de morgen over het stille landschap. Wil je de tocht helemaal speciaal maken, neem dan een fles goede champagne mee.

WAT: Kastelentocht

WAAR: Belgische Ardennen

WANNEER: Wil je vooral veel buiten zijn, dan zijn het voor- en najaar en de zomer de beste tijd. Maar ook in de winter kan het hier prachtig zijn, veel kasteeltjes zijn goed ingesteld op het koude weer.

WAT KOST HET: Chateau de Porcheresse huur je voor € 1055 voor een weekend. Ben je met vijftien personen dan komt dat neer op € 70 per persoon. In Chateau d'Heblon betaal je € 111 voor een tweepersoonskamer.

MEER INFORMATIE: Chateau de Porcheresse: www.lesmoines.be. Ook kun je terecht bij Happy Home, www.happyhome.nl. Tel.: 072-5279000. Chateau d'Heblon: www.chateauheblon.be. Tel.: +32-84-466573. Ballonvaart: Madou Ballonvaarten. www.madou-ballonvaarten.be. Tel.: +32-9-3774319.

# SHARK ALLEY

## Belize

Belize ligt in Midden-Amerika, aan de Caribische Zee tussen Mexico en Honduras. De hoofdstad, Belize City, is niet bijzonder en je kunt er 's avonds beter niet in je eentje op straat lopen. Voor toeristen is vooral de haven van Belize City interessant. Er liggen kleine vissersbootjes, grote jachten en overal zie je pelikanen. Maar waar het in de haven vooral om draait zijn de eilandjes die er voor de kust liggen: de zogenaamde *cayes*.

Bij het havengebouwtje koop je een kaartje voor een van de boten die af en aan varen tussen de eilanden en de haven. Vanuit Belize City is het drie uur varen naar Caye Caulker, een populaire vakantiestek. Onderweg moet de boot op een paar plekken langzaam varen, want dit is het leefgebied van de zeekoe. Omdat deze dieren heel kwetsbaar zijn overleven ze een aanvaring met een schip vaak niet. Vandaar dat ze intensief beschermd worden, schepen moeten zoveel mogelijk uit hun leefgebied blijven. Toch zijn de zeekoeien heel nieuwsgierig, als je geluk hebt komen ze een kijkje nemen bij de boot. Het zijn grote grijze Barbapapa's die lui door het water glijden. Maar ook als je ze niet te zien krijgt is de weg naar Caye Caulker prachtig en kun je je onder meer vergapen aan de vele zeevogels en mooie mangrovebossen.

Aangekomen op Caye Caulker zijn er maar een paar hotelletjes om uit te kiezen. Je vindt er slaapplaatsen in de wat duurdere prijsklasse, maar ook voor 10 dollar per nacht kun je terecht in een van de vele kleine pensionnetjes. Voordeel daarvan is dat je snel medereizigers ontmoet die je leuke plekken kunnen laten zien. Zo-

als de J&J bar, waar het interieur bestaat uit schommels en hangmatten en je kunt barbecuen op het dak. In de Sandy Bar ligt zand op de grond en wordt vooral soca en bubbling gedraaid. De muziek, het eten en de mensen zorgen ervoor dat je je in Belize in het Caribisch gebied waant, in plaats van Latijns-Amerika.

Een aanrader is Tina's Hostel, een knus pension waar je je eigen eten kunt koken en de badkamer deelt met de andere gasten. Hier kun je als je wilt de hele dag op de veranda luieren met uitzicht op zee en op het basketbalveld, waar lokale jongens elke middag fanatieke wedstrijden spelen.

Rond Caye Caulker ligt een koraalrif dat het eiland beschermt tegen grote golven en heftige stormen. Binnen het rif kun je snorkelen en zwemmen. Er is één plek waar het rif onderbroken wordt, dit is Shark Alley, een prima bestemming voor een bijzondere dagtrip.

Een bootje brengt je naar het gat in het rif en terwijl je nog veilig aan boord zit, zie je beneden je donkere vlekken door het water schieten: haaien! De belangrijkste haaiensoorten die hier voorkomen zijn de 'nurse shark' en de 'black tip reef sharks', twee soorten die er op het oog gevaarlijk uitzien, maar in werkelijkheid de mens volledig met rust laten (andersom is dat helaas niet het geval: er wordt intensief op de dieren gevist).

Ondanks het feit dat ze ongevaarlijk zijn klopt je hart in je keel als je uiteindelijk met je flippers en snorkel overboord springt. De eerste minuten in het water voel je je uitermate ongemakkelijk, helemaal als de dieren recht op je af komen zwemmen en pas op het laatste moment afbuigen.

Na een tijdje merk je dat je steeds minder schrikt van de vele haaien die om je heen zwemmen en kun je – met mate – genieten van deze prachtige onderwaterwereld. Vergeet je onderwater(wegwerp)camera niet!

Als je in de namiddag in de haven terugkomt, zie je de vissers hun vangst van de dag uitladen in grote kisten, terwijl de kinderen joelend van de kade in het blauwe water springen. Koop een koud biertje, geniet van de ondergaande zon en kom bij van de dag. Dan weet je hoe relaxed het leven hier in Belize kan zijn...

**WAT:** Zwemmen met haaien
**WAAR:** Caye Caulker, Belize
**WANNEER:** Januari tot mei
**WAT KOST HET:** Goedkoopste tickets via Cancun, Mexico
**MEER INFO:** www.belizenet.com; Tina's Hostel: http://www.cayecaulker.org/tina/

# TROUWEN

## Bermuda

Ik heb niet zoveel met het fenomeen trouwen. Ondanks het feit dat ik het altijd heel erg leuk vind om een trouwfeest te vieren met vrienden en familie, hoef ik zelf niet zo nodig het jawoord te geven. De reden daarvoor is simpel: ik houd er niet zo van om mezelf officieel en voor de wet vast te leggen, of dat nou om werk, wonen of relaties gaat. Zo heb ik er bijvoorbeeld jaren over gedaan om de stap te zetten om een huis te kopen, en vond ik langlopende contracten qua werk ook altijd maar eng. Ik ben en blijf een vrijheidsdier, dat zal het wel zijn...

Omdat ik dus weet dat er bijzonder weinig kans is dat ik ooit zelf in een sneeuwwitte bruidsjurk voor de ambtenaar van de burgerlijke stand zal staan, leek het me geweldig om een trouwitem te gaan draaien op het prachtige Bermuda, een klein eiland midden in de Atlantische Oceaan.

Vooral veel Amerikanen komen naar Bermuda om daar elkaar het jawoord te geven, omdat het eiland dicht bij de Verenigde Staten ligt (drie uur vliegen van New York) en tegelijkertijd tropisch is. En dat is verrassend, want het ligt op dezelfde hoogte als het veel koudere New York. Toch waan je je op Bermuda midden in het Caribisch gebied. Dit komt doordat het eiland in een warme golfstroom ligt die zorgt voor het warme weer, de tropische begroeiing en de prachtige azuurblauwe wateren die het eiland omgeven. Een prima plek dus om te trouwen als je eens wat anders wilt dan een trouwfeest thuis in Nederland.

Op Bermuda vind je een groot aantal bureaus die je huwelijk van A tot Z kunnen regelen. Deze zogenaamde *wedding planners* helpen bij het aanvragen van de benodigde papieren en zorgen voor zaken als de locatie, de ambtenaar, de fotograaf en de taart plus champagne. De meeste mensen zoeken thuis al een jurk of pak uit, maar zelfs dat kan de wedding planner ter plekke voor je regelen (hoewel ze hier grossieren in mierzoete Amerikaanse suikertaartjurken).

De bedoeling is dat wij tijdens ons trouwitem een stel volgen dat tijdens ons verblijf in het huwelijk zal treden. Maar omdat we op het laatste moment onze vertrekdatum iets naar achteren moeten schuiven, hebben we opeens geen bruidspaar meer.

En dus sta ik een dag na aankomst voor het eerst van mijn leven tientallen bruidsjurken te passen en hebben we onze cameraman zo gek gekregen om als bruidegom te fungeren. Ik ga

trouwen, al is het dan 'nep' en zonder papiertje, maar toch...

Allister, de eigenaar van het trouwbureau dat ons 'tv-huwelijk' regelt, vertelt op zijn kantoor eerst precies wat er bij zo'n huwelijk allemaal komt kijken. Via telefoon en mail wordt er met het aanstaande bruidspaar tot in het kleinste detail besproken wat het stel wil.

Eenmaal op Bermuda aangekomen worden de verschillende locaties bekeken en wordt er uitgebreid gesproken met de ambtenaar. Op de grote dag zelf is de wedding planner constant aanwezig om te zorgen dat alles op rolletjes loopt.

's Middags bekijken we zelf de verschillende trouwlocaties: een authentieke anglicaanse kerk, een prachtig begroeide klif met uitzicht op de oceaan en een oogverblindend mooi strand. Het kost niet veel moeite om te kiezen, want wie wil er nou niet trouwen op een eindeloos wit strand met een azuurblauwe zee op de achtergrond.

De volgende ochtend is het zover. Al vroeg worden we met een taxi naar het strand gebracht. Omdat we eerst nog een paar teksten zonder feestkleding moeten opnemen, hijs ik me op het toilet van het strandpaviljoen in de bruidsjurk. Ik heb zelden zo veel verbaasde gezichten gezien van de aanwezige badgasten, want waarom verkleedt die vrouw zich voor de grote dag op een openbaar toilet? En als ik eenmaal op het strand onder de bloemenboog sta en niet één maar wel vijf keer het jawoord geef, begrijpen ze er helemaal niets meer van (en dat terwijl we toch echt met een grote camera staan te draaien).

Hoewel we hier een aflevering voor RTL *Travel* aan het maken zijn, is het stiekem toch een heel bijzonder moment. Alles lijkt ook te kloppen: het weer is stralend, de toespraak van de dominee treffend en het applaus van de omstanders hartverwarmend, ondanks het feit dat ze er niets van begrijpen. En eerlijk gezegd is het ook heel bijzonder om ineens in zo'n witte bruidsjurk te staan en je heel even een prinsesje te voelen, al is het maar voor televisie.

Mocht je van plan zijn om in het buitenland te trouwen, dan kan ik je Bermuda zeker aanraden. Het is een originele bestemming, niet te ver van Nederland, het eiland heeft genoeg te bieden om er meteen een mooie huwelijksreis aan vast te plakken en er zijn genoeg professionele wedding planners die je kunnen helpen om de dag onvergetelijk te maken.

En mocht ik qua trouwen ooit nog eens van gedachten veranderen, dan heb ik alvast een goed idee voor een locatie...

**WAT:** Trouwen op een tropisch eiland

**WAAR:** Bermuda

**WANNEER:** Je kunt Bermuda het hele jaar door bezoeken, maar 's winters is het veel frisser en kun je niet echt lekker in de oceaan zwemmen. De drukste periode is de zomer, van april tot oktober, dan is het weer heerlijk maar is het wel veel drukker en vaak duurder.

**WAT KOST HET:** Een 'no frills'-huwelijk zonder veel extra's heb je al vanaf $ 1300.

**MEER INFORMATIE:** Bermuda algemeen: www.bermudatourism.com/; wedding planner: The bridal Suite, 3 Park rd, Suite 7, hm09, Hamiltond, Bermuda. Of: www.bridalsuitebermudaweddings.com/

# AMAZONEHOTEL

## Brazilië

Het Amazonegebied is een gigantisch systeem van rivieren en bossen. Het bedekt half Brazilië en loopt door in de aangrenzende landen. Suriname bijvoorbeeld bestaat voor 95 procent uit Amazonejungle.

Manaus is de hoofdstad van de Braziliaanse Amazone. Om er te komen kun je op elke grote Braziliaanse stad aanvliegen en vervolgens doorvliegen naar deze stad in het hart van het land. (Ben je van plan meer plekken in Brazilië te bezoeken, dan is een *airpass* de goedkoopste optie.)

Oorspronkelijk was Manaus een dorp op een plek waar een

aantal grote rivieren samenkomen. Vanaf het moment dat Europeanen het rubber ontdekten, dat de lokale indianen al eeuwenlang gebruikten, veranderde er veel in Manaus. Rubberbaronnen bouwden huizen als suikertaarten, die er vandaag de dag nog altijd indrukwekkend bij staan. Vervallen herinneringen aan een tijd dat Manaus de rijkste stad van Brazilië was. Nadat ook in India en Sri Lanka werd begonnen met het verbouwen van rubber, verloor Manaus al snel zijn machtige positie en trad het verval in. Tegenwoordig fungeert Manaus voornamelijk als 'poort naar de Amazone'.

De Amazone is een van de meest bijzondere en uitgebreide natuurgebieden op aarde. Geschat wordt dat er zo'n 15.000 soorten dieren, waaronder duizenden vogels, in het Amazonegebied leven. Er zijn zo veel verschillende vissoorten dat 30 procent van de vangst die verkocht wordt op de markt van Manaus niet geïdentificeerd kan worden. Om dieren tegen te komen moet je vanaf Manaus minimaal vijf dagen de jungle in, want net als de indianen zijn ze dieper het Amazonegebied ingetrokken om mensen te ontwijken.

Het mooiste en bekendste hotel in dit gebied is de Ariau Tree Top Tower, op drie uur varen van Manaus. Tijdens die tocht erheen maak je kans om de zeer zeldzame roze rivierdolfijn te ontmoeten, die in zoet water leeft.

Het Ariau Tree Top Tower is geen goedkoop hotel – kamers vanaf $ 250 – maar een reis naar dit deel van de wereld voel je hoe dan ook in je portemonnee. Het hotel is gebouwd in de toppen van de bomen en ontving eerder bekende gasten als Bill Gates en Cindy Crawford.

Over houten vlonders loop je van de receptie naar het restaurant. Op weg naar je kamer moet je apen en papegaaien ontwijken. Ze zijn hier weliswaar redelijk tam, maar ze passen in deze setting en lijken zich opperbest te vermaken. Wie wil er nou niet lastig gevallen worden door een overenthousiast aapje?

Naast alle bijzondere excursies in de omringende jungle, is het hotel zelf minstens zo interessant. Na een lange ontdekkingstocht over de houten loopbruggen – hier en daar een tarantula ontwijkend – kom je uit bij een grote piramide van glas. Als je je schoenen uitdoet en binnenstapt vind je jezelf al snel terug in de kussens die in de hoeken geplaatst zijn. Op de grond en het plafond zijn kristallen bevestigd, die naar men zegt in directe verbinding staan met de kosmos. In deze piramide kun je cursussen volgen, mediteren en je innerlijk herontdekken. Buiten staan gigantische telescopen opgesteld waarmee je de sterren kunt bekijken en mogelijk je toekomst leest.

Maar de kroon op het werk van de hotelbouwer moet toch wel de UFO-landingsbaan zijn. Achter de piramide is een groot houten platform gebouwd waarop in vier talen – Engels, Spaans, Hebreeuws en Portugees – staat geschreven WELKOM VRIENDEN, DIT IS EEN PLEK VAN RUST EN VREDE. Daar hebben ze in ieder geval gelijk in...

WAT: Hotel op palen in de Amazone

WAAR: Manaus, Brazilië

WANNEER: Juli tot november

WAT KOST HET: Drie nachten, vier dagen, inclusief vervoer vanaf Manaus en excursies: € 400 p.p.

MEER INFO: Brazilië algemeen: www.embratur.gov.br of www.ariautowers.com.br

# SALVADOR DE BAHIA

## Brazilië

'Europeanen gaan op vakantie naar Rio de Janeiro, Brazilianen naar Salvador de Bahia.' Aldus Ineke Holtwijk – correspondente Latijns-Amerika voor onder meer *de Volkskrant* en het NOS *Journaal* – in haar boek *Kannibalen in Rio*. Een boek dat je zeker moet lezen als je geïnteresseerd bent in alle facetten van het Braziliaanse leven.

Salvador de Bahia is het hart van zwart Brazilië. Driehonderd jaar lang was het de meest invloedrijke stad van het land en het centrum van de suikerhandel. Met het grote geld dat verdiend werd, bouwden de Portugezen prachtige huizen en kerken. Maar de welvaart had ook een keerzijde, want Salvador de Bahia was de poort van de slavenhandel. De kolonisten voerden via deze stad meer dan drieënhalf miljoen Afrikanen het land in. Vandaag de dag leven in de provincie Bahia meer dan tien miljoen mensen met Afrikaans bloed, net zoveel als in Angola! Bahianen zijn trots op hun stad en terecht, want Salvador heeft veel te bieden. Als je op zoek bent naar stranden is je enige probleem het maken van de keus: welk strand?

In Salvador draait het leven om een paar elementaire zaken: muziek, dansen en religie. Zaken die de Bahianen minstens zo belangrijk vinden als eten en slapen. Overal in de stad word je hiermee geconfronteerd. In de kleine steegjes klinkt altijd muziek, elke avond wordt er uitbundig gedanst op straat en de stad is gevuld met de prachtigste kerken. De belangrijkste religie is hier niet het katholicisme, maar het *candomblé*, een

mix van religies meegenomen uit Afrika. Het water, de bergen, de lucht en het woud hebben allemaal hun eigen god, die wordt vertegenwoordigd door een kleur. Je herkent toeristen die net uit Salvador komen trouwens aan de felgekleurde geluksbandjes om hun pols. Overal op straat worden ze aangeboden, met drie knoopjes worden ze vastgemaakt en tegelijkertijd mag je drie wensen doen. Het bandje valt vanzelf af als je wensen uitkomen. (Bij mij duurde dit bijna twee jaar maar alledrie mijn wensen kwamen uit, en ze waren niet makkelijk!)

Salvador de Bahia is ook de plek waar de fantastische combinatie van dans en vechtsport, *capoeira*, ontstond. Door de hele stad zijn scholen waar je deze zware lichamelijke kunst kunt leren. Overal op de stranden en op straat zie je mensen oefenen. Een prachtig gezicht!

Het mooiste deel van Salvador de Bahia is de oude wijk Pelourinho. Vroeger was dit de buurt waar niemand durfde te komen, tenzij je drugs wilde scoren of verkopen. De wijk was verpauperd en je moest er uitkijken om geen mes tussen je ribben te krijgen. Drumband Oludum gaf het startsein voor het nieuwe Pelourinho, en daarmee het vernieuwde Salvador de Bahia. Oludum besloot namelijk op het grote plein, het Largo do Pelourinho, openbare repetities te houden. De publieke oefensessies trokken al snel veel belangstellenden en groeiden uit tot ware happenings. Als je de band één keer hebt zien spelen weet je waarom: de trommels trillen door lijf en leden. Een mix van Afrikaanse ritmes en rituelen, reggae en samba.

Twee jaar na het eerste publieke optreden van Oludum besloot de gouverneur tot de restauratie

van Pelourinho. Dansgroepen, muziekbands en kunstenaars kregen voorrang bij het huren van de panden. Nu is Pelourinho een echte volkswijk waar muziek klinkt en je overal aan kunt schuiven voor een hapje en een drankje. De huizen kregen gezellige kleuren, geel, roze en blauw. En Oludum? Die hebben inmiddels opgetreden met Paul Simon en Michael Jackson, en ze verzorgen elke dinsdag en zondag een show op het Largo do Pelourinho. Duizenden mensen, Bahianen, Brazilianen en toeristen, verzamelen zich op het plein om te dansen op de aanstekelijke drums. Een feest om niet te missen!

**WAT:** Wekelijks straatfeest

**WAAR:** Salvador de Bahia, Brazilië

**WANNEER:** Elke dinsdag- en zondagavond, mooiste tijd tussen november en januari

**WAT KOST HET:** Tickets naar Salvador de Bahia vanaf € 730

**MEER INFO:** www.olodum.com.br of brazilie.pagina.nl

# ONTMOET DE SULTAN

## Brunei

Ik denk dat er maar weinig mensen zijn die direct op de wereldkaart kunnen aanwijzen waar het kleine staatje Brunei ligt. Tot drie jaar geleden dacht ik in ieder geval dat het ergens in het Midden-Oosten lag, want het enige wat ik over het land wist, was dat ze daar hun rijkdom vooral hadden vergaard met de vondst van olie. Dat laatste bleek te kloppen, alleen ligt het land wel totaal ergens anders: namelijk in Azië!

Brunei ligt op het eiland Borneo, voor de kust van Maleisië, en ingeklemd tussen de Maleisische staten Saba en Sarawak. Het land is een van de kleinste landen ter wereld: ongeveer net zo groot als de provincie Noord- en Zuid-Holland samen.

Eeuwenlang was Brunei een machtig land, dat over het grootste gedeelte van Borneo regeerde. Met de komst van de Britten in de negentiende eeuw brokkelde zijn invloed in snel tempo af. Door alle veranderingen in het gebied leek het erop dat Brunei zou worden opgeslokt in de Maleisische confederatie, maar alles veranderde toen er in 1929 olie voor de kust werd gevonden. Het land bleef onder bescherming van Engeland en werd uiteindelijk zelfstandig.

Sindsdien is het land bijzonder welvarend en behoort het tot een van de rijkste landen op aarde. Toch valt die rijkdom niet direct op als je er voor het eerst aankomt. Duidelijker zichtbaar is dat het land streng islamitisch is, en dus vind je overal de meest prachtige moskeeën en religieuze bouwwerken. Dit geloof heeft een belangrijke invloed op het dagelijks leven in het land: de inwoners gaan vijf keer per dag naar de moskee om te bidden, de vrouwen zijn vrijwel allemaal gesluierd en zaken als alcohol en gokken zijn hier uit den boze waardoor er geen cafés en casino's zijn.

Een bezoek aan Brunei is een bijzondere ervaring, vooral omdat je een van de weinige toeristen zult zijn. Ook de natuur is er prachtig. De binnenlanden van Brunei bestaan grotendeels uit tropisch regenwoud en doordat er met de oliewinning zo vreselijk veel geld is verdiend, liet men de bossen intact. Dit in tegenstelling tot het bijna aangrenzende Kalimantan, het Indonesische gedeelte van Borneo waar gigantische hoeveelheden kostbaar bos zijn gekapt.

Er zijn veel dingen die je in dit land kunt doen. Bijvoorbeeld een boottocht maken door de mangrovewouden naar het Batu Apoi Forest Reserve, een gigantisch gebied waar onderzoek wordt gedaan naar tropisch regenwoud. Hier kun je via een systeem van hangbruggen door het woud lopen en slaap je tussen de schoolklassen en onderzoekers in het onderzoekscentrum.

In de levendige hoofdstad Bandar Seri Begawan kun je gesluierd een van de vele prachtige moskeeën bezoeken of ronddwalen over de loopbruggen van de *floating village*: een gedeelte van de hoofdstad dat boven de rivier de Sungai Brunei gebouwd is en waar je scholen, winkels en zelfs moskeeën op palen vindt.

Je kunt overnachten in betaalbare pensionnetjes, maar ook *over the top* gaan in het super-deluxe Riverview Hotel waar je je een echte oliemagnaat voelt. Overal zie je bladgoud en marmer, je struikelt over de zwembaden en luxe restaurants en de service is ongekend.

Of ga je misschien liever een polowedstrijd bekijken op de nabijgelegen polovelden waar de sultan regelmatig te vinden is? Bezoek dan meteen de nabijgelegen stallen waar je de meest exclusieve paarden van dit gedeelte van de wereld kunt vinden.

Wil je het helemaal bijzonder maken, bezoek Brunei dan aan het einde van de vastenmaand. Dan kan je namelijk niemand minder dan de sultan himself de hand schudden: His Majesty Paduka Seri Beginda Sultan Haji Hassanal Bolkiah Mu'Izzadin Waddaulah (wel netjes zijn naam onthouden).

Zijn paleis, Istana Nurul Iman, kun je niet missen als je in de hoofdstad bent, want het ligt vlak buiten het centrum aan de rivier en al van verre zie je de gigantische gouden koepel door de bomen schitteren. Het paleis zelf is van een onvoorstelbare luxe: de sultan heeft 1788 kamers, 200 toiletten, een balzaal voor 4000 gasten, een wagenpark van 153 uiterst luxe auto's en enorme stallen met 200 Argentijnse polopaarden.

De sultan is geliefd bij het volk. Ondanks het feit dat hij met zijn geschatte vermogen van 37 miljard dollar bijzonder goed voor zichzelf heeft gezorgd, laat hij de bevolking (met mate) van de rijkdom profiteren. In Brunei betalen de inwoners geen belasting en is er onder meer gratis onderwijs en medische zorg en heeft iedereen recht op pensioen en rentevrije leningen. Daarnaast geeft hij ook regelmatig grote sommen geld aan goede doelen.

Tijdens de Hai Raya Aidilfitri, het einde van de ramadan, stelt hij zijn paleis open voor het publiek om het volk te ontmoeten en hun vragen en opmerkingen aan te horen.

Maar ook als buitenlandse bezoeker ben je welkom en kun je je 's morgens aan de poorten van het paleis melden. Al zal het wel bij het schudden van de handen en wat smalltalk blijven, toch is het een unieke kans om de grote sultan te ontmoeten en even zijn paleis te bewonderen.

Deze ontmoeting is voor mij niet weggelegd, omdat hij alleen mannen ontvangt. Maar niet getreurd, de dames zijn welkom bij de vrouw van de sultan die je de hand zal schudden. Da's ook bijzonder toch?

**WAT:** Ontmoet de sultan

**WAAR:** Brunei

**WANNEER:** De beste tijd om het land te bezoeken is van september tot februari, als het er niet te warm is.

**WAT KOST HET:** Helemaal niets. Al is het natuurlijk wel zo sympathiek om even een cadeautje voor hem mee te nemen.

**MEER INFORMATIE:** Ambassade Brunei: www.overheidslinks.nl/ambassade/seria.htm; officiële site van de sultan (!): www.bruneisultan.com/

# PHNOM PENH

## Cambodja

De Vietnamoorlog is bij veel mensen bekend, maar hoeveel mensen weten wat er voor misdaden zijn begaan in het buurland Cambodja?

Tijdens de Vietnamoorlog werd er veel gevochten in Cambodja. De Verenigde Staten bombardeerden het platteland waardoor veel vluchtelingen naar Phnom Penh trokken. Ondertussen vocht het regeringsleger tegen linkse rebellen van de Rode Khmer, een burgeroorlog die eindigde toen op 17 april 1975 de hoofdstad Phnom Penh in handen viel van de Rode Khmer. Sommigen hadden de illusie dat de oorlog toen voorbij was, maar niets was minder waar, het meest verschrikkelijke ging toen pas beginnen. Het werd de hel op aarde, want de Rode Khmer onder leiding van Pol Pot wilde 'terug naar het jaar nul'. Alles werd vernietigd. Het gebouw van de Nationale Centrale Bank werd opgeblazen, geld werd afgeschaft, evenals de post. Cambodja werd afgesloten van de buitenwereld.

Er volgden vier jaren van dwangarbeid, extreme martelingen en massale moordpartijen. Het exacte aantal slachtoffers van deze genocide is onbekend maar getallen tussen de 1.000.000 en 3.000.000 worden genoemd. Het meest waarschijnlijk is dat er in die periode ruim 2.000.000 mensen zijn vermoord door de Rode Khmer. Pol Pot haatte iedereen, ook Vietnamezen, wat uiteindelijk de ondergang van de Rode Khmer zou worden.

Op 25 december 1978 viel Vietnam buurland Cambodja binnen om een einde te maken aan de dictatuur van de Rode Khmer.

Toen de Vietnamese tanks de hoofdstad Phnom Penh naderden, vluchtte Pol Pot met zijn Rode Khmer in westelijke richting en dat betekende op 7 januari 1979 het einde van deze dictatuur. Velen, waaronder Pol Pot, werden nooit gepakt. Alles was vernietigd en Cambodja lag vol met mijnen. Sinds de verkiezingen in mei 1993 is Cambodja overigens een constitutionele monarchie.

Ondanks deze inktzwarte geschiedenis is Cambodja een prachtig land waar de bevolking weer opkrabbelt en vooruitkijkt. Als toerist word je met enthousiasme begroet, want toerisme betekent veel voor het land. Het land heeft van alles te bieden: prachtige natuur, een vriendelijke bevolking en bovenal een van de grootste en mooiste tempelcomplexen van de wereld: Angkor Wat.

In de hoofdstad Phnom Penh zijn nog veel sporen van het verleden te vinden. Zo was Cambodja lange tijd een Franse kolonie en op diverse plekken in de stad vind je oude Franse koloniale gebouwen. Ook de centrale overdekte markt is ooit neergezet door de Fransen en is zeker de moeite waard.

In Phnom Penh vind je ook het paleis van koning Sihanouk, een prachtig complex met pagodes, paleizen en de beroemde Wat Preah Keo, de zilveren Pagoda, ook wel de Tempel van de Smaragden Boeddha.

Daarnaast is het een echte Aziatische stad met druk verkeer, openluchtstalletjes met ontelbaar veel verschillende gerechten en drankjes, en smalle straatjes waar je makkelijk in kunt verdwalen (neem 's avonds een taxi als je ergens heen wilt, want toeristen worden geregeld overvallen en beroofd).

Als je een bezoek brengt aan deze stad, kun je niet om het Tuol Sleng museum heen. Deze voormalige school werd tijdens het

schrikbewind van Pol Pot gebruikt als gevangenis. Meer dan 20.000 inwoners van de stad, waaronder zelfs kinderen en bejaarden, werden hier vaak onschuldig heengebracht om te worden verhoord en gemarteld. Veel mensen overleden hier, en de overigen werden naar de nabijgelegen *killing fields* gebracht om te worden afgemaakt. Slechts zeven gevangenen hebben deze hel overleefd.

In dit museum zie je hoe de gevangenen werden vastgehouden in piepkleine cellen. Het meest indrukwekkend zijn de gigantische wanden met foto's van de gevangenen. Het lijkt wat macaber om hierheen te gaan, maar het is wel een plek waar je je realiseert dat deze waanzin nooit vergeten mag worden.

Gelukkig vind je in deze stad ook veel positieve initiatieven die aangeven dat men hard aan het werk is om een goede toekomst

op te bouwen. Een mooi voorbeeld daarvan is het Friends Restaurant dat je net buiten het centrum vindt. Friends is opgericht door drie Europeanen die zich het lot van de straatkinderen enorm aantrokken en in 1994 een klein opvangcentrum annex school openden. De opening van het Friends Restaurant volgde: een restaurant waar straatkinderen een opleiding tot kok of serveerster krijgen. Als toerist kun je een steentje bijdragen door hier te komen eten. En wat ook belangrijk is: het eten is hier echt fantastisch, zelfs beter dan in menig ander restaurant.

Het project is uitgebreid met een winkel waar de kinderen zelfgemaakte spullen verkopen, een werkplaats waar ze alle mogelijke vakken kunnen leren, een khmercafé, een manicurezaak en een internetcafé. Je kunt deze projecten ook financieel steunen, net als actrice Angelina Jolie, die elk jaar gul aan deze organisatie geeft.

**WAT:** Phnom Penh

**WAAR:** Cambodja

**WANNEER:** Beste tijd om het land te bezoeken is van oktober t/m maart, maar ook in onze zomer is het land prima te bezoeken. De meeste regen valt in september, de heetste maanden zijn januari en februari.

**WAT KOST HET:** Deze stad is niet zo goedkoop als bijvoorbeeld Bangkok, maar nog steeds zijn zaken als accommodatie, kleding en eten hier voor onze begrippen bijzonder betaalbaar. Tuol Sleng gevangenis: $ 1

**MEER INFORMATIE:** Algemene informatie Cambodja: www.tourismcambodia.com/; Tuol Sleng-gevangenis: www.asiatour.com/cambodia/content1.htm; Friends Restaurant: House 215 Street 13, Phnom Penh. Tel: 012 802 072 of www.streetfriends.org

# SUN PEAKS

## Canada

Skiën in Canada wordt steeds populairder bij Nederlanders. Toch zijn er nog veel mensen die aarzelen om met de lange latten de oceaan over te steken. Dat is logisch, want om er te komen moet je natuurlijk eerst minstens negen uur vliegen.

Toch heeft skiën in Canada heel wat pluspunten. Zo vind je hier de meest moderne liften en goed geprepareerde pistes en ben je door de betaalbare Canadese dollar redelijk voordelig uit. Ook merk je dat de houding van de mensen die op en om de pistes werken een stuk vriendelijker is dan we in Europa meestal gewend zijn. Zo word je boven aan de piste vaak hartelijk begroet door medewerkers van een informatiebalie die je alles over het gebied kunnen vertellen en kaarten van het gebied uitdelen. Maar ook in de restaurants en hotels word je met heel veel hartelijkheid onthaald en dat is voor ons Nederlanders even wennen, nadat we jaren redelijk afgeblaft zijn in de Franse en Oostenrijkse bergrestaurants.

Wil je het allemaal zelf eens meemaken, dan kan ik je het wintersportdorp Sun Peaks aanraden. Dit dorpje, aan de westkust van Canada, ligt in de buurt van het beroemde skioord Whistler. Dit gebied zit sowieso enorm in de lift aangezien hier in 2010 de Olympische Winterspelen zullen plaatsvinden.

Sun Peaks is een relatief nieuw wintersportoord. Ooit was hier slechts een verzameling van boerderijen, omgeven door drie bergen, waaronder Tod's mountain. Nadat de projectontwikkelaars op zoek waren gegaan naar een geschikte plek voor een nieuw te bouwen skidorp, viel de keus al snel op dit dorpje. Niet veel later verrees het eerste hotel en tegenwoordig is Sun Peaks een van de snelst groeiende wintersportgebieden van de streek.

De dorpskern is nog redelijk klein, maar je vindt er wel alles wat een goed skidorp hoort te hebben: verschillende sportshops die tegen redelijke prijzen ski's en snowboards verhuren; een aantal goede hotels waaronder het in 2002 geopende super grote Delta Hotel, diverse restaurants waar je prima kunt eten en natuurlijk de nodige bars voor de après-ski.

Het skigebied zelf is op zich niet al te groot, maar je kunt er wel prima uit de voeten, zeker als je een niet al te verwende skiër of snowboarder bent. Ook hier zijn de liften weer gloednieuw en, groot voordeel, sta je door de hoge capaciteit nooit erg lang in de rij.

Je vindt hier 10 liften en maar liefst 114 afdalingen, ideaal voor beginners maar ook meer ervaren skiërs kunnen zich hier prima vermaken. Natuurlijk kun je het gebied zelf gemakkelijk ontdekken, maar je kunt ook op pad gaan met een heuse olympische kampioene: Nancy Greene.

Voor ons Nederlanders is het een onbekende naam, maar voor Canada is deze vrouw een echte heldin. Zij was namelijk degene die in 1968 op de Olympische Spelen in Grenoble in Frankrijk bij het skiën als eerste vrouw een olympische medaille wist te behalen. Hierna heeft ze nog veel andere prijzen gewonnen en niet voor niets is ze tot Canadese sportvrouw van de vorige eeuw gekozen. Nancy heeft Sun Peaks uitgekozen als de plek waar ze wil wonen en skiën, en een aantal jaar geleden heeft ze een groot hotel in het dorp gekocht dat ze samen met haar man runt.

Nancy is bijna elke dag op de piste te vinden. Het leuke is dat je haar bijna elke morgen om negen

uur en 's middags om halftwee kunt ontmoeten boven aan de centrale skilift. Daar staat ze je vriendelijk op te wachten, waarna je gratis met haar een paar uur het gebied kunt gaan ontdekken. De reden dat ze dit doet is dat ze niet alleen dol is op skiën, maar het ook nog eens gewoon leuk vindt om iedereen te laten zien hoe goed je hier kunt skiën of boarden.

Aangezien ze daarnaast nog een restaurant bezit, kun je 's avonds ook bij haar komen eten. Nancy is niet vies van een beetje doorzakken, dus de kans is groot dat je 's avonds met haar aan de bar een wijntje kunt drinken...

**WAT:** Wintersport in Canada

**WAAR:** Sun Peaks

**WANNEER:** Van december tot april

**WAT KOST HET:** De prijzen voor accommodatie, skipassen en skiverhuur in Sun Peaks zijn lager dan in de meeste grote skigebieden in Europa.

**MEER INFO:** Sun Peaks: www.sunpeaksresort.com; Hotel Nancy: www.cahiltylodge.com; Delta Hotel: www.deltahotels.com/hotels/hotels.php/hotelId=38

# BEIJING

## China

Beijing is een stad waar je op een of andere manier maar moeilijk weg komt. De stad is een fascinerende mix tussen heden en verleden, een plek waar je je blijft verbazen en waar je je ogen uit kijkt. Mocht je van plan zijn deze metropool te bezoeken, reken dan minstens op een dag of vier à vijf, en dat is eigenlijk nog te weinig.

Dag één heb je nodig om te acclimatiseren. Als dit je eerste kennismaking met het land is, heb je echt tijd nodig om alles even op je in te laten werken. De duizenden kleuren, de ontelbare mensen die kriskras door elkaar heen de stad bevolken, de eindeloze geluiden die er altijd zijn, het weer dat 's zomers ondraaglijk warm kan zijn en 's winters snijdend koud, en de geuren die onbekend zijn. In Peking leven twaalf miljoen mensen, en dat zul je weten ook.

Accommodatie is niet moeilijk te vinden, en vaak heel betaalbaar. Boek bijvoorbeeld een kamer in The Bamboo Garden, een hotel ten noorden van het centrum. Vroeger was het de residentie van een belangrijke officier, tegenwoordig kun je er prima overnachten in schone kamers met als extra bonus een prachtige tuin met veel bamboe en andere planten. Je kunt er 's morgens een kopje groene thee drinken. Neem de tijd, lees een reisgids, luister naar de vogeltjes en bedenk dat je niet te veel moet doen op zo'n eerste dag, omdat je moet opboksen tegen het tijdsverschil van zes uur.

Besteed de middag aan de eerste kennismaking met het hart van de stad. Dwaal door de kleine winkelstraatjes rondom Qianmendajie, waar je goedkoop kleding en cd's kunt kopen en waar je voorzichtig kunt proeven van de ontelbare Chinese specialiteiten die hier op straat verkocht worden, zoals xianr bing, gevulde pannenkoekjes, en huntun, soep met deegkussentjes. Kijk naar de mannen die in piepkleine zaakjes, die wit zijn van het rondstuivende meel, de noodles vouwen. Vergaap je aan de vitrines met glanzende dieprode pekingeenden die druipen van het vet. Of loop een theewinkel binnen waar ze je graag willen laten ruiken aan de honderden kostbare theesoorten die in grote bussen op de toonbank staan. Hier maak je kennis met de drukte en de hectiek van het leven, de mensen en hun gewoontes.

Als je moe wordt, wandel je naar het nabijgelegen Beihai park waar je in het gras kunt liggen, de drakenmuur kunt bezoeken die de boze geesten moet afschrikken of waar je een grote plastic roeiboot kunt huren in de vorm van een zwaan, om rond te dobberen op de gigantische vijvers.

Als het donker wordt, kies je gewoon een van de ontelbare restaurantjes uit om een noodlesoepje te eten. En slapen doe je pas laat door het tijdsverschil.

Op dag twee kun je een bezoek brengen aan een van de allermooiste overblijfselen van het eens zo machtige Chinese keizerrijk: de Verboden Stad. Om er te komen wandel je vanaf het Plein van de Hemelse Vrede een poort door met een portret van de grote leider Mao Zedong. Onder zijn leiding werd het land omgevormd tot een communistische staat en dat betekende dat een stad als Peking voorgoed van uiterlijk veranderde. Imperialistische symbolen moesten uit het straatbeeld verdwijnen en zo werden honderden tempels en monumenten gesloopt of omgebouwd tot fabrieken of werkplaatsen. Waren er in 1940 nog zo'n achtduizend van deze tempels in de stad, in de jaren zestig was dat aantal teruggelopen tot slechts honderdvijftig. Godzijdank spaarde hij de Verboden Stad en tegenwoordig is het een van de belangrijkste attracties van het land. Ga er 's morgens vroeg naartoe om de ergste drukte te ontlopen, neem er de tijd voor en laat je betoveren door de grote terrassen met de verschillende tempels. Bekijk de troon van de keizer, de vertrekken van de keizerinnen en de tuinen waar de kinderen speelden.

Om het grote contrast te zien bezoek je 's middags het foeilelijke mausoleum van Mao, waar je minstens een uur in de rij moet staan om zijn gebalsemde, versteende lichaam te kunnen bekijken. Dit is indrukwekkend en onwerkelijk. Niet zelden zal er een Chinees naast je een traan laten bij het zien van de grote leider.

Maar er is meer bombastisch communistisch erfgoed. Wat dacht je bijvoorbeeld van de Great Hall of the People, een betonnen complex naast het Plein van de Hemelse Vrede, waar de Chinese partijtop vergadert en waar dan honderden zwarte Audi's voor de deur staan met geduldig wachtende chauffeurs? Af en toe is het complex opengesteld voor publiek en kun je de gigantische ontvangsthallen bezoeken en de balzaal waar staatshoofden worden ontvangen.

Sta op dag drie nog vroeger op, om een uurtje of zes liefst, en bezoek een van de tientallen stadsparken. Dan zie je hoe de gepensioneerde inwoners van de stad hun dagen vullen. De meeste mensen die niet meer hoeven te werken gaan dag in dag uit naar het park in de buurt om mee te doen aan de vele activiteiten die er plaatsvinden. Een goed park om te bezoeken is het Tiantan park, ten zuiden van het centrum. Hier zie je oudere mensen elke morgen in de weer om lijf en

geest lenig te houden. Kleine vrouwtjes spelen in groepjes van vier badminton, even verderop krijgen twintig paren les in stijldansen. Op het gras doen ze geconcentreerd hun tai-jhi-oefeningen. Je ziet ook mannen die hun geest schoon houden door met water Chinese tekens op de tegels te schilderen, deze tekens zijn na een minuut al verdampt. Onder de bogen van de hemelse tempels zingt een vrouw Chinese liederen, terwijl de mensen om haar heen klappen en juichen, en zijn anderen met eindeloos geduld kleine slofjes en schortjes aan het borduren. Je kunt hier uren rondlopen en je verbazen over de verschillen tussen je oude dag doorbrengen in Nederland en China.

Breng 's middags een bezoek aan een van de vele musea, zoals die van de Chinese geschiedenis of de Chinese revolutie. Maar je kunt ook naar het militaire museum, het natuurhistorisch museum of naar het museum van schone kunsten.

Op de vierde dag moet je absoluut gaan winkelen. Heel veel spullen zijn hier spotgoedkoop.

Zo kun je in Peking zeer betaalbaar kleding, elektronica, stoffen, cd's, juwelen en Chinese medicijnen kopen (let er wel op wat je wel en niet mag invoeren in Nederland: gekopieerde cd's en merkkleding leveren forse bekeuringen op en over elektronica betaal je invoerbelasting).

Qua winkels kun je kiezen voor de traditionele kleinere winkels die je overal in de stad tegenkomt, of voor de gigantische warenhuizen die je rondom de ringweg vindt. Deze Amerikaans aandoende *shopping malls* hebben niet alleen filialen van de grote merken, maar vaak ook heel goedkope Chinese kledingzaken die waanzinnig mooie dingen verkopen. De maten zijn natuurlijk Chinees, dus zijn schoenen en broeken voor onze Hollandse lijven vaak veel te klein. Een goede plek om te slagen is de Landao Store waar je werkelijk alles kunt vinden: van koptelefoons en laptops tot Chinese eetstokjes en prachtige traditionele jurken.

Als je 's avonds uit wilt, kun je naar Sanlitun Lu, een lange straat met tientallen bars, clubs en terrassen waar je veel andere toeristen tegenkomt. Oorspronkelijk kwamen hier de expats en medewerkers van de nabijgelegen ambassades drinken, maar tegenwoordig komt de hele stad hierheen. Elke week worden er nieuwe bars en cafés geopend. Een heel mooie is de The Loft, een prachtige club die doet denken aan de Supperclub in Amsterdam met lounge banken, goeie deejays en een fijne bar met nog betere cocktails. Het nadeel van deze wijk is dat het niet alleen veel duurder is dan in de rest van Beijing, maar dat het laat op de avond ook meer weg heeft van een foute badplaats met dronken toeristen en obscure rockbands die in de cafés optreden.

Een goed alternatief zijn de bars en clubs die je bij de universiteiten in het Haidiandistrict vind.

De drank is er goedkoper (soms zelfs 'all you can drink' voor $ 5), er komen meer studenten en de sfeer is relaxter. Ga je op stap, vergeet dan trouwens niet om een visitekaartje van je hotel mee te nemen, je zult niet de eerste toerist zijn die zijn hotel 's nachts niet meer terug kan vinden...

De laatste dag stap je met een hoofd vol watten van de avond er-

voor in de bus voor een bezoek aan het grootste en meest imposante bouwwerk van heel China: de Chinese Muur. Vanaf het beginpunt bij de stad Shanhaiguan aan de oostkust, tot en met de Gobi woestijn, diep in het zuidwesten van China, meet de Muur ongeveer 6700 kilometer en het is daarmee het grootste bouwwerk van de wereld.

Een bezoek aan de Muur is onvoorstelbaar indrukwekkend. Ga niet naar het deel dat dicht bij Peking ligt, om niet gek te worden van de hordes toeristen. In plaats daarvan kun je beter wat langer rijden en bijvoorbeeld de Muur bij Mutianyu bezoeken, op zo'n drie uur rijden van de stad. Neem de kabelbaan omhoog of wandel door het oogverblindend mooie landschap. Als je boven op de heuvel staat en je ziet de Muur als een gigantisch lang lint door de groene heuvels slingeren, krijg je gegarandeerd kippenvel.

Beklim de Muur en geniet van het uitzicht. (Reken wel op één of twee opdringerige verkopers die net zo lang aan je kop zeuren totdat je een stapel lelijke ansichtkaarten van ze koopt om er maar vanaf te zijn.) Loop een eind, klim af en toe in een wachttoren voor een mooie foto en bedenk dat dit een van de mooiste stukken geschiedenis van het land is.

Ik weet zeker dat je na die vijf dagen aardig gesloopt bent en toe bent aan een beetje rust, maar dat je wel een bijzondere herinnering hebt aan deze stad en zijn omgeving.

**WAT:** Bezoek aan Peking

**WAAR:** China

**WANNEER:** In het voor- of najaar. 's Winters kan het aardig koud worden, 's zomers heel heet. De beste tijd voor een bezoek aan deze stad is in september of oktober, wanneer je de minste regen hebt.

**WAT KOST HET:** Peking is een betaalbare stad. Vervoer, verblijf, voedsel en goederen zijn aanzienlijk goedkoper dan in Nederland. Alleen de grote hotelketens en toeristische attracties zoals dansvoorstellingen zijn duur. Bamboo Garden Hotel: vanaf $ 59.

**MEER INFO:** Bamboo Garden, 24 Xiaoshiquia Hutong, Jiugulou Daije, 64.03.22.99; Landao store: Chaoyangmenwai Dajie; The Loft: 4 Gongti Bei Lu (achter het Pacific Century Place), tel. 0086-10.6501.7501; Mutianyu Great Wall: 90 km ten noordoosten van de stad. Om er te komen neem je een minibusje die elke morgen in de straat aan de zuidkant van de Great Hall of the People vertrekt. http://greatwalladventure.com/Mutianyu.htm

# RAROTONGA

## Cookeilanden

De Cookeilanden behoren tot de meest afgelegen plekken op de aardbol. Stel je vijftien eilanden voor, midden in de Grote Oceaan, precies aan de andere kant van Nederland en tropischer dan alles wat je eerder hebt gezien. Via Nieuw Zeeland vlieg je op Rarotonga, het hoofdeiland. Het vliegtuig landt op een zandbank (later leer je dat dit een *motu* heet) en meteen kun je je ogen niet geloven. Een oneindig aantal palmbomen kleurt het eiland groen en overal groeien bloemen, groot en geurig. Je vindt ze op je bed, in je cocktails en na een avondje dansen ook in je haar!

De eilanden horen bij de Polynesische driehoek – Nieuw Zeeland, Hawaï en het Paaseiland – en de bewoners zijn verwant aan de Maori's. Woeste kanovaarders die nog altijd een stammenverdeling kennen. Van mijn gids weet ik dat hij Papatua Papatua heet en, simpel als ik ben, stel ik me bij die naam een wilde grote man voor. Groot is dan ook mijn verbazing als ik hem eindelijk ontmoet op het vliegveld, en Papatua Papatua een miezerig mannetje met een matje in zijn nek blijkt te zijn.

Vanaf de luchthaven (die bestaat uit een landingsbaan van gras) rijd je over een zandweg naar je hotel, de meeste bevinden zich aan de oostkust van het eiland. De krabben die over de weg lopen zijn zo groot dat je, als je ze raakt, hun pantser kunt horen kraken.

Van Papatua Papatua krijg ik een kleine cursus 'eilandleven': 'Parkeer huurauto's nooit onder een boom, deuken van een kokosnoot worden niet vergoed. Kijk altijd uit als je onder een palmboom loopt want de meeste doden op de Cookeilanden vallen doordat een kokosnoot een hoofd raakt.' En inderdaad, tijdens de vijftien minuten durende rit van het vliegveld naar de eerste hotels passeer je meerdere borden die je waarschuwen voor vallende kokosnoten.

Omdat de klok op de Cookeilanden precies tegenovergesteld tikt aan die van ons, hun ochtend is onze avond, ben je behoorlijk geradbraakt bij aankomst. De spectaculaire zonsondergang neemt echter alle vermoeide gevoelens weg. Omdat je zo ver van de bewoonde wereld bent zie je 's nachts ontelbaar veel sterren aan de hemel. Als ik 's avonds in mijn eentje op het strand zit zie ik een vallende ster, zó groot, dat het lijkt alsof ergens anders op aarde een komeet in staat.

De Cookeilanden zijn een echte

honeymoonbestemming en er lopen dan ook veel verliefde stelletjes over het strand. De eilandbewoners zelf houden wel van een feestje. Elke zaterdagavond gaat het los in het cultureel centrum. In een klein houten clubhuis verzamelen zich jong en oud, enkele toeristen en soms zelfs de president om de *hula* te dansen.

Meisjes in rieten rokjes, behangen met bloemenkransen en mannen met riet om hun nek en enkels, gehuld in een lendendoek, zingen over Ru, hun mythische voorouder die ooit als eerste met een kano het eiland bereikte. De mensen hier zijn zo mooi! Meisjes met lange donkere haren, Aziatische ogen, een karamelkleurige huid en exotische lippen verleiden de bezoekers met sensuele heupbewegingen. De mannen zijn groot maar sierlijk en dansen met vuur. Als je de volgende ochtend die kraakheldere oceaan in duikt heb je moeite alle indrukken te verwerken. Dat het leven zo kan zijn! Fantastisch, exotisch, puur, lieflijk en ruig.

**WAT:** Tropisch eiland
**WAAR:** Rarotonga, Cookeilanden
**WANNEER:** November tot februari
**WAT KOST HET:** 14 dagen vanaf € 2000
**MEER INFO:** www.barrontravel.com

# AITUTAKI

## Cookeilanden

Aitutaki staat bekend als de mooiste lagune in de wereld. Het water is er zo helder dat je vissen in alle kleuren van de regenboog kunt zien. De eilandengroep is opgebouwd uit een hoofdeiland en daaromheen liggen *motu's*, zandeilandjes versierd met palmbomen.

Kapitein Cook, de grote ontdekkingsreiziger die op zoek was naar het ultieme paradijs, heeft Aitutaki nooit gevonden. De eerste Europeanen die de lagune ontdekten, waren de opvarenden van de Bounty, zeventien dagen voordat dit beroemde schip naar de bodem van de oceaan zonk.

Als je met een bootje rond het eiland vaart, moet je jezelf af en toe knijpen om te kunnen geloven dat zo veel moois echt bestaat, en dat jij er bent. De aankomst met het vliegtuig is op zich al spectaculair. Je vliegt boven de Grote Oceaan, waar urenlang niets anders te zien is dan water, en dan opeens doemt er een eiland op. Van bovenaf kun je goed zien dat Aitutaki een gezonken vulkaan is, de krater vormt de lagune. Daaromheen zie je het rif liggen, de beschermhaag van Aitutaki. Buiten het rif zwemmen haaien en andere grote vissen, binnen het rif is het water kalm en lieflijk en stormen kleine gekleurde visjes af op elke kruimel brood die ze kunnen bemachtigen.

Omdat Aitutaki zo ver van de rest van de wereld ligt, is het een vrij exclusieve vakantiebestemming. Je vindt er dan ook veel luxe hotels, zoals de Tom's Beach Cottages en het prachtige Aitutaki Lagoon Resort. Allemaal bieden ze hutjes die direct aan zee liggen, met een balkon dat boven het

water hangt. Van een trapje glijd je 's ochtends zo de zee in. In de kast liggen snorkel, duikbril en vinnen.

Alle toeristen die Aitutaki bezoeken, maken een boottochtje over de lagune. In een met bloemen versierde sloep vaar je naar verlaten stranden en stop je om te lunchen op een plek waar je in vijf minuten handenvol fantastische schelpen vindt. Soms met de krabben er nog in.

Tapuaetai is een vaste stop op alle boottochten. Deze motu wordt ook wel 'One Foot Island' genoemd, omdat het eiland vanuit de lucht op een grote voet lijkt. Inclusief de tenen die gevormd worden door nog kleinere eilandjes.

Op Tapuaetai ligt het meest verlaten postkantoortje van de hele wereld. Als je hier een brief achterlaat moet de boodschap die je wilt versturen geen haast hebben. Voor 1 dollar kun je in het postkantoortje je paspoort laten

afstempelen, als aandenken aan deze unieke plek.

Op het hoofdeiland is een marinepark dat je gratis kunt bezoeken. Dit marinepark richt zich op de bescherming van de bijzondere zeedieren die in deze wateren voorkomen. Zo kweken ze ariri's en papua's, reuzenschelpen met hun inwoners, die in Japan als delicatesse gezien worden. Overal op het terrein staan grote bassins waar honderden bijzondere vissen en minuscule schildpadjes in leven.

Vraag even of ze je de schelpen voor de kust willen laten zien. Je gaat dan met een van de medewerkers in een bootje de zee op. Vervolgens spring je met je duikbril overboord om de reusachtige schelpen (met een doorsnede van soms wel een meter) van dichtbij te bekijken. De reden dat ze deze papua's kweken is om te zorgen dat de schelpen niet uit de wateren rondom Aitutaki verdwijnen, iets wat niet ondenkbaar is door de intensieve visserij in het gebied.

Aangezien het een klein centrum is en er maar een paar medewerkers wonen en werken, drink je met hen na afloop meestal een koud biertje op de veranda, er zijn toch bijna geen andere bezoekers.

Let ook even op het waakvarken! Op Aitutaki komen geen honden voor en voor de bescherming tegen ongenode gasten gebruiken veel bewoners van dit eiland varkens. Dat lijkt misschien niet erg effectief, maar deze dieren kunnen je aardig de stuipen op het lijf jagen als je hun terrein betreedt (gelukkig luisteren ze perfect naar hun bazen).

Deze boze varkens zijn wel meteen een van de weinige onaangename elementen op deze paradijselijke plek. Aitutaki is met recht een van de mooiste lagunes op aarde; een plek waar begrippen als 'haast', 'drukte' en 'stress' volledig onbekend zijn. Een plek die je eigenlijk een keer in je leven met eigen ogen gezien moet hebben.

**WAT:** De mooiste lagune in de wereld

**WAAR:** Aitutaki, Cookeilanden

**WANNEER:** Het klinkt te mooi om waar te zijn, maar het weer op Aitutaki is het hele jaar door prima. Van november tot februari is het hoogseizoen, dan hebben de Australiërs en Nieuw-Zeelanders zomervakantie. Dit is de drukste en de duurste periode.

**WAT KOST HET:** 14 dagen vanaf € 2000

**MEER INFO:** Cookeilanden algemeen: www.cook-islands.com; hotels Aitutaki: www.cook.pacific-resorts.com/aitutaki.html; Tom's Beach Cottage, PO Box 51, Aitutaki, Cook Islands, tel.: (682) 31051; Atutaki Lagoon Resort: PO box 99, Aitutaki, Cook Islands. Tel. (682) 31 203; www.barrontravel.com; bootexcursies boek je ter plaatse bij je hotel

# ZWITSERS HOTEL

## Costa Rica

Heb je altijd al eens naar Midden-Amerika gewild, maar heb je nog twijfels, denk dan eens aan Costa Rica. Het land, gelegen tussen Nicaragua en Panama, is altijd al een van de makkelijkst te bereizen landen van het gebied geweest. Dat komt vooral door zijn geschiedenis: in tegenstelling tot veel van zijn buurlanden, is hier nog nooit gevochten en kent het land zelfs geen leger!

Nog een feit: Costa Rica is het meest welvarende land van Midden-Amerika en dus zijn zaken als vervoer, infrastructuur, hotels, winkels en ziekenhuizen hier relatief goed geregeld. Daarnaast is het land ook nog eens goed bereikbaar door rechtstreekse vluchten van Martinair op de hoofdstad San José.

Eenmaal daar heb je het voor het uitkiezen: ga je kijken naar de schildpadden die in het holst van de nacht hun eieren leggen aan het strand van het Tortuguero National Park, zweef je aan een kabelbaan tussen de toppen van de bomen in het Monteverde nevelwoud of kies je er toch voor om de hele dag op het strand van Montezuma tussen de hippies en surfers rond te hangen en niet veel meer te doen dan blowtjes te roken en de zon eindeloos te zien ondergaan?

Costa Rica is een land waar je alle kanten uit kunt en waar je alles vindt wat je van Midden-Amerika verwacht. Voor mij was een bezoek aan dit land een eerste kennismaking met Midden-Amerika. Nadat ik een volle week de oostkust van het land had bezocht, was het tijd om per minibus naar de westkust te trekken. Eerst bezochten we de Tobacon *hot springs*, aan de voet van de

Arenálvulkaan, een plek die je ook niet mag missen! In deze hot springs kan je namelijk zwemmen in water dat is verwarmd door de vulkaan. Hoogtepunt is een cocktail drinken in het grote zwembad met in de verte de Arenál vulkaan die, als je geluk hebt, tot uitbarsting komt. Echt onvergetelijk!

We vervolgden onze weg naar de westkust over een hobbelige en stoffige weg. Omdat de bestuurder al uren lang hetzelfde valse bandje speelde op een veel te oude cassetterecorder en de vering van de auto al jaren geleden overleden was, was ik aan het eind van de middag aardig gebroken. Tot mijn opluchting kondigde de bestuurder aan dat we een stop zouden houden in een restaurant om wat te eten.

De weg slingerde zich omhoog door een prachtig heuvelachtig landschap met groene weides en lage boompjes richting een prachtig helderblauw meer. Na ongeveer een kwartier pal langs het meer gereden te hebben, zag ik plotseling rechts van de weg een grote schuur met een kudde Zwitserse koeien die rustig stonden te grazen. Ik zag een groot houten bord staan met sierlijk geschilderde letters: WELCOME TO HOTEL & RESTAURANT LOS HEROES.

De chauffeur draaide de bus de parkeerplaats op en tot mijn stomme verbazing zag ik daar een gigantisch Zwitsers chalet, met alles erop en eraan. Eenmaal binnen bleek ook alles op en top Zwitsers: de meisjes in de *dirndel*-pakjes, het menu met kaasfondue en rösti en het interieur met handgesneden banken met hartjes in de leuning en eindeloos veel Zwitserse prullaria aan de muur.

Even later stapte een forse vijftiger binnen met een onmiskenbaar Zwitsers uiterlijk, die eerst zijn handen aan zijn schort afveegde alvorens hij ons zijn stevige hand schudde.

Niet veel later zaten we onder het genot van een grote pul bier naar zijn verhaal te luisteren. Ongeveer twintig jaar geleden was hij hier voor zaken gekomen en het land had hem zo betoverd dat hij niet meer terug wilde. Nadat hij alles in Zwitserland verkocht had, startte hij hier een boerenbedrijf. Zijn ultieme droom was een perfect Zwitsers dorp na te bouwen en nu, na zo veel jaar, was hij aardig ver met het realiseren ervan.

Even later liet hij ons de rest van het terrein zien. Niet ver van het restaurant lag zijn eigen woonhuis, ook natuurlijk geheel in alpenstijl met ernaast een prachtige kleine kapel waar elke zondag een mis werd opgedragen voor iedereen uit de buurt. De stallen ernaast waren gevuld met grote bruine Zwitserse melkkoeien, wiens voorouders ontstaan waren door embryo's mee te nemen uit Zwitserland en hier te implanteren bij de plaatselijke koeien.

De vervolmaking van zijn levensdroom lag iets verder op het terrein: een heuse spoorlijn inclusief bruggen, viaducten en overgangen. En natuurlijk hoorde daar een kleine stoomtrein met wagons bij die hij ooit ergens op een veiling in Zwitserland op de kop had weten te tikken. Eindbestemming van de lijn was het hoogste punt van de berg achter het dorp, een afstand van zo'n twee kilometer. Nog één droom had Franz: op het eindpunt van de lijn een panoramarestaurant bouwen met uitzicht over het hele gebied.

Zelden heb ik iemand ontmoet met zo veel creativiteit als het gaat om het 'verwerken' van je heimwee. Terwijl hij ook gewoon terug had kunnen gaan naar Zwitserland. Maar kennelijk was zijn liefde voor dit land toch echt te groot. En zelden heb ik iemand gezien die in zijn eentje zo veel werk heeft verzet om zijn levensdoel te realiseren. Mocht je ooit hier terechtkomen, doe hem dan de groeten van mij. En drink even een biertje voor me in het panoramarestaurant...

**WAT:** Zwitsers hotel

**WAAR:** Los Heroes, Costa Rica

**WANNEER:** De beste tijd om Costa Rica te bezoeken is van half december tot half april, dan heb je de minste kans op regen.

**WAT KOST HET:** Kamers vanaf $ 55 per nacht

**MEER INFORMATIE:** Algemene informatie Costa Rica: www.opvakantie.nl/wereld.php; http://www.vakantielanden.net; informatie hotel: www.hotellosheroes.com; www.elegantsmallhotel.com/hotels/eww1132.html. Adres: Los Heroes, Nueva Arenal- Lake Arenál, Tilarán, Costa Rica

# HAVANA

## Cuba

Het kloppend hart van Cuba is Havana, met 2,3 miljoen inwoners de grootste stad van het Caribisch gebied. Havana werd langgeleden beroemd, na de Spaanse verovering van Peru en Mexico. Vanaf hier werd het gestolen incagoud naar Europa doorgesluisd en dat zorgde ervoor dat de stad uitgroeide tot de belangrijkste haven in Zuid-Amerika. Er werden prachtige gebouwen neergezet, een operahuis, kathedralen en forten om de stad te beschermen tegen aanvallen van piraten. Wist je dat Piet Hein de zilvervloot in Cuba heeft veroverd? Op Cuba wordt hij helemaal niet gezien als een held, maar als dief!

Aan het begin van de twintigste eeuw kreeg Havana de reputatie van internationaal feestoord. De stad bood met haar chique clubs ongelimiteerd plezier aan gasten als Frank Sinatra en Al Capone. In die jaren stond Havana bekend als het casino en het bordeel van Noord-Amerika, er vertrokken dagelijks zo'n dertig vluchten vanuit Miami. De revolutie van Fidel Castro en Che Guevara luidde het einde van het toerisme in: alleen bewonderaars van de socialistische ideologie durfden naar het eiland af te reizen. Het uiteenvallen van de Sovjet-Unie betekende de economische ondergang van Cuba, en sindsdien lijkt het alsof de tijd hier heeft stilgestaan.

Hoewel dit heel schrijnend is voor de bewoners, ligt voor veel mensen de charme van Cuba juist hierin. Het is een van de weinige plekken op aarde waar McDonald's, Coca-Cola of andere grote multinationals hun waar nog niet verkopen. Als je zin hebt in een

bruin bruisend frisdrankje drink je het lokale TwoCola, een snelle snack bestaat uit bonen met rijst. Wie luxe eet, neemt er een stukje kip bij.

Cuba is voorlopig nog een socialistische staat en als je het eiland wilt zien zoals het nu is, doe je er goed aan snel op het vliegtuig te stappen. Zodra Fidel Castro dood is verwacht men dat alles verandert. Amerikaanse Cubanen staan te trappelen om handel te drijven en het eiland een enorme economische *boost* te geven. Tot die tijd blijft Cuba een derdewereldland waar mensen uren in de rij staan voor een simpel ritje met de bus en je op straat aanspreken omdat ze graag kleding of zeep willen hebben.

Als je door de straten van Havana loopt kun je haast niet anders dan je voor proberen te stellen hoe de stad er moet hebben uitgezien in haar hoogtijdagen. Ze (Havana wordt ook wel 'de oude dame' genoemd) moet zo mooi geweest zijn in die jaren! Nu is alle verf van de protserige gebouwen afgebladderd, dreigen sommige in te storten en is het vooral vergane glorie wat je ziet. Maar vergis je niet, naast alle armoede is Havana vooral een mooie historische stad waar je je ogen uitkijkt. Het clichébeeld dat je ervan hebt – oude mannetjes met sigaren in hun mond die rondrijden in oldtimers – klopt. De wagens worden desnoods met plakband en touw bij elkaar gehouden, maar rijden zullen ze!

Uit alle cafés en restaurantjes klinkt live muziek, er wordt gedanst op straat, terwijl kunstenaars hun kleurrijke schilderijen proberen te verkopen aan toeristen. Havana heeft fantastische stranden en nergens smaken cocktails zo goed als op de plek waar ze werden uitgevonden. De mojito (witte rum, limoensap, suiker, soda, heel veel ijs en als finishing touch een muntblad), de cuba libre (bruine rum en cola), de daiquiri (rum met schraapijs, citroensap en suiker) en de pina colada (hetzelfde, maar dan met kokosmelk) werden allemaal hier ontwikkeld en vinden nog steeds gretig aftrek. Havana straalt zo'n grandeur uit en is zo uniek, het is met recht een stad die je eens in je leven gezien moet hebben!

**WAT:** Wereldstad

**WAAR:** Havana, Cuba

**WANNEER:** November tot april

**WAT KOST HET:** Tickets vanaf € 690

**MEER INFO:** cuba.pagina.nl. Als je gek bent op cocktails is het boek *The Sauce Guide* jouw bijbel, het is verkrijgbaar bij de betere boekhandel.

# SANTIAGO DE CUBA

## Cuba

Havana is de bekendste stad van Cuba, maar er is nóg een stad de moeite waard: Santiago de Cuba, de tweede stad van het eiland. Santiago ligt in het zuiden van het land, dicht bij Jamaica en Haïti. Dit deel van Cuba is een stuk heter en groener dan Havana in het noorden, en wat cultuur betreft is het er minstens zo interessant. In Santiago staat de wieg van bijna alle Cubaanse muziekstijlen en ook de revolutie is hier begonnen.

Dicht bij de stad ligt de onbegaanbare jungle van de Sierra Maestra, hier was het dat Fidel Castro en Che Guevara hun guerrillastrijd voerden. In deze bergen, 18 kilometer van de stad, ligt de belangrijkste kerk van Cuba, waar de zwarte Madonna – de beschermheilige van het eiland – bewaard wordt. Ze is de koningin van de Cubanen en een bezoek aan haar kerk is heel bijzonder. De omgeving is prachtig en aan de voet van de kerk kun je fantastische kitschsouvenirs kopen.

Santiago de Cuba is Havana's rivaal in literatuur, muziek en politiek. Maar waar Havana een echte stad is, heeft Santiago het karakter van een dorp. Het staat er vol met waanzinnige gebouwen, zoals de imposante woning van de familie Bacardi, en groteske kerken.

Als je van fotografie houdt, kun je in Santiago de Cuba echt je hart ophalen. De eeuwenoude koloniale huizen zijn vervallen, maar nog altijd prachtig om te zien. In elke straat staan rijen klassieke Amerikaanse auto's. Omdat er niet veel werkgelegenheid is op het eiland, hangen er veel mensen rond in de parken. Oude mannetjes zingen klassieke Cubaanse smartlappen voor toeristen, in de hoop wat bij te verdienen.

Om toch iets te kunnen verdienen verhuren sommige Cubanen kamers in hun huis. Deze *casas particulares* zijn de meest sfeervolle plekken om te logeren. Ze staan vaak midden in het centrum en omdat je bij een familie logeert, geven ze je een kijkje in het alledaagse leven.

Het is geen luxe plek om te overnachten, de kamers zijn simpel, maar voor luxe moet je sowieso niet naar dit socialistische eiland komen. In de restaurantjes heb je keus uit een paar gerechten, meer is er vaak niet. Op een eiland waar bijna niemand geld heeft gaan mensen immers niet uit eten.

Hou je van muziek, ook dan zit je op Cuba wel goed. Cuba en muziek kun je bijna in één adem noemen: rumba, mambo én salsa komen hier vandaan. Zonder de Cubaanse mix van Spaanse harmonieën en Afrikaanse ritmes zouden wij nu geen funk of rap kennen.

Om een Cubaanse nacht te beleven is de beste plek van het hele eiland het traditionele muziekcafé Casa de la Trova in Santiago de Cuba. In deze club, die eruitziet als een huiskamer, is het alle avonden een drukte vanjewelste. Het is een ontmoetingsplaats voor muzikanten, kunstenaars en intellectuelen, en bijna alle Cubaanse grootheden hebben er gespeeld. Er komen een paar toeristen en verder vooral mensen uit de stad. Oudere dames in bloemetjesjurken dagen mannelijke toeristen uit om ze alle hoeken van de *casa* te laten zien. Mannetjes met panamahoeden spelen trompet en bollen daarbij de wangen. De drank vloeit rijkelijk, net als het zweet.

Als je als toerist hier binnenkomt, word je vaak direct aangesproken door een van de aanwezige heren die niets liever wil dan de dansvloer met je op. Je kunt het proberen, maar hou er rekening mee dat je nogal opvalt tussen alle fantastische dansers. Maar ach, wat maakt het uit, als je je maar vermaakt.

De Casa de la Trova is een sfeervol donker hol vol sigarenrook, zoals je het je voorstelt als je naar de muziek van *Buena Vista Social Club* luistert.

**WAT:** Sfeervolle stad en de perfecte plek voor een Cubaanse nacht

**WAAR:** Casa de la Trova, Santiago de Cuba

**WANNEER:** November tot april

**WAT KOST HET:** De goedkoopste vluchten vertrekken van Frankfurt naar Holguin, het is dan nog een uurtje rijden naar Santiago de Cuba. Dit ticket boek je vanaf € 575.

**MEER INFO:** Casa de la Trova Heredia 206, tussen Pio Rosado en Porfirio Valiente. Tel: +53 22 652689. *Casas particulares* kun je het beste zoeken en boeken via internet.

# MÜNCHEN

## Duitsland

Sinds ik een reisprogramma presenteer en produceer word ik regelmatig opgebeld door vrienden die behoefte hebben aan de nodige inspiratie. Zo'n gesprek gaat ongeveer als volgt:

'Hoi lieve Floor, ben je zomaar in het land?'

'Ja hoor, alweer een dag of drie.'

'Mooi. Zeg, ik heb even een vraagje. Ik wil graag met mijn vriend(in) een weekendje naar een leuke stad maar wel iets anders dan Parijs, Berlijn of Barcelona. En ik wil wel graag met de auto en het moet niet te ver weg zijn. Jij weet vast wel iets leuks!'

Hmm, geen makkelijke vraag want er zijn zó veel leuke plekken, dat het moeilijk kiezen is. Maar aangezien mijn vrienden niet zitten te wachten op een enorme lijst met mogelijkheden, heb ik tegenwoordig een goed antwoord klaar: 'Je moet eens naar München gaan, da's echt leuk!'

Geen mens die me gelooft als ik dit zeg, maar als ik met het volgende lijstje kom, begrijpen ze wat ik bedoel:

1 Het Zuid-Duitse München ligt niet ver van de grens met Nederland (ongeveer 600 kilometer, net iets verder dan Parijs) waardoor je niet lang onderweg bent. Aangezien de stad in de buurt van Zwitserland en Oostenrijk ligt, heb je wel het idee dat je echt lekker in het buitenland zit.

2 Door zijn geografische ligging op een plateau met een aantal grote meren, aan de voet van de Alpen, kun je in de stad alle kanten uit. Wil je het prachtige centrum verkennen, dat aan weerszijden van de rivier de Isar ligt, dan

ga je gewoon te voet of per fiets (ze hebben hier een goedwerkend wittefietsenplan!). Maar heb je zin om 's zomers te gaan waterskiën of zwemmen, dan ga je naar een van de vele prachtige meren op minder dan een uur rijden van het centrum. En als je juist zin hebt in actie, dan rijd je in een uurtje of anderhalf naar de bergen waar je kunt skiën, wandelen of klimmen.

3 München is de hoofdstad van de deelstaat Beieren. En dat zul je weten ook: overal vind je de Beierse cultuur terug. Wat dacht je bijvoorbeeld van de traditionele restaurants zoals het Weisses Brauhaus, waar je de beste *Weisswurst* van de stad kunt eten met een enorme pul Duits *Weissbier*. Maar je kunt er ook voor kiezen een van de vele bierhallen te bezoeken waar je de hele avond wordt beziggehouden met gejodel, dijenkletsende alpenzusjes en houthakkers die in het ritme van de muziek een boomstam doorzagen. Je kijkt er werkelijk je ogen uit aan al die locals, van jong tot oud, die in traditioneel kostuum de hele avond uit hun dak gaan op Duitse schlagers. Goede tip is de Lowenbraukeller, een gigantische hal waar meer dan 2000 man in past en waar het bijna elke avond afgeladen vol is. Maak je geen zorgen dat je het niet kunt vinden, want iedereen in de buurt kent het en vlak voor de ingang staat een gigantische oven met twee varkens aan het spit. Kan niet missen...

4 Ben je een echte romanticus, dan moet je samen met je geliefde een bezoekje brengen aan het beroemde Schloss Neuschwanstein. Dit overbekende kasteel, dat boven op een enorme rots is gebouwd, stond ooit model voor het kasteel van Doornroosje dat je in alle Disneyparken kunt vinden. Met de bouw van het kasteel werd een begin gemaakt in 1869

door graaf Ludwig II, de laatste telg van het beroemde Wittelsbach-geslacht dat bijna 800 jaar over Beieren regeerde. Maar Ludwig spendeerde zo veel geld aan het project en bleek zo verknipt te zijn, dat hij uiteindelijk uit zijn ambt werd gezet en zelf niet meer dan honderd dagen in het prachtige slot heeft doorgebracht. Tegenwoordig is het een van de belangrijkste toeristische attracties van het gebied en als je niet midden op de middag komt maar vlak na opening of voor sluiting, kun je er heerlijk wegdromen en uitkijken over de prachtige omgeving.

5 Ook prachtig is The English Garden, dat met zijn afmetingen van 5 kilometer breedte en 1,5 kilometer lengte het grootste stadspark van Europa is. Hier kun je eindeloze wandelingen maken, bier drinken in een van de vele *Biergärten*, een Japanse theeceremonie bijwonen in het Japanse theehuis of zelfs naakt zonnen op een van de nudistenzonneweides. Helemaal bijzonder is de beek die dwars door het park stroomt, waarin je kan wildwaterkajakken! Aan de zuidkant van het park komt de beek met veel geweld uit een ondergronds kanaal stromen, wat zorgt voor een gigantische, constante hekgolf. Dagelijks zie je dan ook diverse waaghalzen met hun wildwaterkajak de beek in duiken om urenlang op de golf heen en weer te tollen. Er zijn zelfs mensen die hier komen surfen! En mocht je zelf niet zo sportief zijn, dan kun je altijd gewoon komen kijken naar alle actie.

6 En tot slot, voor al die mensen die nog niet overtuigd zijn: in München vind je echt een geweldig uitgaansleven met clubs zoals de P1, waar een bijzonder hip publiek en niet zelden Duitse vips als Boris Becker te vinden zijn. Maar echt feesten wordt het pas op de beroemde Oktoberfesten (van midden september tot het

eerste weekend van oktober). Op het Theresienwieseterrein vind je kermisattracties, eettentjes, heel veel toeristen maar vooral héél veel locals die liters en liters bier wegklokken. Je moet ervan houden, maar het is in elk geval een spektakel om niet gauw te vergeten.

WAT: Stedentrip
WAAR: München, Duitsland
WANNEER: 's Zomers voor de terrasjes, het fijne weer en relaxen bij de meren rondom München, 's winters om te skiën in de nabijgelegen Alpen
WAT KOST HET: De prijzen in München zijn ongeveer te vergelijken met die in Nederland. Schloss Neuschwanstein: € 9
MEER INFO: www.duitsverkeersbureau.nl; Weisses Brauhaus: Tal 7, tel. 0049.89.29.01.380; Lowenbraukeller: Nymphenburger strasse 2, tel 0049.30. 52.60.21; P1: Prinzregentenstr., naast The English Garden; Schloss Neuschwanstein: Hohenschwangau; Oktoberfest: in 2004 van 18 september t/m 3 oktober, in 2005 van 17 september t/m 2 oktober

# POOR MAN'S GALÁPAGOS

## Ecuador

Iedereen die ooit wel eens een *National Geographic* heeft gelezen weet dat een van de mooiste natuurgebieden op aarde te vinden is op een stel kleine eilanden, een paar honderd kilometer van de kust van Zuid-Amerika: de Galápagoseilanden. Deze eilandengroep, die officieel tot Ecuador behoort, heeft zo onvoorstelbaar veel bijzondere dieren en planten dat dit gebied wereldwijd wordt gezien als een van de meest waardevolle natuurgebieden op aarde. De geïsoleerde ligging van de eilanden zorgde ervoor dat de natuur zich in miljoenen jaren tijd ongestoord kon ontwikkelen.

Toen honderden jaren geleden de eerste mens zijn intrede deed op het eiland, was men stomverbaasd over de hoeveelheid natuurpracht: gigantische hoeveelheden luie zeeleeuwen, enorme albatrossen, grote scholen walvissen, bijzondere vogels met blauwe voeten en nog veel meer dieren die zich totaal niet leken te storen aan de mens.

Men begreep al snel dat men hier te maken had met een bijzonder gebied dat moest blijven zoals het was en dus werden de Galápagoseilanden uitgeroepen tot beschermd natuurgebied. En het mag een wonder heten, maar tot op de dag van vandaag bezitten de eilanden die status.

Wil je een bezoek brengen aan dit natuurparadijs, dan moet je diep in de buidel tasten. Het begint al met het ticket Quito (vanaf € 775) en vervolgens het stuk naar de Galápagos (vanaf € 390).

Om de broze natuur op de eilanden te beschermen heeft de Ecuadoriaanse regering besloten maar een zeer gering aantal toeristen per jaar toe te laten. Aangezien je de verschillende eilanden per boot kunt bezoeken, moet je als toerist een compleet arrangement boeken: bootreis, overnachtingen en maaltijden aan boord en de excursies op de eilanden zelf. Gecombineerd met het feit dat je ook nog voor de exclusiviteit moet betalen, moet je voor zo'n arrangement toch algauw rekenen op zo'n duizend dollar per persoon. En dat is dan nog de meest goedkope versie met een eenvoudige boot en basisvoorzieningen. Een hoop geld, maar heb je de kans ervoor te sparen, dan is het zeker de moeite waard!

Toch is er nog een goedkoper alternatief voor zo veel moois waarbij je een stuk minder kwijt bent, maar wel veel dieren kunt zien die ook op de Galápagos wonen. Dat alternatief vind je een stuk dichter bij de kust van Ecuador: Isla de la Plata, ook wel 'Poor

Man's Galápagos' genoemd. Om op dit kleine eilandje te komen ga je eerst naar Puerto Lopez, een klein slaperig kustplaatsje op ongeveer vier uur rijden van Quaiagil, de tweede stad van het land. Van hieruit boek je bij een van de vele kleine toeristenbedrijfjes een retourtje Isla de la Plata, een tochtje dat je niet meer dan veertig dollar hoeft te kosten!

Tijdens mijn bezoek aan dit kleine eilandje bleken de weergoden ons niet echt gunstig gezind te zijn.

Om halfacht 's morgens meldden we ons op het strand van Puerto Lopez, waar we een te groot oranje zwemvest kregen. De zee was aardig onrustig en nadat we de kust achter ons hadden gelaten, kregen de eerste passagiers al een groene kleur. Nog geen tien minuten later hingen de eersten overboord om het ontbijt eruit te kieperen en het bleek een aardige opgave om deze rotzooi te ontwijken.

Na een uur afzien voor een aantal passagiers aan boord kwam eindelijk het beloofde eiland in zicht: een enorm imposante rots midden in de oceaan. We sprongen van boord en gingen onder leiding van een gids op pad. Direct na het strand begon een klein paadje dat door dichte begroeiing richting het hoogste punt van het eiland voerde. Na ongeveer een uur stonden we boven op een zandheuvel met onder ons het prachtige eiland en in de verte de azuurblauwe zee. De gids tuurde een paar minuten in de verte en niet veel later zagen we in de oceaan een groep walvissen rondzwemmen; af en toe spoten ze een enorme fontein water omhoog en dan weer doken ze onder, waarbij hun staarten uit het water kwamen.

Na een halfuurtje wandelen zagen we een groepje albatrossen op hun nesten zitten. Ze leken zich niets aan te trekken van onze aanwezigheid en zelfs nadat we

er op een meter afstand voorbij wandelden, stonden ze niet op. Nog geen tien meter verder wees de gids ons op een aantal andere vogels: de *blue footed boobie*, heel grappige vogels, want deze dieren hebben grote voeten met een helblauwe kleur. Dit is bijzonder, want er is geen dier op aarde die dat heeft!

Nadat we nog enkele uren op het eiland rondwandelden, waarbij we nog een aantal zeeleeuwen zagen, stapten we weer in de boot richting het vasteland. De helft van de passagiers ging meteen weer over hun nek en jammerend verdwenen ze in de richting van de achterkant van het schip.

Helaas voor hen verscheen een grote groep walvissen die op nog geen vijftig meter van het schip voorbijzwommen en weer onderdoken. Dat duurde minstens een kwartier en al die tijd stond ik te joelen van opwinding; het blijven een van de meest indrukkende dieren!

Poor Man's Galápagos is wel niet het echte Galápagos, maar het is zeker een zeer betaalbaar en bijzonder alternatief. Als je hier op vakantie bent, is het in elk geval de moeite waard om dit eilandje te bezoeken. En mocht je nog geld over hebben, dan weet je vast wat je op de echte Galápagos kunt verwachten...

**WAT:** Isla de la Plata
**WAAR:** Ecuador
**WANNEER:** Beste tijd om te gaan is juni t/m september. Het is dan redelijk droog en niet te heet.
**WAT KOST HET:** Een trip naar Isla de la Plata: vanaf $ 40
**MEER INFORMATIE:** Ecuador: www.ecuador.startpagina.nl; Puerto Lopez: www.planetecuador.net/coast.htm; www.thebestofecuador.com/qtourist.htm; reizen o.a. via Shoestring: 020-685.0203 of www.shoestring.nl

# KAVACEREMONIE

## Fiji

De Grote of Stille Oceaan beslaat een derde van het totale oppervlak van onze aardbol. Midden in die onmetelijke oceaan, zo'n 3000 kilometer ten oosten van Australië, vind je het prachtige Fiji. Deze archipel bestaat uit 300 eilanden, die samen een oppervlakte beslaan van bijna 20.000 vierkante kilometer.

De meeste mensen denken bij Fiji aan geweldige zandstranden en lagunes met kristalhelder water, maar er is zoveel meer. Wat dacht je bijvoorbeeld van spectaculaire riffen met een grote verscheidenheid aan vissen en koraal, steile vulkaanwanden, jungle, en pittoreske dorpjes die bewoond worden door een uiterst vriendelijke bevolking.

Maar dat de eilandbewoners niet altijd even gezellig zijn geweest, blijkt uit de rijke culturele geschiedenis en de overblijfselen daarvan, zoals kannibalenovens en offerplatformen. In een samenleving gebaseerd op voorouderverering en geloof in een leven na de dood, werd het opeten van het lichaam van de vijand gezien als de ultieme bloedwraak. Tegenwoordig wordt er geen mensenvlees meer gegeten en is Fiji een populaire stop-over tijdens een wereldreis.

Viti Levu is het hoofdeiland en de plek met de meeste variatie. Je kunt hier *jungle tracks* maken en wildwaterraften, en langs de oostkust vind je een paar goedkope hostels.

De eilanden rond Viti Levu hebben allemaal hun eigen charme, maar sommige zijn heel exclusief. Op Castaway Island bijvoorbeeld staat één peperduur resort en dit

is de plek waar de gelijknamige film met Tom Hanks is opgenomen. De Yasawa Group werd wereldberoemd door de film *The Blue Lagoon* met Brooke Shields die zich hier afspeelde. In het zuiden liggen de eilanden Tavarua en Namoto, het mekka voor surfers. En wil je niet te veel geld uitgeven, dan kun je naar Beachcomber Resort, vlak voor de kust van Viti Levu. Dit piepkleine tropische eilandje is vooral populair bij backpackers door de lage prijzen. Als je naar Fiji gaat ontkom je er bijna niet aan om een van die eilanden te bezoeken, maar ook als je besluit alleen op Viti Levu te blijven zul je de *experience of a lifetime* hebben.

Het mooie aan Viti Levu is dat het er rauwer is dan op de andere eilanden, die voornamelijk gericht zijn op toerisme. Op Viti Levu woont het grootste deel van de bevolking en zij vormt, in mijn optiek, de grote charme van Fiji.

Fijiërs zijn anders dan de bewoners van de omliggende eilanden, zoals de Cookeilanden of Tahiti. De mensen hier zijn Melanesiërs, wat inhoudt dat ze een donkere huidskleur hebben en kroeshaar. Zowel de mannen als de vrouwen dragen bijna allemaal champignonvormige afro's.

Waar je op Hawaï of Bora Bora met 'Aloha' begroet wordt, roept iedereen hier heel hard 'Bula' naar je, een term die je snel overneemt (en die ik nog altijd als welkomstboodschap op mijn mobiele telefoon heb staan).

Van alle oude gebruiken zijn – godzijdank – alleen rituelen als *kerekere* (verplicht delen) en *sevusevu* (een geschenk in ruil voor een verplichte gunst) overgebleven. Dit betekent in de praktijk dat je nooit onaangekondigd of onuitgenodigd een dorp binnen mag lopen. Mocht dit toch gebeuren, dan moet je de eerste persoon waar je tegenaan loopt vragen om je aan het dorpshoofd voor te stellen. Als je een sevusevu (in de vorm van 500 gram kava) mee hebt zal de *chief* je verwelkomen met een kleine kavaceremonie. Je kunt de kava kopen in een van de vele kavashops in de hoofdstad. Het is trouwens verboden om dit sterke spul uit te voeren, wat niet geldt voor de kava uit de toeristenshops. Dan weet je dus wel dat dit drankje nogal heftig kan zijn.

Kava is het nationale drankje, ziet eruit als modderwater en niemand ontkomt eraan om het te proberen. Het smaakt vreselijk, maakt je tong dik en zorgt ervoor dat je je zo sloom als een deur voelt. Het wordt gedronken uit een grote houten bak en elke keer als iemand een slok neemt, klapt iedereen in zijn handen en roept heel hard 'Bula!' Niemand staat op voordat de bak met kava leeg is, en er wordt gezongen en gitaar gespeeld. Je kunt geïmproviseerde kavaceremonies meemaken in je hotel, op alle eilanden die Fiji rijk is, maar het bijzonderst is het toch wel om in een kring met het dorpshoofd en alle mannen uit een willekeurig dorp een echte ceremonie mee te maken zoals die hier al eeuwenlang uitgevoerd wordt.

**WAT:** Kavaceremonie

**WAAR:** Willekeurig dorp, Fiji

**WANNEER:** September en november, mei tot december als je komt om te duiken

**WAT KOST HET:** Beachcomber Resort: vanaf € 39 p.n. voor accommodatie (hangmat!) plus alle maaltijden; Castaway: vanaf € 140

**MEER INFO:** Algemeen: www. fijiguide.com; Castaway: www.castawayisland.com; Beachcomber: www.beachcomberfiji.com; www.barrontravel.com

# IJSBREKERCRUISE

## Finland

Een tocht per ijsbreker door een stijfbevroren zee is een ervaring die je niet snel vergeet. Het schip is uitgerust met een gigantische stalen neus, die zo dik is dat hij met gemak door meters ijs kan ploegen. Het Finse Kemi is een van de weinige plekken op aarde waarvandaan je een dagtocht kunt maken met zo'n ijsbreker: de Sampo. Kemi ligt aan de Botnische Golf en aangezien deze zee als het ware 'ingekapseld' ligt tussen Zweden en Finland, ligt er 's winters vrijwel altijd een dikke laag ijs.

Als je aan boord gaat word je hartelijk welkom geheten door de kapitein die je alle veiligheidsvoorschriften uitlegt. Daarna verlaat het schip de haven en zet het koers naar open zee.

Aan boord is genoeg te doen: je kunt een hapje eten in het restaurant, je laten rondleiden van de brug tot de machinekamer of in een van de vele relaxstoelen genieten van het ijzige uitzicht.

Het eerste gedeelte van de tocht gaat via de 'gekraakte' scheepvaartroute. Dit stuk wordt dagelijks bevaren door de ijsbreker. Hierdoor is er een kanaal ontstaan met overal ijsschotsen, dat echter wel bevaarbaar is, ook voor andere schepen.

Na een uurtje of twee gevaren te hebben, kondigt de kapitein aan dat we door het dikke ijs zullen gaan ploegen. Het schip zet koers richting pakijs. De beste plek om dit spektakel te bewonderen is voor op de punt en dus hangen even later de meeste passagiers overboord om te zien hoe de boeg zich in het metersdikke ijs boort. Zo gauw het schip het ijs raakt, hoor je een oorverdovend gekraak en gaat er een siddering door het hele schip. Even denk je dat het schip doormidden zal splijten, maar dan breekt het ijs en duwt de Sampo zich met alle kracht in de ijsmassa. Heel langzaam vervolgt de boot zijn koers, onderwijl grote stukken ijs opzijduwend alsof het niets is. Een klein halfuurtje later is het schip aan alle kanten omgeven door grote ijsschotsen, die met de grootst mogelijke moeite plaatsmaken voor het lompe schip.

Dan is het tijd voor het hoogtepunt van de tocht: de duik in zee! Het klinkt misschien niet aantrekkelijk, maar als je eenmaal ronddobbert tussen de ijsschotsen weet je wel beter. Je gaat natuurlijk niet onbeschermd te water (binnen twee minuten zou je al doodgevroren zijn). Iedere passagier krijgt een knaloranje overlevingspak aan. Dit pak, dat gemaakt is van stevig rubber, trek je

aan over je gewone kleding en schoenen. Zowel handen als voeten zitten in het pak en over je hoofd gaat een beschermende kap die je bij je gezicht afsluit met een rubberen band, zodat er geen water in het pak kan lopen.

Vervolgens waggel je als een soort Teletubbie de loopplank af richting het ijs. Achter het schip is een redelijk ijsvrij stuk zee ontstaan: de plek waar je te water gaat. Na uitvoerige instructie van de bemanning (blijf op je rug drijven, draai je niet om, want dan kan er water in je pak lopen, et cetera) is het tijd om voorzichtig het water in te zakken. Door de dikte van het pak voel je pas na een minuut langzaam de kou in je botten. Het is een heel bijzondere ervaring om op je rug in het water te dobberen met het gigantische schip op de achtergrond. Al na een paar minuten word je weer uit het water gevist: veiligheid staat voorop! Neem even de tijd om de andere passagiers te bewonderen, dat is misschien nog wel het leukste. Vooral de Japanners zijn fantastisch: die dobberen als hulpeloze puppy's in hun veel te grote pakken rond, terwijl ze de grootste moeite doen om niet af te drijven.

Eenmaal terug aan boord krijg je nog een ijsbeerdiploma uitgereikt door de kapitein (altijd leuk voor boven je bureau).

Weer aan wal kun je nog even in winterse sferen blijven door een kamer te boeken in het nabijgelegen sneeuwhotel (niet te verwarren met het Zweedse ijshotel). Dit kasteel van ijs en sneeuw wordt elke winter opnieuw gebouwd en je kunt er overnachten in een van de tien ijskoude suites: kamers met wanden, bedden en tafels van ijs waar je op en onder de rendiervellen slaapt.

Daarnaast vind je er een café met een bar van ijs, een kerk waar je kunt trouwen, een groot podium waar regelmatig optredens plaatsvinden en een expositie van ijssculpturen.

**WAT:** IJsbrekercruise en sneeuwkasteelhotel

**WANNEER:** Eind december-begin april, voor het hotel: januari en februari (dan zie je ook het noorderlicht).

**WAT KOST HET:** IJsbrekercruise: $ 150; hotel vanaf $ 185 voor een tweepersoonskamer

**MEER INFO:** Sampo Tours 00358-16-256.548 of www.sampotours.com; het hotel: 00358-16-259.502 of www.snowcastle.net

# CAMARGUE

## Frankrijk

Op vakantie in Frankrijk is altijd fijn! Er zijn veel streken, provincies en kusten om uit te kiezen. Wil je een keer iets heel anders, dan zou je de Camargue kunnen proberen. Dit is het Franse equivalent van 'Marlboro Country'. De Camargue staat bekend als een door de zon gekust moeras waar zwarte stieren, witte paarden, roze flamingo's en kleurrijke zigeuners zich thuis voelen. De lokale muziek is de flamenco, de Gypsy Kings komen hier vandaan, en de populairste sport is het stierenvechten. In de Camargue vind je geen chateaus of kastelen, wel veel ranches. Qua stijl heeft het gebied meer gemeen met New Mexico en Argentinië, dan met de rest van Frankrijk...

De Camargue ligt in de delta van de rivier de Rhône bij de Middellandse Zee. Door slib uit de omliggende bergen raken de uitlopers van de rivier verstopt en zo ontstaan steeds nieuwe minirviertjes. Deze combinatie van zout en zoet water maakt de Camargue een paradijs voor dieren. Waar in de wereld zie je flamingo's en wilde witte paarden zij aan zij in de wei staan?

De streek dankt haar naam aan de Romeinse veldheer Casus Carieus. In de omgeving zijn dan ook talloze Romeinse overblijfselen te vinden. Nîmes, de dichtstbijzijnde grote stad, noemt zichzelf graag 'het Rome van Frankrijk', omdat hier de twee best bewaard gebleven gebouwen uit de Romeinse tijd staan: het amfitheater en het Maison Carreé, een indrukwekkende tempel. Drieëntwintig kilometer verderop ligt een enorm aquaduct: een knap staaltje Ro-

N
i
e

meinse ingenieurskunst. Bij deze Pont du Gard kun je heerlijk zwemmen.

Maar met haar 60 kilometer strand kom je ook zonder uitstapjes naar de stad of een rivier prima aan je trekken in de Camargue. Het enige nadeel is dat in het hoogseizoen de stranden bomvol toeristen zijn. In de omgeving staan veel grote familiecampings, dus als je niet uitkijkt struikel je op de stranden over emmertjes, schepjes en ingegraven kinderen.

Tenzij je een heel ander soort vakantie wilt. Als het cowboyelement van de Camargue je aanspreekt, vind je hier een prima hotel. Bij Arles (waar ooit Vincent van Gogh woonde) ligt een prachtige ranch annex hotel dat luistert naar de naam Le Mas de Peint. Jacques Bon is de eigenaar, en ondanks het feit dat hij 76 jaar oud is, rijdt hij nog elke dag paard. Geboren en getogen in de Camargue kent hij de streek als geen ander. Hij is een echte *gardian* en kleedt zich ook zo: cowboyhoed, spijkerbroek met leren beschermstukken en een bontgebloemde bloes, die typisch is voor de Camargue. Hij bezit veertig witte paarden die samen een kudde van driehonderd zwarte stieren beheersen. In zijn stijlvolle landhuis verhuurt hij acht kamers en drie suites. Hotel Le Mas de Peint heeft al in veel toonaangevende tijdschriften gestaan, zo mooi is het er.

Het hotel is vaak vol en je moet dus vroeg reserveren. De gasten eten gewoon met zijn allen aan de keukentafel. De gedachte achter het hotel is dat de gasten vrienden zijn die komen helpen met de paarden. Als je hier logeert, mag je onbeperkt op de paarden rijden, in de omgeving of op de ranch tussen de wilde stieren.

Mevrouw Bon is architect en heeft het complex ontworpen, inclusief het zwembad. Hoewel het hotel geen overdreven luxe kent, is het wel van de hoogste klasse:

de lakens op de bedden dragen hetzelfde brandmerk als de stieren van de kudde.

**WAT:** Cowboyranch in Zuid-Frankrijk

**WAAR:** Camargue, Frankrijk

**WANNEER:** In de zomer is het heel druk, in het voorjaar of najaar is het rustiger en goedkoper.

**WAT KOST HET:** Een week in het hotel kost € 1090, inclusief eten en onbeperkt paardrijden.

**MEER INFO:** Hotel Le Mas de Peint, Lucille en Jacques Bon, Le Sambuc, Arles. Tel: (33) 490 97 20 62, Fax: (33) 490 97 22 20. www.masdepeint.com

# CHAMPAGNE!

## Frankrijk

Een tripje dicht bij huis, waarbij je verzekerd bent van pret, leidt je naar de Franse champagnestreek. Het is maar vier uur rijden naar Reims, het centrum van de provincie Champagne, dus je kunt iemand makkelijk verrassen met een weekendje weg. Is weer eens wat anders dan Antwerpen of Parijs.

Het centrum van de stad is makkelijk te vinden en het hotel dat ik je echt kan aanraden ook. Je rijdt gewoon door totdat er geen auto's meer toegestaan zijn in het centrum, zoekt een parkeerplek, en loopt naar het standbeeld met de grote gouden engel. Kan niet missen.

Op de hoek van het Place d' Erlon staat hotel Victoria. Hier huur je voor 38 euro per nacht een kamer, bij voorkeur op de bovenste verdieping, met uitzicht op de gouden engel. De kamer is niet super-de-luxe maar wel typisch Frans, zoals je misschien wel kent uit de film *Madame Sousatzka* met Shirley MacLaine. Een interieur dat zó seventies is dat het weer helemaal kan. Rond het hotel vind je een aantal fijne restaurants waar je voor weinig geld oesters en andere delicatessen kunt eten.

Alles in deze streek draait om het drankje met bubbels. Er wordt op veel verschillende plekken in de wereld mousserende wijn gemaakt, maar alleen als het uit deze streek komt mag het champagne heten. Je kunt bij de vele slijterijen in Reims exclusieve flessen op de kop tikken, al is het veel leuker om bij de champagneboeren zelf langs te gaan.

Grote champagnehuizen als Moët & Chandon of Piper-Heidsieck verzorgen rondleidingen en

gunnen je een kijkje in hun tochtige kelders. Nog veel leuker is het om bij de kleine huizen langs te gaan.

Het dorpje Bouzy is moeilijk te vinden op de landkaart. Het stelt dan ook weinig voor: een kerk, een café en maar liefst twintig champagnehuizen! Overal waar ACCEUILLE of A VENDRE op de deur staat kun je naar binnen lopen en vrijblijvend champagne proeven. Het zijn vaak kleine familiebedrijven die je bezoekt en de 'moeder des huizes' zal je al te graag meer vertellen over haar brouwsels. Een heel exclusief champagnehuis is dat van Henri Billiot in Ambonnay. Voor kenners van de bubbelwijn – die niets moeten hebben van grote merken – is dit het walhalla. Vooral de blanc de blancs is een heel bijzondere champagne, net als de rosé die ze hier maken.

Een weekend in de champagnestreek leert je de verschillen tussen brut en demi sec. Je kunt grove bubbels van kleine onderscheiden en kijkt bewonderend naar de kleur die het drankje heeft, variërend van wit via rosé tot goud.

Je bent niet verplicht om iets te kopen, maar mijn ervaring is dat je bijna overal wel met een flesje wegloopt. Het is verleidelijk om alle glazen die je gratis aangeboden worden achterover te slaan, en voor je het weet ben je aardig beschonken.

Terug in het hotel trek je de buit van die dag open. Ik ken geen fijnere plek om champagne te drinken dan in die ene hotelkamer, met het raam open, mijn voeten in de dakgoot en met uitzicht op de gouden engel.

De volgende ochtend kun je ontbijten met aardbeien, croissantjes en nog meer champagne.

In Reims kun je goed winkelen, er zijn een paar fijne platenzaken, aparte kledingboetiekjes en levensmiddelenwinkels voor de echte Bourgondiër. De kathedraal van Reims is heel beroemd, hier werd Jeanne d'Arc nog geridderd. De grootste trekpleister van de stad is toch echt de champagne: en gegarandeerd dat je met een kofferbak vol weer naar huis rijdt.

WAT: Champagne proeven en inkopen

WAAR: Champagne, Frankrijk

WANNEER: Hele jaar door

WAT KOST HET: Hotelkamer in Victoria Hotel voor € 38 per nacht

MEER INFO: Hotel Victoria, Place d' Erlon, Reims, Tel: +33 326 472 179

# TAHITI

## Frans-Polynesië

Het grootste eiland van Frans-Polynesië is Tahiti, met als hoofdstad Papeete. Het eiland wordt vooral gebruikt als aanvliegroute voor de andere Polynesische eilanden: elke dag landen vluchten vol strandliefhebbers van over de hele wereld. Tahiti heeft een paradijselijk imago, maar kan dit maar gedeeltelijk waarmaken. De perfecte plaatjes die je uit de reisboeken kent zijn *motu's* van eilanden verderop, zoals Bora Bora of Moorea. Tahiti heeft een prachtige lagune en een bruisend nachtleven (Papeete heeft als bijnaam 'het Las Vegas van de Pacific'). Maar het eiland kent ook verkeersopstoppingen, veel te dure restaurants en er zijn maar een paar goede stranden. Op die stranden is het surfen uitgevonden, en niet op Hawaï zoals veel mensen denken. De eilandbewoners zijn gek op het berijden van golven, het is de nationale hobby. Op plekken waar de golven het hoogst zijn is het water vol stipjes: klein en groot wachten op een *board* totdat de ideale golf zich aandient. Men kleedt zich in gebloemde surfshorts en -bloesjes en de winkels liggen vol surfbenodigdheden, slippers en zonnebrandcrèmes. In tegenstelling tot de andere Polynesische eilanden is Tahiti niet alleen gericht op de rijkere toerist. In Papeete heb je elke avond op een parkeerplaats in de haven een groot openluchtrestaurant. Tientallen *roulottes*, mobiele restaurantjes waar je heel goedkoop en lekker eten kunt halen, bieden Italiaanse, Mexicaanse en andere menu's. Niet alleen de eilandbewoners, maar ook toeristen die een tussenstop hebben met hun cruiseschip (in Papeete meert er elke dag wel een aan) genieten hier van een snelle, makkelijke hap.

De belangrijkste reden om Tahiti te bezoeken zijn de mooie binnenlanden van dit eiland.

De eilanden van Frans-Polynesië waren tienduizenden jaren geleden grote vulkanen. Door het smelten van het water of door verschuivingen van de Pacifische plaat zijn ze gezonken, en zo komt het dat het vandaag de dag groene eilanden zijn. De hoogste top van de krater op Tahiti is Mount Orohena, met een hoogte van 2241 meter. Op een dagtocht vanuit Papeete kun je met een jeep een excursie maken door het binnenland.

Langs muren van groen, watervallen en velden vol wilde bloemen rijd je de krater van de vulkaan binnen. Je steekt rivieren over waarbij de jeep door het diepe water gaat, waarna even verderop iedereen de auto uit moet omdat de gammele brug te zwak

is om de auto en de passagiers te vervoeren. Je rijdt door de wolken, wordt verrast op een regenbui en rijdt dan weer in een stralend zonnetje. Op sommige plaatsen heb je het gevoel alsof je wordt opgeslokt door de natuur. Of je nou voor- of achteruit kijkt, je ziet alleen maar die grote groene kratermond. Je voelt je als mens piepklein als je hier doorheen rijdt. Na een aantal uur gereden te hebben, stopt de gids bij een kleine open plek in de jungle, waarna je te voet verdergaat over een smal kronkelend pad een heuvel af. In de verte hoor je het water ruisen: verderop stort een smalle, kristalheldere rivier van de rotsen af in een bassin.

Nadat je van de rotsen bent geklauterd, trek je snel je badkleding aan en spring je in de poel, het vuil en stof van de tocht van je afspoelend. De gids is ondertussen zijn tas aan het uitpakken: tropische vruchten, rijst met banaan gestoofd in bladeren en kleine kippenpasteitjes. En natuurlijk een paar Fiji-biertjes om het af te maken.

En als je het junglelandschap met de scherpe bergkammen en kleurige rondvliegende vogels bekijkt, dan weet je dat dit een echte wereldplek is.

**WAT:** Nu eens niet de stranden van een tropisch eiland, maar het binnenland

**WAAR:** Tahiti, Frans-Polynesië

**WANNEER:** Het hele jaar, maar de maanden juni t/m oktober zijn het beste omdat het dan droger en koeler is. Hou er rekening mee dat in augustus en september de maraamu-winden kunnen waaien die voor onstabiel weer zorgen.

**WAT KOST HET:** Ticket vanaf € 1200; jeepsafari vanaf $ 76

**MEER INFO:** www.barrontravel.nl, of www.tahiti-tours.com, tel + 689 540250; jeeptours: www.tahiti-tourisme.com.au/adventure.aspx

# BORA BORA

## Frans-Polynesië

Als je vanaf Tahiti naar Bora Bora vliegt, zorg dan voor een plekje aan de linkerkant van het vliegtuig. Na drie kwartier vliegen doemt er links van je een eiland op dat naar mijn idee een van de mooiste eilanden op de wereld is: Bora Bora. Als een oase in een diepblauwe zee ligt daar het hoofdeiland met twee groene, vulkanische pieken, en daaromheen motu's van koraal en zand. Iedereen die op Bora Bora arriveert, wordt verwelkomd met een traditionele *ei*, een geurige bloemenkrans, van bloemen die overal op dit eiland groeien.

Alle hotels liggen op een ande-

re motu en allemaal hebben ze een bootje waarmee ze hun gasten ophalen. Een aanrader is het Pearl Beach Resort, een keten die op bijna alle Polynesische eilanden te vinden is. Je kunt er bungalows aan het water huren, maar ook kleine villa's met een privébubbelbad in de tuin. Het mannelijke personeel draagt kleine sarongs met een ontbloot bovenlijf vol tatoeages, de vrouwen hebben gebloemde jurkjes aan. Wat direct opvalt is de pracht van de bevolking. De vrouwen hebben lange donkere haren en prachtige verfijnde gelaatstrekken. De mannen hebben krachtige lichamen, niet zelden versierd met rituele tatoeages.

Ze hebben hier op Bora Bora in ieder geval de mooiste hotelportiers van de hele wereld, want waar wordt je koffer nou naar je kamer gebracht door een brede, gespierde en bijna naakte man, die alleen een kleine lendelap draagt?

Op het hoofdeiland staan geen hotels, want het is gereserveerd voor de eilandbewoners. Een ritje over het eiland leert je hoe fantastisch de mensen hier leven. Geen stress, een wonderschone natuur en ver verwijderd van al onze westerse sores. Karren met vis rijden voorbij en stoppen bij elk huis, zoals bij ons vroeger de SRV-wagen. Op een veldje langs de waterkant wordt gevolleybald, Hinanu-bier gedronken en worden de traditionele kano's klaargemaakt om te water te gaan.

De Polynesische eilanden zijn de laatste plekken op aarde die door mensen bevolkt werden: zo'n 4000 jaar geleden kwamen ze in kano's vanuit Zuidoost-Azië gevaren. Nog altijd spelen de uitgeholde boomstammen een belangrijke rol in de samenleving en tegen de avond zie je grote groepen mannen in hoog tempo rondjes om het eiland varen. Tussen Bora Bora, Tahiti, Moorea en andere omliggende eilanden zoals Huahine en Maupiti worden regelmatig kanowedstrijden georganiseerd. Het gaat er dan fanatiek aan toe.

Eveneens legendarisch zijn de festivals die op de eilanden gevierd worden. Groepjes van exotische dansers proberen elkaar te overtreffen in het vuurdansen, steendragen en uiteraard zijn er hulawedstrijden. Het gaat er daarbij om wie het sensueelst kan bewegen op de tonen van de ukelele...

Ik probeer me wel eens voor te stellen hoe het geweest moet zijn voordat de eerste ontdekkingsreizigers aankwamen, die de eilanden pas ontdekten toen de rest van de wereld allang in kaart gebracht was. Na maanden op zee kwam er eindelijk land in zicht, en nog wel van een ongekende schoonheid. Vrouwen met lange haren, bloemenkransen en rieten rokjes, mannen vol tatoeages die met wijd opengesperde ogen en uitstekende tong de indringers probeerden te verdrijven. Helaas volgden niet veel later de missionarissen die het christendom introduceerden en lange tijd was het Polynesische verleden iets om je voor te schamen. Inmiddels niet meer, mensen zijn weer trots op hun afkomst. Velen van hen laten zich op traditionele wijze tatoeëren om uit te dragen dat ze afstammen van grote krijgers, die zeeën trotseerden en in het paradijs leefden.

Tegenwoordig heeft ook de jetset Bora Bora als het ultieme vakantieparadijs ontdekt. Mensen als Lenny Kravitz en Kate Moss zwemmen graag in de wereldberoemde lagune tussen papegaaivissen, picassovisjes en scholen trompetvissen. Je moet er flink voor sparen, maar mocht je willen zien hoe het paradijs eruitziet, dan weet je waar je moet zijn.

**WAT:** Paradijs op aarde

**WAAR:** Bora Bora, Frans-Polynesië

**WANNEER:** Het hele jaar, maar de maanden juni t/m oktober zijn het beste omdat het dan droger en koeler is. Hou er rekening mee dat in augustus en september de maraamu-winden kunnen waaien die voor onstabiel weer zorgen.

**WAT KOST HET:** Pearl Beach Resort: Vanaf € 400 per nacht, goedkoper als je het in een *package deal* boekt (met vlucht); 14 dagen b.v. vanaf € 2500 inclusief vlucht

**MEER INFO:** Bora Bora algemeen: www.boraboraisland.com; www.barrontravel.nl (zij zijn gespecialiseerd in reizen naar de pacific)

# ZWEMMEN MET ROGGEN

## Frans-Polynesië, Moorea

Iedereen weet wel dat je op veel plaatsen in de wereld kunt zwemmen met dolfijnen. Maar wist je ook dat er plekken zijn waar je tussen de roggen kunt spartelen? Dat klinkt misschien niet zo aantrekkelijk, maar met hun grote platte lijf en hun aandoenlijke 'gezichtjes' hebben deze vissen wel wat weg van hun grijze medeoceaanbewoners.

Deze *stingrays* komen vooral voor in ondiep water waar ze niet erg opvallen doordat ze zichzelf camoufleren. Het zijn aardig grote vissen: sommige kunnen wel meer dan een meter lang worden. Gevaarlijk zijn ze niet; hoogstens kunnen ze je pijnlijk steken als je per ongeluk op ze gaat staan.

Op Moorea, Frans-Polynesië, een van de mooiste eilandengroepen in de Stille Oceaan, kun je een zogenaamde 'stingray feeding tour' boeken. Moorea is net als het buureiland Tahiti een prachtig groen eiland met scherpe, hoge bergen die het eiland domineren. Het eiland is omgeven door een azuurblauwe zee waar je de prachtigste koralen vindt.

'S Ochtends word je bij je hotel opgehaald door de gids Derrick, die je een korte veiligheidsinstructie geeft. Daarna ga je per speedboot het water op. Na een klein uurtje varen kom je bij een eilandje aan, waar iedereen op de kant springt.

Dan wordt het tijd om de roggen te begroeten. Derrick legt uit dat je in de branding op je achterste op het zand moet gaan zitten, waarna hij uit een plastic zak kleine visjes tovert. Zo gauw hij in de buurt van het water komt, verschijnen uit het niets grote grijze roggen die nieuwsgierig op het eten af komen.

Omdat de dieren regelmatig gevoerd worden, zijn ze gewend geraakt aan mensen en voor je het weet, zwemmen ze over je benen heen en liggen ze als het ware 'op je schoot'. Eerst is het even schrikken om opeens zo'n groot glad lijf te voelen, maar na een paar minuten doe je niet veel meer dan alleen maar joelen van opwinding. Het enige waar je op moet letten is dat je je handen niet uitsteekt want die willen ze nog wel eens verwarren met voedsel. Ik maak die fout helaas wel en voor ik het weet heeft het grote grijze dier mijn horloge te pakken. Gelukkig zit dat stevig om mijn pols, maar helaas laat het kleine kompasje dat ernaast zit wel los. Je bent gewaarschuwd...

**WAT:** Zwemmen met roggen

**WAAR:** Moorea, Frans-Polynesië

**WANNEER:** De beste tijd om Moorea te bezoeken is tussen mei en oktober, dan is het koeler en droger dan in de overige maanden.

**MEER INFO:** Over Moorea (en Tahiti): www.french-polynesia.islands-holiday.com of http://www.gomoorea.com/; Albert Tours (00689-56.13.53), of www.tahiti.islands-diving.com

# SISIMIUT

## Groenland

Er is geen land op aarde dat ik zo vaak vanuit de lucht heb gezien als Groenland. Bijna elke keer als je richting de VS vertrekt en de eerste film zo ongeveer afgelopen is, zie je onder je de eindeloze ijsvlaktes voorbijschuiven, zonder een spoor van wat voor menselijke invloed dan ook. Niet zo vreemd als je je bedenkt dat dit land, dat net zo groot is als heel Europa, voor zo'n 80 procent bedekt is met een kilometersdikke laag landijs, waar alleen de grootste avonturiers zich overheen wagen.

Voor mij was dit land altijd een grote droom en nu ik het eindelijk kan gaan bezoeken ben ik dan ook zo blij als een kind. Ik heb me aardig voorbereid door bijzonder stevige kleding en schoeisel aan te schaffen, maar als de piloot vlak voor de landing meldt dat de temperatuur momenteel -29 °C is, begin ik me toch af te vragen of ik wel weet wat me allemaal te wachten staat.

Zo gauw ik in Kangerlusuak, een voormalige Amerikaanse legerbasis, het vliegtuig uit stap valt de kou als een ijzige deken over me heen en zelfs ademen doet pijn aan m'n longen. Veel tijd om te wennen is er niet, want even later zit ik op de volgende vlucht naar mijn eindbestemming: het stadje Sisimiut aan de westkust van Groenland. Wij zouden Sisimiut eerder een dorp noemen, aangezien er niet meer dan 5000 mensen wonen. Toch is dit de op één na grootste stad van het land. Omdat er maar 60.000 mensen in dit land wonen, begrijp je dat je hier anders moet gaan denken.

Ondanks een aantal grauwe

flats in het nieuwe gedeelte van Sisimiut, is het toch een prachtig stadje. Het opvallendst zijn de gekleurde huizen die je overal ziet: vooral blauw, geel en rood zijn hier populair. Vlak bij de haven ligt het oude hart van het stadje: een aantal prachtige houten huisjes en kerkjes die in de zeventiende eeuw door de Deense kolonisten werden gebouwd. De Denen kwamen voor de walvisvangst, net als de Hollanders die zich hier eerder vestigden, en eigenden zich het land toe. De oorspronkelijke bewoners, de inuit, hadden het nakijken en konden niet meer doen dan zich schikken in hun lot. In een klein museum, dat gevestigd is in een aantal prachtige gebouwtjes, kun je met eigen ogen de geschiedenis van de inuit zien.

De meeste mensen in Sisimiut zijn inuit en wat meteen opvalt is dat heel wat mensen jassen of broeken dragen van zeehondenvel. Voor ons als Nederlanders een gruwel, voor Groenlanders de normaalste zaak van de wereld. Voor hen zijn zeehonden wat voor ons koeien zijn: dieren die je in overvloed in het land tegenkomt en waar je het vlees van eet en het vel van draagt.

Ik hou het als niet-vleeseter maar bij mijn broodje kaas en mijn dikke warme nylon jas, als ik door de hoofdstraat wandel. Ik merk al snel dat de kou hier mijn dag gaat bepalen, want het flesje cola in mijn rugzak is binnen een uur stijfbevroren. Bij alles wat je doet ben je je ervan bewust dat het hier zo vreselijk veel kouder is dan je gewend bent en dus moet je niet te lang op straat wandelen en jezelf op tijd opwarmen met eten of door een winkel of café in te gaan.

En als je een beetje gewend bent aan de kou, kom je er al snel achter dat je in Sisimiut echt een fantastische tijd kunt beleven. Je kunt naar de haven voor een bezoek aan de grootste visfabriek van het land, maar ook meedoen aan *kaffemik*: koffiedrinken bij een

Groenlander thuis. Ook rondom de stad is genoeg te doen, want het bergachtige, witbesneeuwde landschap leent zich prima voor prachtige wandelingen, langlaufen, tochten per sneeuwscooter of zelfs skiën en snowboarden (hoewel er maar één lift is die ook nog eens dichtgaat bij -22°C, vrij vaak dus).

Een nadeel: echt goedkoop is zo'n reisje niet. Hotels en restaurants zijn fors geprijsd en ook de vlucht erheen met de overigens verrassend goede maatschappij Air Greenland is verre van goedkoop. Maar een land dat zo anders is dan het onze, met zulke bijzondere mensen, gebruiken en gewoontes, is een onvergetelijke bestemming. Al was het maar om eens te weten hoe dat ijzige en onbereikbare land, dat je misschien zo goed kent vanuit de lucht, ervan dichtbij uitziet.

WAT: Sisimiut

WAAR: Groenland

WANNEER: Voor een winters Groenland: eind februari tot begin mei

WAT KOST HET: Groenland is niet goedkoop, o.a. door zijn geïsoleerde ligging en het feit dat de vluchten erheen maar door één à twee maatschappijen worden georganiseerd (hangt af van het seizoen). Een vlucht Kopenhagen-Sisimiut vanaf € 450. Qua overnachting in Sisimiut heb je weinig keus want er zijn maar twee hotels. Kamers vanaf € 125

MEER INFORMATIE: Groenland: www.greenland-guide.gl/ of www.find-our-community.net/region/North_America/Greenland/Greenland_map.htm. Reizen naar Groenland, o.a.: Beluga Adventures. Tel.: 010-295 01 26 of www.beluga.nu

# HONDENSLEDETOCHT

## Groenland

Voor veel mensen bestaat vakantie uit lekker op het strand liggen, rustig op de camping staan of op het gemakje in een fijne auto door een prachtig landschap rijden. Niet zo gek, want meestal moet je aardig bijkomen van een drukke baan. Maar er zijn van die mensen die tijdens hun vakantie niets liever doen dan in uitgeholde boomstammen een woeste rivier afzakken, met een snowboard een afgelegen vulkaan bedwingen of per kameel de woestijn doorkruisen. Voor al die diehards is een tocht per hondenslede een meer dan geschikte uitdaging. Zelden heb ik in mijn leven zo afgezien en me zo ver van de bewoonde wereld gevoeld als tijdens deze trip.

Je start in Sisimiut, de op één na grootste stad van het land, aan de westkust van Groenland. Ter plekke ontmoet je de *driver* die de slee zal gaan besturen. Meestal zijn het jagers die 's winters wat bijverdienen door toeristen mee te nemen.

De slee zelf is in de afgelopen eeuwen niets veranderd: een houten constructie van planken en balken die op het eerste gezicht meer weg heeft van een houten logeerbed dan van een vervoermiddel dat je veilig door de wildernis zal vervoeren. Maar als je eenmaal een tijdje op de slee hebt gezeten weet je wel beter: deze slee kan elke hindernis nemen en zelfs de meest steile hellingen overleven zonder een splinter te verliezen.

Mijn driver is Nukan, een 28-jarige inuit die 's zomers op een garnalenboot zijn geld verdient. Zijn twaalf honden zijn naast zijn 2-jarige dochtertje Pipaku zijn belangrijkste bezit. Hij spreekt drie woorden Engels, maar in de dagen dat we samen op de slee zitten, ontwikkelen we een soort van brabbeltaal waarin we de belangrijkste dingen toch van elkaar begrijpen.

De tocht voert je in drie dagen vanaf de kust landinwaarts richting Kangerlusuak, een verzameling grauwe barakken en hallen die puur en alleen bestaansrecht hebben omdat je er de grootste en betrouwbaarste luchthaven van het land vindt. Maar die bestemming lijkt nog onvoorstelbaar ver weg als je op dag één op de slee stapt. Als je na een paar minuten de laatste gebouwen van Sisimiut achter je laat en je de eindeloze witte wereld in rijdt, besef je dat je nog een lange weg te gaan hebt, 180 kilometer om precies te zijn.

Het landschap is betoverend: besneeuwde bergen worden afgewisseld met langgerekte en diepbevroren meren. Een pad valt er niet te ontdekken, maar toch kennen de dieren en hun eigenaren hier feilloos de weg. Het landschap is zo heuvelachtig, dat je redelijk vaak stukken te voet moet afleggen, omdat de dieren al genoeg kracht nodig hebben om alleen de slee omhoog te trekken. Maar eenmaal boven aangekomen spring je op de slee om als een dolle met dieren en al weer van de berg af te storten. Vaak komt er na zo'n afdaling een groot meer en dat betekent dat je weer uren en uren rechtuit gaat.

Al snel heb je feilloos door waar het hier op de slee om draait: warm worden en warm blijven. Aangezien 's winters de temperatuur makkelijk kan zakken tot min dertig en het met een stevige wind nog eens gemakkelijk vijftien graden kouder voelt, moet je letterlijk vechten tegen de kou. Dat doe je door heel veel lagen kleding te dragen en vooral elke centimeter blote huid te bedekken. Maar al pak je je nog zo dik in, de kou vreet toch steeds weer als een mot door je kleding heen en langer dan vijf minuten stilzitten is dan ook niet mogelijk. Het enige wat je kunt doen is eens in de zoveel tijd een paar minuten meehollen en vooral veel speciale warmhoudzakjes in wanten en sneeuwlaarzen stoppen om je tenen en vingers te behoeden voor bevriezing. Vergeet ook niet om je thermoskan te vullen met hete thee of koffie. Je moet er steeds rekening mee houden dat je hier eigenlijk in een gigantische vrieskist rondloopt: het broodje kaas in je tas is binnen een uur stijfbevroren en dus draag je je lunch letterlijk op je lijf in de zakken van je fleece.

Het slapen is een verhaal apart: dat gebeurt in kleine houten hutjes die je tijdens de tocht tegenkomt. Je overnacht in je slaapzak op houten stapelbedden (als je geluk hebt; als het vol is lig je gewoon op de grond). De hut deel je met andere slederijders, maar echt veel tijd om diepe gesprekken te voeren heb je niet, want iedereen is kapot als je 's avonds in de hut aankomt. En ben je vegetariër of gewoon niet dol op zaken als walrus- of walvisvlees, neem dan vooral je eigen potje *noodles* mee want iets anders is er niet.

Toch is en blijft deze tocht een van de mooiste die er is. Het is niet te beschrijven hoe het is om urenlang naar de witte vlaktes en de rustig dravende honden voor je te staren. Maar ook het besef dat je zo onvoorstelbaar ver van de beschaving bent in een landschap waar de mens eigenlijk niet kan leven. Helemaal magistraal is het moment dat het donker wordt en langzaam vanuit het niets het noorderlicht opkomt: een magisch groen licht dat als in een sprookje door de lucht beweegt en ook weer in het niets oplost, echt een van de mooiste natuurverschijnselen op aarde.

Als je na drie dagen eindeloos afzien met het ijs in je wimpers in de verte de eerste gebouwen van

Kangerlusuak ziet, voel je je alsof je op en neer bent geweest naar de noordpool. Geloof me, dit is een trip om nooit meer te vergeten!

**WAT:** Hondensledetocht

**WAAR:** Van Sisimiut tot Kangerlusuak, Groenland

**WANNEER:** Deze reizen worden georganiseerd van februari tot en met april.

**WAT KOST HET:** Een zesdaagse reis kost je rond de € 2000 inclusief vlucht, hotel en hondensledetocht

**MEER INFORMATIE:** Algemene informatie over Groenland: www.greenland-guide.gl of www.find-our-community.net/region/North_America/Greenland/Greenland_map.htm. Verschillende organisaties bieden deze reis aan, bijvoorbeeld Beluga Adventures, tel.: 010-295 01 26 of www.beluga.nu.

# BRIGHTON

## Groot-Brittannië

Brighton is een stijlvolle badplaats aan de zuidkust van Engeland, en wordt ook wel 'het Londen aan zee' genoemd. Vanaf Londen Gatwick is het maar een halfuurtje met de metro. Het is een stad waar veel schrijvers, musici, acteurs en beroemdheden wonen. Brighton is dan ook het testcentrum van Londen: veel artiesten hebben hier een try-out voor ze met hun show, musical of optreden Londen veroveren. Kunst is overal te vinden in de stad: er zijn galerieën, studio's én er is een kunstacademie. De bekendste inwoner van Brighton is deejay Fat Boy Slim. Vorig jaar gaf hij een strandfeest waarbij 50.000 mensen verwacht werden. Groot was dan ook de schrik toen 250.000 feestgangers zich meldden. Dat geeft wel aan hoe populair de deejay en de badplaats zijn. Helaas was het meteen de laatste keer dat dit gigantische dansfeest op het strand werd georganiseerd. Gelukkig zijn er genoeg alternatieven om je prima te vermaken. (En Fatboy Slim alias Norman Cook kun je hier ook nog gewoon in het nachtleven bewonderen.) Leuk is bijvoorbeeld het Brighton Beach Festival dat elk jaar in mei georganiseerd wordt, waarbij je diverse optredens kunt bijwonen, verspreid over de hele stad.

Kom je 's zomers dan kun je met eigen ogen zien dat je ook in Engeland prima op het strand kunt liggen. Op de stranden zijn bedjes te huur en vooral ten noorden van de grote pier vind je veel jongeren die bij mooi weer dagenlang op het strand relaxen en biertjes drinken. Een nadeel: de stranden zijn bedekt met kiezels, dus neem wel een paar slippertjes mee.

Qua hotels zit je ook goed in Brighton. *The place to be* is het Pelirocco. Wil je hier logeren dan moet je ruim van tevoren boeken, want het zit bijna altijd vol. Elke kamer is door een andere kunstenaar ingericht en heeft een eigen thema. Ik logeerde in de 'Pussyroom': een kamer met neonroze vloerbedekking, de skyline van New York op de muur en een angora beddensprei. De lift naar boven is volledig beplakt met afbeeldingen van sushi (je kunt in het Pelirocco 24 uur per dag sushi op je kamer laten bezorgen). Als je met je geliefde naar Brighton komt, zou ik voor het hartvormige bed in de 'Absolut Love'-kamer gaan.

Een opvallend kenmerk van Brighton zijn de twee lange pieren. Op de moderne pier staat een kermis met een achtbaan, een reuzenrad en popcornkraampjes. Jaarlijks bezoeken drieënhalf miljoen toeristen deze trekpleister. De oude pier, aan de westkant van het strand, is onbegaanbaar terrein. Hij is gebouwd in 1866 in prachtige Victoriaanse stijl, en deed vanaf 1916 dienst als concertzaal. De pier is inmiddels half ingestort, maar met een beetje fantasie kun je je een voorstelling maken van hoe het hier vroeger was, toen vrouwen nog in grote hoepelrokken liepen en mannen in gebreide badpakken het koude water trotseerden. In die jaren was Brighton een geliefde plek voor de aristocratie, zij hadden zojuist ontdekt dat buitenlucht gezond is voor een mens. 's Avonds branden er nog een paar lichtjes op de pier, wat het geheel een nostalgisch en spookachtig tintje geeft.

Het opvallendste gebouw van Brighton is de Royal Pavilion, een buitengewoon uniek paleis met de uitstraling van een oosterse ijstaart. De buitenkant bestaat uit Indiase koepels en minaretten à la Taj Mahal, het interieur is Chinees. Opdrachtgever voor het paleis was prins-regent George IV (1762-1830), een excentriek lid van de koninklijke familie. Hij zette zich af tegen zijn strenge opvoeding door zich te misdragen met drank en vrouwen. Ondanks het feit dat hij als volkomen gestoord te boek stond, werd hij in 1820 gekroond tot koning. In al zijn gekte heeft hij voor een waanzinnige nalatenschap gezorgd: in een periode van 35 jaar werd een simpele boerderij omgebouwd tot de 'oosterse klassieker' die er nu staat.

Aan het strand, onder de boulevard, bevindt zich een hele rij toonaangevende cafés en clubs. Je moet wel voor één uur binnen zijn, want daarna kom je er niet meer in. Ben je geen nachtvlinder en leef je liever overdag, dan is winkelen een van de beste dingen om te doen in Brighton. Op zon-

dagochtend is er bij het station een enorme antiek- en snuffelmarkt. In de artiestenwijk aan de boulevard worden schilderijen, keramiek en andere kunstwerken verkocht. De wijk The Lanes is dé plek voor sieraden, kleding en schoenen. Brighton staat bekend om haar originele winkels, dus je kunt je helemaal uitleven. Mocht je een weekendje naar Engeland willen, denk dan aan deze verrassende badplaats.

**WAT:** Badplaats in Engeland

**WAAR:** Brighton, Engeland

**WANNEER:** Het hele jaar door, het leukst in de zomer

**WAT KOST HET:** Ticket naar Londen Gatwick vanaf € 80, Pelirocco Hotel: vanaf € 145

**MEER INFO:** www.visitbrighton.co.uk, www.hotelpelirocco.co.uk, www.royalpavilion.org.uk, www.brighton-festival.org.uk

# RONDREIS

## Guatemala

Guatemala is geen geheel ongevaarlijke vakantiebestemming. Er zijn verhalen bekend over toeristenbussen die worden overvallen waarbij de inzittenden alle waardevolle bezittingen wordt ontnomen. Reisorganisaties nemen geen risico en sturen een gewapende bewaker mee naar beruchte gebieden. Een beetje vreemd maar 'better safe than sorry'. Niet naar Guatemala gaan zou zonde zijn, het is zo'n prachtig land.

Langgeleden leefden hier de maya's, een junglevolk met een groots rijk dat zich uitstrekte tot in de buurlanden Mexico, Honduras en Belize. De ruïnes van Ti-

kal, in het midden van het land, vormen de indrukwekkende overblijfselen van een tijd waarin aan hun macht geen einde leek te komen. Nu loop je in een setting van torenhoge bomen, lianen en overvliegende toekans langs tempels waarvan je je afvraagt hoe men die ooit heeft kunnen bouwen. Nog maar een klein gedeelte van de tempels hebben de archeologen bloot kunnen leggen en dat is een vreemde gewaarwording. Als je boven op een van de 'ontdekte' tempels staat en uitkijkt over de eindeloze diepgroene jungle, zie je overal aan de horizon kleine groene bulten in het landschap. Het vreemde is dat onder al deze bulten een tempel schuilgaat die al honderden jaren voor de mensheid verborgen ligt onder een dikke laag jungle. Sommige van deze tempels zullen hun schatten nooit blootgeven, omdat er weinig geld is ze allemaal op te zoe-

ken en uit te graven.

Als je hier bent, vergeet dan niet je wekker bijzonder vroeg te zetten en het park bij zonsopgang te bezoeken. Het is onvergetelijk om daar half uitgeslapen boven op een tempel te zitten, terwijl je in de verte de brulapen hoort krijsen en de zon langzaam boven de horizon uit klimt.

In het zuiden van Guatemala ligt het meer van Atitlán, een schilderachtige omgeving zoals je die niet vaak zult aantreffen. Drie machtige vulkanen omarmen het water en een rond rookwolkje boven de kraters bewijst dat deze vuurbergen nog lang niet gedoofd zijn.

Panajachel ligt direct aan het meer. Het is een dorpje om ten minste een paar dagen te blijven. Er hangt een hippiesfeertje en het dorp is sinds jaar en dag favoriet bij vooral backpackers. Verwacht hier geen disco's of grote hotels; een serene sfeer en adembenemende landschappen zijn wat je krijgt.

Vrouwen met manden vol fruit op hun hoofd in geweven kleding met felle kleuren flaneren langs de waterkant. Mariachi's zorgen 's avonds voor een gezellig muziekje.

Op anderhalf uur rijden van het meer van Atitlán ligt het Indianendorp Chichicastenango, beroemd om de markt die hier elke dinsdag en zondag plaatsvindt. Het is een kleurrijk spektakel en een feest voor het oog. Je doet er goed aan een tripje naar de markt van Chichicastenango later in je reis te plannen om te voorkomen dat je, zoals ik, twee weken met een houten tafel van 9 kilo rondsleept. Beddenspreien geweven in traditionele felle kleuren, dierenmaskers, houtwerk en gelukspoppetjes kun je er voor weinig geld op de kop tikken. Afdingen is een spel en – als je er een beetje handigheid in hebt – erg leuk om te spelen.

Een andere plek om niet te missen op je rondreis door Guatemala is de koloniale stad Antigua. Het is een populair oord om Spaans te leren en op elke straathoek vind je dan ook een taalschooltje. Antigua ligt aan de voet van twee vulkanen.

Pacaya is een van de actiefste vulkanen van Midden-Amerika en als je van avontuur houdt moet je hem zeker beklimmen. In een tocht van vijf uur loop je door bos, over grind en uiteindelijk door een maanlandschap. Hoe hoger je komt hoe zwaarder de klim wordt, maar ook als je geen topsporter bent kun je de top, die in de wolken ligt, halen. Eenmaal boven word je bedwelmd door de lucht van zwavel en fosfor en voel je de hitte door je schoenzolen (draag geen gympjes want die kunnen smelten). Als je mazzel hebt blaast een windvlaag de rook weg en kun je in de smeulende krater kijken.

Buiten deze plaatsen is er nog

zoveel meer wat dit land de moeite waard maakt, maar ga dat vooral zelf ontdekken. En neem er de tijd voor, want als je hier maar een week naartoe gaat, zul je zeker spijt hebben...

**WAT:** Rondreis langs vulkanen en indianendorpen
**WAAR:** Guatemala
**WANNEER:** De beste tijd om Guatamala te bezoeken is van november tot mei, de droge tijd. Het is dan wel hoogseizoen en dus overal veel drukker. Ondanks de regen kun je in de natte maanden ook prima naar het land afreizen, al zijn sommige delen niet goed begaanbaar. Ga je rond Pasen, plan het dan zo dat je er bent tijdens de Semana Santa (de week voor Pasen), want dit is het belangrijkste feest van het hele jaar.
**WAT KOST HET:** 23 dagen voor € 1399
**MEER INFO:** Guatemala algemeen: www.terra.com.gt/turismogt/ (spaanstalig); www.shoestring.nl

# MOLOKAI

## Hawaï

Ik heb een soort haat-liefdeverhouding met deze eilandengroep in de Stille Oceaan. Enerzijds vind ik het er echt prachtig, anderzijds is het ook triest dat er nog maar zo weinig van de oorspronkelijke cultuur over is.

De eilandengroep Hawaï, die in totaal uit acht eilanden bestaat, is het meest noordelijke punt van de Polynesische driehoek, die verder bestaat uit Paaseiland in het oosten en het puntje van Nieuw-Zeeland in het westen. Hawaï is door zijn ligging ook de meest afgelegen eilandengroep ter wereld, want het dichtstbijzijnde land ligt op zo'n 2500 kilometer afstand.

De oorspronkelijke bewoners van Hawaï waren de Polynesiërs die vanuit het zuiden rond 500 na Christus op de eilandengroep arriveerden. Er ontstond een sterk volk met een eigen geloof, eigen gebruiken en eigen tradities. Dat veranderde voorgoed toen het Westen de eilandengroep ontdekte. Ook de beroemde ontdekkingsreiziger James Cook zette hier voet aan wal, al waren het wel de laatste stappen die hij ooit zette, want hij werd er vermoord na een bloedige aanval op een plaatselijke chief.

Uiteindelijk waren het de Amerikanen die de eilanden voorgoed inlijfden. Aangezien de Amerikanen de eilanden door hun strategische ligging goed konden gebruiken, werd Hawaï in 1989 Amerikaans grondgebied.

Door de eeuwen heen was er van de bevolking weinig overgebleven. Captain Cook en zijn bemanning introduceerden de nodige ziektes die de bevolking nooit had gekend, en ook de walvisvaar-

ders die volgden brachten dood en verderf op de eilanden. De Chinese immigranten, die halverwege de achttiende eeuw op het eiland aankwamen voor het werk op de suikerplantages, brachten ten slotte lepra mee, een ziekte die de bevolking nog verder reduceerde van de oorspronkelijke 300.000 tot minder dan 50.000. Tegenwoordig claimt een derde van de bevolking nog oorspronkelijk Polynesisch bloed te hebben, terwijl maar 1 procent van de inwoners daadwerkelijk Hawaïaans is.

Wil je nog iets terugvinden van die oorspronkelijke bewoners, dan moet je goed zoeken, want in tegenstelling tot veel andere Polynesische eilanden is er maar heel weinig over van hun cultuur.

Een van de intrigerendste plekken als het gaat om de (nabije) geschiedenis, vind je op het eiland Molokai. Op dit eiland vind je geen hoge hotelflats of brede snelwegen en dat komt voornamelijk door de aard van het eiland: ruig, kaal en onaantrekkelijk. Toch is het een prachtig eiland waar je bijvoorbeeld eindeloos kunt wandelen langs het langste strand van Hawaï. Maar het meeste indruk maakt toch wel een bezoek aan de leprakolonie van Kalaupapa, wel een van de laatste dingen die je verwacht op een tropische eilandengroep als Hawaï.

Het Kalaupapa-schiereiland is eigenlijk niet meer dan een stuk ruig land aan de voet van een aantal torenhoge kliffen. De enige manier om hier te komen is te voet of per muilezel over een steil en kronkelend pad, of met een klein vliegtuigje.

Wat zich hier af heeft gespeeld is een van de meest trieste hoofdstukken uit de recente Hawaïaanse geschiedenis. Nadat veel eilandbewoners de ziekte lepra hadden opgelopen, besloot de toenmalige koning Kamehamea v alle zieke Hawaïanen te deporteren naar dit ruige stuk land waar niemand ooit meer vanaf kon: de rotsen eromheen waren te hoog en de wateren zaten vol haaien. Niemand bekommerde zich verder nog om de zieken, die een uitzichtloos en mensonterend bestaan leefden, totdat de dood erop volgde. Dat veranderde pas toen in 1873 vader Damian arriveerde, een van oorsprong Belgische pater die eigenlijk Joseph de Veuster heette en die zich over de mensen ontfermde, hun wonden verzorgde, huizen voor ze bouwde en ze uiteindelijk begroef. Zijn hele leven heeft Damian hier gewoond tot hij uiteindelijk in 1889 zelf aan de ziekte bezweek.

Het is bijna niet voor te stellen, maar tot 1969 was deze leprakolonie nog in gebruik en werden er mensen heen gestuurd van wie men vermoedde dat ze de ziekte onder de leden hadden. Ondanks het feit dat de bewoners vanaf het

begin van de jaren zeventig vrij waren om te gaan, bleven veel mensen achter omdat ze geen andere plek hadden om naartoe te gaan. Daarom wonen er nog steeds ongeveer vijftig voormalige 'leprozen' die vrijwel allemaal boven de zestig zijn.

Een bezoek aan deze plek is een indrukwekkende gebeurtenis en voor de bewoners een bevestiging dat door de buitenwereld niet vergeten wordt wat voor onrecht hen is aangedaan.

Het lijkt misschien vreemd om dit dorp en zijn bewoners te gaan bekijken, maar de tour leidt je vooral langs de kerken, begraafplaatsen en gedenkstenen van vader Damian. Veel bewoners zul je niet zien en het is zelfs verboden om ze te fotograferen.

Ga je hierheen, boek dan een tour bij Damian-tours en vraag naar Richard Marks. Hij is de derde generatie van een familie die ooit naar Kalaupapa werd gedeporteerd en hij kan prachtige verhalen vertellen over het leven hier in de kolonie. Door zijn verhalen zul je iets meer kunnen begrijpen van wat zich hier heeft afgespeeld en wat nooit vergeten mag worden.

**WAT:** Muilezeltocht naar Kalaupapa-leprakolonie

**WAAR:** Molokai, Hawaï

**WANNEER:** Het hele jaar door, vanaf december tot maart is het hoogseizoen en dus is alles duurder op Hawaï.

**WAT KOST HET:** Rondleiding met Damian-tours $ 30; retour Molokai Airport-Kalaupapa: $ 50; dagtocht per muilezel: $ 165

**MEER INFORMATIE:** Damian-tours 001- 808. 567-6171 of Box 1, Kalaupapa, HI 96742; Molokai Air shuttle: 001- 808. 567-6847; Molokai mule ride: 001-808- 567- 6088 of www.muleride.com

# THE BIG ISLAND

## Hawaï

Ben je altijd al gefascineerd geweest door vulkanen, dan moet je een bezoek brengen aan The Big Island in Hawaï. Vergeet alles wat je bedenkt bij een tropisch eiland, want eigenlijk is dit eiland één grote verzameling vulkanen die als het ware uit de zee omhooggerezen zijn.

The Big Island is, de naam zegt het al, het grootste eiland van de eilandengroep Hawaï. Op dit eiland vind je vijf grote vulkanen met als hoogste Mauna Kea, die tevens met zijn bijna vijfduizend meter de hoogste van heel Hawaï is. Direct daarna volgt de Mauna Loa, die maar zo'n dertig meter lager is. Al deze vulkanen zorgen ervoor dat het eiland tot op de dag van vandaag blijft groeien doordat de vulkanen voortdurend een grote hoeveelheid lava uitspuwen.

Het leven op het eiland staat volledig in het teken van deze vulkanen. Zo kennen de inwoners hier het begrip 'Vog', een soort nevel van vulkanische as die al sinds het begin van de grote uitbarsting van de Kilauea in 1983 over het eiland hangt.

Je arriveert op The Big Island op Kona Airport, de belangrijkste luchthaven van het land. Het is een vreemde ervaring om daar te landen omdat je het gevoel hebt dat je op een gigantische parkeerplaats bent beland: vanuit de lucht zie je alleen maar uitgestrekte zwarte lavavelden met slechts hier en daar een beetje groen. Toch kent dit eiland ook witte zandstranden met wuivende palmen, al zijn het er niet veel. Ik verblijf in het King Kamehamea's Kona Beach Resort, een mooi hotel aan het enige strand van de stad. Niet goedkoop, maar het heeft wel vriendelijk personeel en door zijn centrale ligging kun je alle kanten uit.

De belangrijkste attractie van het eiland is het Hawaï Volcanoes National Park, het enige park in zijn soort in de hele Verenigde Staten. Hart van het park is de Kilauea Caldera Crater, het verzonken hart van de Kilauea-vulkaan. Deze krater, die nog steeds stoomt en waar de lava nog vlak onder de oppervlakte borrelt, kun je bezoeken door een wandeling te maken over het pad dat langs de rand van de krater loopt.

Het landschap dat je hier vindt is bijzonder indrukwekkend. Overal zie je kraters en versteende rivierbeddingen van lava. Tussen al dit geweld groeien stukken regenwoud en eindeloze massa's varens die óf gespaard zijn gebleven van de lava óf ondertussen opnieuw gegroeid zijn. Verder vind je hier ook heel veel bijzondere vogelsoorten die zich nestelen in het groen.

Door het park lopen duidelijk aangegeven wandelpaden. Je kunt er dan ook eindeloos wandelen en kamperen.

Doordat de vulkaan Kilaulea nog altijd zeer actief is, verandert het uiterlijk van het park elke dag. Bijzonder is bijvoorbeeld de kustweg naar Puna; een autoweg die door het park loopt, maar die plotseling ophoudt op de plek waar de lava van de Kilaulea in 1988 naar beneden is gekomen. Een jaar later was het de beurt aan het bezoekerscentrum en nog een jaar later werd het complete dorpje Kalapana verwoest door de nietsontziende lavastroom. Voor ons is het moeilijk voor te stellen dat mensen hier überhaupt willen wonen, zeker als je je bedenkt dat de mensen hun huizen hier niet kunnen verzekeren. Voor de inwoners is dit gewoon de plek waar ze geboren en getogen zijn en dus bouwen ze hun huizen een stuk verder gewoon weer op, al kost ze dat soms heel veel moeite. Maar als je hier je roots hebt liggen, wil je niet anders.

Verwacht trouwens in dit park niet direct enorme fonteinen van lava die uit de kraters omhoog spuiten, het is meer een borrelen en stomen van de aarde met hier en daar een kleine uitbarsting. Toch vindt er af en toe zo'n uitbarsting plaats en dan zul je zien dat werkelijk iedereen erop afkomt: in Hawaï vlucht men niet voor een uitbarsting, maar gaat men er juist heen om (op veilige afstand) het spektakel te bekijken!

Ikzelf vond het prachtig om dit park te bezoeken, vooral omdat je nooit weet wat je te wachten staat met zo veel vulkanische activiteit. Ik had na het zien van al dit imposants nog één wens: de vulkanen vanuit de lucht bekijken! Ik maakte er met een vriendin nog een grapje over: dat je dit alles maar beter vanuit de lucht kon bekijken omdat dat een stuk veiliger was. Maar dat bleek helaas een misvatting...

Ik meldde me 's ochtends op Kona Airport voor een vliegles boven het eiland. Je kunt ook gewoon een rondvlucht boeken, maar een vliegles is wel zo leuk omdat je dan na een korte instructie zelf het vliegtuig mag besturen.

Het leek me allemaal erg leuk, totdat ik vlak voor het opstijgen een brandlucht bij mijn benen rook. Bij nadere inspectie van de piloot bleek er een probleem te zijn met de besturing van het toestel, zelfs zo erg dat als we toch waren opgestegen, we het vliegtuig niet meer goed hadden kunnen besturen.

Ik moet zeggen dat ik daarna even wat moeite had om opnieuw een poging te wagen, maar mijn nieuwsgierigheid voor de vulkanen won het uiteindelijk toch van de angst. Een uurtje later stegen we met een nieuw toestel op en cirkelden we boven de krater

waar een dikke laag grijze rook uit kwam. Ik zag de kokende lava aan de kust in kleine rode strepen de zee in lopen, terwijl er gigantische pluimen stoom uit het water omhoogkwamen. Alles bij elkaar was het een onvoorstelbaar mooi spektakel, maar ik was er niet helemaal bij met mijn hoofd. Eigenlijk was ik alleen maar bezig om nauwkeurig de cockpit te checken op verdachte luchtjes en vreemde geluiden.

Toch kan ik je de tocht meer dan aanraden, want nergens zie je de vulkanen zo mooi als vanuit de lucht. Let wel een beetje op bij het opstijgen, want je weet maar nooit...

**WAT:** Vliegles boven vulkanen

**WAAR:** Hawaï

**WANNEER:** Het hele jaar. Van november tot maart valt er wel meer regen en heb je dus minder kans om de vulkanen te zien.

**WAT KOST HET:** Kona Beach Hotel, vanaf $ 120 per kamer per nacht of, goedkoper, de Kona Riviera Villa, vanaf $ 117 per condo. Toegang tot het National Park: $ 10 per auto voor een zevendaagse pas, $ 5 voor voetgangers en fietsers. Vliegles: vanaf $ 199 vanaf Kona Airport

**MEER INFORMATIE:** Kona beachhotel: 001-808-(329) 2911, http://www.hawaiitravelexperts.com/Hotels-Big-Island of www.konabeachhotel.com; Kona riviera Villa: 001-808-(329) 6311; Hawaï Volcanoes National Park: (985) 6000 voor informatie over de activiteit van de vulkanen en alles over vervoer en verblijf ter plekke; rondvlucht: Big Island Air adventures, www.fly-hawaii.com/above/

# PUBS

## Ierland

Ierse pubs kennen we allemaal. Elk zelfrespecterend stadje waar dan ook ter wereld heeft een O'Reillys, O'Malleys, Molly Malone's, Blarney Stone, of hoe ze hun kroeg ook noemen. De beste Ierse pubs vind je in en rondom Dublin. Je hebt hele moderne, gestylede cafés maar het leukst zijn ouderwetse Ierse kroegen. Er zijn er veel. De schrijver James Joyce schreef het honderd jaar geleden al: *'Good puzzle would be: cross Dublin without passing a pub.'*

Midden in het centrum, vlak bij het station, bevindt zich Mulligans, een pub die al tweehonderd jaar bestaat. Je komt in een met tl-buizen verlichte ruimte met groen behang aan de muur. Het ruikt er naar bier en de banken worden vooral bevolkt door oude mannetjes en onaantrekkelijke vrouwen. Er klinkt geen muziek en in eerste instantie is het moeilijk voor te stellen dat dit een hotspot van Dublin is. Totdat iemand achter in de kroeg een lied inzet en de hele pub inhaakt. Uit volle borst wordt er gezongen en de kale muren lijken opeens te stralen. Ierse folk, liedjes over vervlogen tijden toen Ierland nog een derdewereldland was. Aanstekelijke muziek, in deze setting dan, want thuis zou ik het niet opzetten. Maar hier, onder het genot van een pint Kilkenny, kweel ook ik mee. Mensen komen naar Mulligans om te zingen, zonder muziek, maar met elkaar. En als je het achterste van je keel hebt laten zien geeft dat een vreemd, lekker en opgelucht gevoel.

De bekendste uitgaanswijk in Dublin heet Temple Bar. Dit is het oudste deel van de stad en overal klinkt live-muziek en kun je al vroeg in de middag terecht voor vertier.

Ieren zijn een leuk volk. Ze houden van sarcastische grappen en testen je graag. Er wordt gezegd dat Nederlanders en Ieren veel overeenkomsten vertonen. Niet zozeer qua uiterlijk, want nergens komen zo veel roodharige, besproete mensen voor als in Ierland, maar de humor en hang naar gezelligheid zijn zeker herkenbaar. De pub neemt een belangrijke plaats in in de Ierse cultuur. Jong en oud verzamelt zich hier, kleine kinderen spelen onder tafel en vrienden en familie spreken hier af.

Het blijft een raar fenomeen dat alle pubs om elf uur sluiten. Daar sta je dan met z'n allen, aangeschoten en nog lang niet uitgeraasd. Gelukkig kun je dan naar een van de vele clubs – zoals The Kitchen, de discotheek van Bono en The Edge van U2.

De beste remedie tegen een kater is een tocht door de natuur. De Wicklow Mountains liggen even buiten de stad. Hier heeft de familie Guiness haar buitenhuizen en kun je uren wandelen door hei en modder.

Heb je na een dag in de buitenlucht zin in een Irish coffee, dan is Johnnie Fox's een legendarische pub om te bezoeken. Ondanks het feit dat overal borden staan die je de weg wijzen moet je erop rekenen dat je ten minste twee keer verdwaalt. Dat is niet erg, want de kleine dorpjes waar je doorheen komt zijn prachtig. Kijk wel uit voor overstekende schapen!

Johnnie Fox's Pub ziet eruit als een oude boerderij en hangt vol met gereedschap dat ooit op het land werd gebruikt. Je kunt er oude Ierse wijsheden van de muur lezen en ook hier klinkt bijna altijd live-muziek. Als je mazzel hebt treden de Dubliners op. Het publiek bestaat uit boeren uit de omliggende bergen, inwoners van Dublin en toeristen die deze authentiek Ierse ervaring niet willen missen. Het zal je verbazen hoeveel Ierse meezingers je blijkt te kennen. Diep in ons hart zijn we toch allemaal een 'wild rover'...

**WAT:** Authentieke Ierse pubs

**WAAR:** In en rond Dublin, Ierland

**WANNEER:** Het hele jaar door, tot elf uur 's avonds. De nationale feestdag van Ierland, St. Patricksday, is elk jaar op 17 maart.

**WAT KOST HET:** Ticket Dublin vanaf € 300

**MEER INFO:** Mulligans, 8 Poolberg Street, Dublin; Johnnie Fox's Pub, de hoogste pub van Ierland; Glencullen, Wicklow Mountains, 25 minuten rijden van Dublin; www.johnniefoxs.com

# KERALA

## India

Hoe omschrijf je India? Dat is bijna niet te doen. Het land is kleurig, geurig, overweldigend en inspirerend, maar aan de andere kant kan geen land ook zo vermoeiend, ziekmakend, deprimerend en energievretend zijn als dit land. Nergens op de aarde wonen zo veel inwoners in één land (meer dan 1 miljard) en nergens zie je zo veel armoede naast zo veel rijkdom.

Ga je voor het eerst naar India, dan is het een goed idee om te starten in het zuiden. Het welvarende zuiden is relatief rustiger dan het overvolle noorden. Maar ga hier vooral heen voor de oogverblindende natuur, want je kijkt werkelijk je ogen uit.

Start je reis in Cochin, een drukke, kleurige stad waar je dagenlang kunt rondslenteren door de kleine straatjes en over de bomvolle markten. De stad is een verzameling van eilanden, rivieren en kanalen waar je een uniek volk vindt met bijzondere gebruiken en gewoontes.

Pak de bus en reis naar het hart van Kerala, de fascinerende kustprovincie waar je vlak achter de kust een netwerk van kanalen en rivieren vindt. Deze zogenaamde 'backwaters' zijn een prima plek om een tijdje rond te varen en tot rust te komen na de eerste kennismaking met dit hectische land.

Een echte aanrader is om een aantal dagen een traditionele boot te huren. Dit schip huur je met kapitein en bemanning. De schepen zijn prachtig om te zien. De romp is gemaakt van hout, met een opbouw van riet. In dit rieten 'huis' vind je alles wat je nodig hebt tijdens een vaartocht: een overdekt zitgedeelte met lekkere ligbanken,

een keuken, twee slaapkamers met toilet en douche en boven op het dek een zonnedek met twee geweldige schommelstoelen.

De boot brengt je overal waar je heen wilt en de bemanning doet er alles aan om het je naar de zin te maken. 's Morgens word je gewekt met verse vruchtensappen en warme, platte broodjes.

Word rustig wakker met een boek in de schommelstoel boven op de boot. Daarna bespreek je met de kapitein de route die je die dag zult gaan varen, om vervolgens weer fijn niets te doen.

Na een paar uur vangt je neus de meest heerlijke geuren op en dan blijkt de kok bijna klaar te zijn met de lunch. Die nuttig je op zachte, zijden kussens in de zitruimte, terwijl je uitzicht hebt op de prachtige omgeving die aan je voorbijtrekt. Overal staan kokospalmen en lage struiken, afgewisseld met kleine dorpjes waar kin-

deren in het water spelen en koeien door de straatjes lopen.

Na de lunch is het tijd om je te installeren op het zonnedek en vooral te genieten, want dat is wat je hier doet: van de uitzichten, van het landschap dat aan je voorbijtrekt of van de verhalen van de bemanning. Je kunt onderweg uitstappen wanneer je wilt, om bijvoorbeeld met de kok inkopen te doen in een klein dorpje, of om een nabijgelegen tempel te bezoeken.

Ook 's avonds eet je een maaltijd, opgediend op een prachtig dienblad met verse bloemen en bakjes kruiden. Als je de lamp eenmaal uitblaast, zie je de eindeloze sterrenhemel. Het is eigenlijk jammer om te gaan slapen.

Tijdens een tocht door de backwaters zie je misschien niet zo veel cultuur en tempels als bij een reis per bus of auto, maar het is wel een onvoorstelbaar ontspannen manier om je door dit land te verplaatsen. Het is niet goedkoop om zo vakantie te vieren, maar ik weet zeker dat je hier aan boord een fantastische en rustgevende tijd zult hebben...

**WAT:** Vaarvakantie door de backwaters

**WAAR:** Kerala, Zuid-India

**WANNEER:** Beste tijd is november tot februari. Begin januari wordt er een belangrijk en kleurig festival georganiseerd in Trissur en Kovalam.

**WAT KOST HET:** Houseboats zijn te huur vanaf $ 180 per dag, voor twee personen, inclusief eten.

**MEER INFORMATIE:** India algemeen: www.indiatouristoffice.org/; cruise: je kunt ter plekke bij een touroperator een boot huren, of vooraf via een organisatie, bijv. via www.riverandcountry.com/ of www.keralavisit.com/houseboats.htm.

# BALI

## Indonesië

Bali: al jaren een van de meest populaire verwegbestemmingen voor zowel Europeanen als Australiërs. Op 12 oktober 2002 veranderde alles voorgoed door de gruwelijke bomaanslagen op twee nachtclubs waarbij 202 – voornamelijk jonge – Australische slachtoffers vielen, maar waarbij ook Indonesiërs het leven lieten. Tot op de dag van vandaag is het eiland deze klap niet meer te boven gekomen en zijn de eens zo volle stranden en boulevards verleden tijd.

Toch komen de toeristen door de lage prijzen geleidelijk terug, waardoor de toeristenindustrie langzaam begint te herstellen. Het grootste gedeelte van de inwoners verdienen hier hun geld aan.

Bali dus, een eiland dat ondanks alles nog steeds een prachtige plek is met vriendelijke mensen, een boeiende cultuur en een relaxte vakantiesfeer. De belangrijkste stad is Kuta, ooit een arm vissersdorpje totdat het in de jaren zestig werd ontdekt door de westerse hippies. Tegenwoordig is het een geliefde bestemming voor honeymooners, surfers en eigenlijk iedereen die wil genieten van de mooie stranden, groene rijstvelden en woeste zee.

Hoewel Indonesië het grootste moslimland ter wereld is, is de belangrijkste religie op Bali het agama hindu dharma. Deze gecompliceerde vorm van het hindoeïsme is een versmelting van het boeddhisme en het geloof in de natuur en de voorouders. Iedere Balinees begint zijn of haar dag

LIFE

met het brengen van een offer; een bakje rijst, bloemen of fruit, dat neergelegd wordt bij een van de vele offerplaatsen, of gewoon voor de deur.

Balinezen zul je niet snel in zee zien zwemmen. Zij geloven dat daar demonen en geesten wonen, terwijl de goede geesten zich in de bergen ophouden. Dit is een wijsheid waar een kern van waarheid in moet zitten, want de zee rondom Bali is ruig en niet zelden verdrinken er argeloze toeristen in het wilde water. De enigen die zich hier niets van aantrekken zijn de surfers, want voor hen is de zee hier ideaal. Verwacht trouwens geen azuurblauw water, want door de stroming en hoge branding is het water eerder donkerbruin.

De stranden zijn precies zoals je ze bij een tropisch eiland verwacht: breed, uitgestrekt en de ultieme plek om op je gemakje mooie mensen te bekijken, want die zie je hier in overvloed.

Qua overnachting heb je het voor het uitzoeken: al vanaf € 4 heb je een kamer in een van de ontelbare *guesthouses* die veelal zijn ingericht zoals de hippe strandtenten langs de Nederlandse kust: ligbedden met kussens, lage tafels, bamboe, donker hout en doorschijnende gordijnen.

Een voordeel is dat zelfs de goedkoopste hotelletjes dicht bij het strand liggen; geen eindeloze wandelingen dus om 's ochtends naar het strand te komen. Een andere belangrijke reden om naar Bali te komen is het nachtleven. Overal vind je bars en clubs die vrijwel allemaal een happy hour kennen waar de drank goedkoop is en de entree gratis. Het gros van de mensen komt hier om te versieren of versierd te worden en zeker als vrouw heb je geen gebrek aan aandacht.

Kijk trouwens uit voor sommige van de lokale brouwsels die cocktails genoemd worden. Vooral de arrack attack is bijzonder venijnig: het drankje dat fel oranje is en geserveerd wordt in een gigantisch glas, doet vreemde dingen met je, dat heb ik zelf ook aan den lijve ondervonden. Veel herinner ik me niet van mijn avond na de arrack attack, maar zeker is dat ik als een bezetene heb staan dansen op muziek die ik normaal nog geen minuut kan aanhoren en dat ik de volgende morgen wakker werd op de vloer naast mijn bed.

Wil je je lichaam weer wat rust geven, reis dan af naar het midden van het eiland waar tussen de groene rijstvelden en sierlijke hindoetempels het kunstenaarsdorp Ubud ligt. Tot de jaren twintig diende de Balinese kunst traditioneel als versiering van tempels, paleizen en andere officiële gebouwen. In de jaren dertig richtte een plaatselijke aristocraat samen met een Duitse en een Nederlandse schilder een kunstsociëteit op en veel van de werken die toen gemaakt werden kun je bewonderen in het Puri Lukisan Museum.

Ook bijzonder is een bezoekje aan het huis van een van de belangrijkste schilders uit die tijd: I Gusti Nyoman Lempad. Je vindt het huis tussen de vele galeries in de hoofdstad en binnen kun je zijn mooie werken bewonderen. Fascinerend gegeven: Lempad is in 1978 overleden op 116-jarige leeftijd! (Of 121 want helemaal zeker van zijn geboortedatum zijn ze hier niet.)

Tegenwoordig is de hoofdstraat van Ubud een grote aaneenschakeling van kunstgaleries waar helaas ook weer een hoop toeristische rotzooi tussen zit, maar waar je ook nog prachtige dingen kunt bekijken en kopen. Er wonen hier dan ook heel wat kunstenaars, zelfs een aantal Nederlanders en dat is niet verwonderlijk want de omgeving is bijzonder inspirerend.

Een aanrader qua accommodatie is Gusti's Garden Bungalow's! Aan de buitenkant zie je slechts een muurtje met daarin een grote deur, maar eenmaal binnen betreed je een prachtige tuin met een vijver vol koi-karpers (prachtige grote oranje en witte vissen die je veel in het verre oosten ziet), maar ook een prima zwembad en kleine bungalows die tegen de heuvel op gebouwd zijn. Allemaal hebben ze een hangmat en hoe hoger je zit, hoe mooier het uitzicht!

Op loopafstand van Gusti's vind je talloze winkeltjes waar je spotgoedkoop de mooiste spullen voor thuis kunt kopen (en waar je in Nederland minstens vier keer zoveel voor betaalt). Kussens, gordijnen, houtsnijwerk, servies en boeddhabeelden: je kunt het hier voor een habbekrats op de kop tikken.

Om lichaam en geest helemaal tot rust te laten komen, kun je je eindeloos en heel goedkoop laten masseren in een van de vele (normale) massagesalons. Gegarandeerd dat je na een verblijf in Ubud weer helemaal fris bent voor je verdere rondreis over dit mooie eiland.

**WAT:** Surf-, versier-, feest- en relaxeiland

**WAAR:** Bali

**WANNEER:** De beste tijd om Bali te bezoeken is het droge seizoen van april tot oktober. De rest van het jaar is het bewolkter, vochtiger en heb je meer kans op forse regenbuien, maar ondanks dat kun je hier nog steeds prima op vakantie. De drukste tijd is in de Europese vakanties van juli tot september en de periode rond Kerst.

**MEER INFO:** Bali algemeen: www.bali.com; kunst in Ubud: www.mpl-ubud.com; Gusti's Garden: Bungalows 27 JL Kajeng 80571 of gustigarden@yahoo.com

# SUMATRA

## Indonesië

Indonesië is een van de weinige landen waar nog primair, oeroud regenwoud voorkomt. Helaas wordt het per dag met voetbalvelden tegelijk gekapt en dat is doodzonde, alleen al omdat in de jungle veel bijzondere dieren leven. De orang-oetan bijvoorbeeld komt in de hele wereld alleen voor op de eilanden Borneo en Sumatra. En dat terwijl deze aap voor 96 procent genetisch verwant is aan de mens. Zelf heb ik het geluk gehad deze bosmensen (want dat betekent orang-oetan) van dichtbij te kunnen bewonderen en dat vergeet je niet snel. Elke orang-oetan heeft een ander gezicht en een beresterk lijf. Wij waren op dat moment aan het filmen in een natuurpark waar er plots een uit de bomen kwam zetten, met een kleintje aan de borst. De gids had ons verteld dat het dier niet veel dichterbij zou komen dan een meter of twintig maar deze aap had het voorzien op onze cameravrouw. Zelden hebben we zo hard gehold, want aarzelen doe je niet als je zo'n sterk dier achter je aan hebt.

In het noorden van Sumatra ligt het orang-oetanopvangcentrum Bohorok in het plaatsje Bukit Lawang, op de grens van het Leuser National Park. Je bereikt het leefgebied van de orang-oetan door vanuit Bukit Lawang met een klein bootje de rivier over te steken. In het National Park haal je voor een klein bedrag een dagvergunning bij de *ranger*. Deze vergunning geeft je het recht om onder begeleiding het terrein te betreden. Hier kun je als toerist kijken hoe de dieren in de wilde natuur leven. Er zwerven nog veel orang-oetans bij

het opvangcentrum rond; dit zijn dieren die bij mensen zijn weggehaald en vervolgens met behulp van een rehabilitatieprogramma zijn teruggezet in de jungle. De dieren worden bijgevoerd op een platform dat op zo'n twintig minuten klimmen van de oever ligt. Hier, omringd door grote woudreuzen, kun je de orang-oetans van héél dichtbij zien. Voor je het weet klimt er één op je rug. In eerste instantie komt dit vrij intimiderend over en het is zeker niet ongevaarlijk. Gelukkig zijn er gidsen aanwezig die de dieren stuk voor stuk (her)kennen en weten of ze al dan niet moeten ingrijpen.

Je kunt er ook voor kiezen om een meerdaagse jungletocht te boeken. Vraag bij medereizigers naar hun ervaringen, zodat je zeker weet dat je met een geschikte gids op pad gaat.

Na de tocht wordt veelal om een donatie gevraagd door middel van een donatiebox, onder het mom van een bijdrage voor de orang-oetan. Er gaan verhalen dat dit geld niet volledig ten goede komt aan de orang-oetans, en als je het zekere voor het onzekere wilt nemen, kun je in Nederland beter een donatie geven aan een organisatie die zich voor het dier inzet, zoals de stichting Monkey Business.

Er zijn meerdere mooie plekken om te bezoeken op Sumatra: verder naar het zuiden vind je het prachtige Tobameer, een plek die je niet wilt missen. In dit grootste meer van Zuidoost-Azië ligt het eiland Samosir, wat je kunt bereiken door vanaf Prapat een boot te nemen en waar je in dorpjes met namen als Tomok, Ambarita, Tuk-Tuk en Siallagan prima kunt overnachten.

Beslis voor je vertrekt met de boot naar welk dorpje je wilt, want dat bespaart je een hoop gezoek en geregel ter plekke. De meeste mensen gaan naar Tuk-Tuk, maar ondanks die populariteit is het er nog steeds uitermate relaxed en bij de guesthouses heb je het gevoel alsof je bij iemand thuis logeert. Bij Tuk-Tuk vind je de beste stranden, ook niet onbelangrijk. Maar je kunt er ook voor kiezen om te overnachten bij de hete waterbronnen van Pangururа (in de buurt van het dorpje Tomok). De meeste toeristen komen hier met een dagtocht en nadat ze vertrokken zijn heb je het rijk voor je alleen. Slapen doe je voor een paar dollar op een rieten matje in de nabijgelegen teashop.

Je kunt op dit eiland trouwens ook prachtig wandelen. Alle dorpen zijn met kleine, soms moeilijk begaanbare paden met elkaar verbonden. Zelf heb ik een brommer gehuurd om rond te toeren en dat is echt een aanrader, want zo kun je in een dag of twee veel zien van dit ruim duizend vierkante kilometer grote eiland. De wegen zijn echter niet overal van de beste kwaliteit en kijk uit voor loslopend vee. Wil je in Tuk-Tuk overnachten, dan kan ik je het Losmen Reggea Guesthouse aanbevelen. Dit traditionele batakhuis staat helemaal aan het einde van het dorp en met een beetje geluk heb je de hele begane grond voor jezelf. Je betaalt niet meer dan één of twee dollar per persoon, maar de eigenaars willen dan wel dat je bij hen je maaltijden gebruikt (ook geen straf).

Het mooiste is dat dit guesthouse direct aan het meer staat zodat je 's avonds op je veranda in je hangmat kunt liggen met uitzicht op het prachtige meer. Gegarandeerd dat je hier voorlopig niet meer weg wilt...

**WAT:** Ontmoeting met orang-oetans
**WAAR:** Sumatra, Indonesië
**WANNEER:** De beste tijd om Sumatra te bezoeken is in de maanden mei, juni, oktober en november. In onze zomer zijn er veel Europese toeristen, in de winter en rond Kerst vooral veel Indonesiërs. Tijdens de regentijd van november tot maart zijn sommige delen van Sumatra moeilijk begaanbaar.
**WAT KOST HET:** Ticket vanaf € 595
**MEER INFO:** www.stichtingmonkeybusiness.nl; Samosir Island: www.bonapasogit.nl/pagina's/nederlands/tanah_toba.htm

# CALABRIË

## Italië

Stel je voor: je rijdt per auto door een weelderig Italiaans landschap. Die ochtend ben je in nog geen twee uur vliegen hier aangekomen en nu al voel je je alsof je al dagen weg bent uit Nederland. Net voordat de zon ondergaat, arriveer je bij een statig landhuis, omgeven door olijfbomen, waar de heer des huizes je allerhartelijkst ontvangt. 's Avonds dineer je met de hele familie aan een lange, houten tafel onder de sterrenhemel terwijl je om je heen de krekels hoort.

Boek je een vakantie in een *Agriturismo* in de Italiaanse provincie Calabrië, dan kun je dit ongeveer verwachten. Calabrië is de provincie die in het meest zuidelijke puntje van de laars van Italië ligt, vlak boven Sicilië. En het leuke aan deze streek is dat hij nog redelijk onontdekt is.

Het makkelijkst kom je er door een chartervlucht vanuit Nederland te boeken (= betaalbaar). Vervolgens huur je ter plekke een auto om per ferry naar het vasteland over te steken.

Calabrië is een prachtige provincie: glooiende heuvels worden afgewisseld door uitgestrekte sinaasappelboomgaarden en kleine riviertjes die door het landschap kronkelen.

Van oudsher is dit altijd een van de armste gebieden van Italië geweest en veel Italianen beschouwen deze streek nog steeds als het zorgenkindje van het land. Toch gaat het hier steeds beter en beginnen de toeristen het gebied te ontdekken. Daar draagt het fenomeen Agriturismo zeker aan bij. Agriturismo's zijn boerenbedrijven die één of meerdere kamers verhuren of soms zelfs hele bijgebouwen. Als toerist kun je zo een kijkje nemen op deze boerenbedrijven en het leven op het land van dichtbij meemaken.

Agriturismo's zijn er in alle soorten en maten. Je kunt overnachten in een eenvoudige kamer bij een sinaasappelplantage, maar je kunt ook een volledig landhuis huren op het terrein van een olijvenboer. Bij sommige bedrijven is er een aparte ruimte voor de gasten om te ontbijten en te dineren. Het gebeurt ook vaak dat je gewoon bij de voltallige familie aan tafel aanschuift, die de hele avond de oren van je hoofd kletst en constant eigen gebrouwen likeurtjes schenkt.

Overdag hoef je je niet te vervelen. Je kunt eindeloos wandelen in de omgeving of gewoon niets doen bij het zwembad in de boomgaard. Of je kiest ervoor om mee te helpen bij het plukken van de Bergamotto's (citrusvruchten die alleen in dit gebied voorkomen en die vooral worden gebruikt voor het produceren van parfum), of het maken van pasta bij moeder de vrouw in de keuken. Een aantal van deze Agriturismo's organiseert ook extra activiteiten voor gasten, zoals paardrijdtochten of kookcursussen.

De leukste manier om hier vakantie te vieren is een rondtocht te maken met een huurauto en op verschillende plaatsen te overnachten. Er zijn namelijk zo veel prachtige huizen dat het jammer is om op dezelfde plek te blijven. Als je dat doet, breng dan ook even een bezoekje aan het kustplaatsje Tropea. Het dorpje zelf is prachtig en beroemd geworden door de rode uien die ze hier verbouwen; ze maken er zelfs ijs van! Je kunt er ook kennismaken met het leven op zee door mee te gaan met een echte Italiaanse vissersboot. Je stapt op in de haven en vaart vervolgens op een traditioneel houten bootje mee naar open zee. Daar aangekomen legt de kapitein je in steenkolenengels uit hoe het schip werkt en hoe er per radar gezocht wordt naar grote scholen vis, die met gigantische netten uit de zee worden gehaald. Als passagier doe je actief mee bij de vangst door de netten uit te zetten, binnen te halen en vervolgens de vis te sorteren. Meestal bakt de matroos aan boord meteen even een vers visje voor je op een wiebelig gaspitje, zodat je voorgoed weet hoe echt verse vis hoort te smaken.

Na afloop krijg je een paar kilo verse vis mee die je vervolgens 's avonds weer kan aanbieden aan de vrouw des huizes van de Agriturismo. Zij bereidt er weer een heerlijke maaltijd van die je gezamenlijk, onder het genot van veel te lekkere wijn, verorbert.

Een nadeel: je komt zeker een paar kilootjes aan als je hier op vakantie gaat. Maar dan heb je wel een week of meer geleefd als een god in Italië...

**WAT:** Overnachten bij de boer

**WAAR:** Calabrië, Italië

**WANNEER:** April, mei, juni & september en oktober. Ga nooit in augustus, want dan zijn de Italianen zelf op vakantie.

**WAT KOST HET:** Overnachten in een Agriturismo: vanaf € 25. Halve dag vissen op zee: € 37,50.

**MEER INFO:** Enotria Travel, 020-779 8338 of www.enotria.nl

# PIZZA'S IN NAPELS

## Italië

Op zoek naar de beste pizza van de wereld? Boek snel een goedkoop ticket naar Napels. Of Napoli, zoals de Italianen hun stad noemen. Hoewel de meeste toeristen nog altijd niet zuidelijker reizen dan Rome zijn de mensen die ik over Napels gesproken heb unaniem enthousiast. Vroeger werd de stad vooral geregeerd door de maffia (*camorra* – dit woord kun je beter niet hardop uitspreken als je hier bent), maar sinds de nieuwe burgemeester met een bezem door de stad ging heeft Napels de toerist veel te bieden. De lekkerste pizza's die je ooit zult eten bijvoorbeeld.

Drie eeuwen geleden werd de pizza, in opdracht van koningin Margaritha, vervaardigd als voer voor de armen. Vandaag de dag is de pizza uitgegroeid tot de snelste, meest geserveerde en vaak ook meest voedzame snack van allemaal. Wil je ondanks alle namaak die overal verkocht wordt, proeven hoe de echte pizza Margaritha hoort te smaken, dan moet je naar Napels! Het geheim zit hem in de buffelmozzarella. En de bodem, die zo dun is dat het vocht van je vork druipt.

Er zijn in Napels drie restaurants die in aanmerking komen voor de beste pizza ter wereld. Bij alledrie vind je rond lunchtijd rijen tot aan de overkant van de straat, en allemaal claimen ze Bill Clinton als gast gehad te hebben.

Als je zelf de ultieme pizzatest wilt houden, begin dan bij Da Michele, vlak bij het station. Dit restaurant is een van de favorieten van de Napolitanen zelf. Alleen toeristen willen in het restaurant zelf hun pizza nuttigen, de Napolitanen eten hem liever als snel tussendoortje, op straat. Da Michele specialiseert zich in dubbelgevouwen pizza's, de zogenaamde calzones, met zalm, spinazie en alles wat je er verder bij kunt hebben.

Een goede tweede is Di Matteo, waar inderdaad een foto van Bill Clinton aan de muur. En het moet gezegd, de pizza's hier zijn zo lekker dat je moet uitkijken dat je niet op je vingers of je tong bijt.

Maar de beste pizza in de wereld moet toch echt van Pizza Brandi komen. Dit restaurant ligt verscholen in een klein steegje midden in de Spaanse wijk. Zo'n tien jaar geleden wilde je in deze buurt je gezicht niet laten zien. Diefjes die in opdracht van de camorro tasjes roofden zorgden ervoor dat zelfs Napolitanen de oude Spaanse wijk meden. Nu is het een van de kleurrijkste gebieden van Napels, en je vind er piepkleine steegjes waar oude vrouwtjes schreeuwen vanaf het balkon en waslijnen dwars over straat gespannen zijn. In die authentieke wijk vind je Pizza Brandi. Direct bij binnenkomst valt je oog op de foto's aan de muur. Pizzabakker Francesco is door de jaren heen meerdere malen gefotografeerd met niemand minder dan Luciano Pavarotti. Liep Pavarotti ooit als slank onbekend operazangertje Brandi binnen, met de jaren zie je zijn omvang groeien, en dat zal zeker ook te maken hebben met de pizza's in zijn favoriete restaurant.

De pizza Margaritha die je hier geserveerd krijgt druipt van je bord af. Hij ziet er niet eens zo indrukwekkend uit, een beetje zompig en er ligt maar een klein blaadje basilicum op. Maar als je die eerste hap neemt weet je meteen waarom Pavarotti hier zo graag komt. Na het eten van een meesterwerk van de hand van Francesco zal de pizza nooit meer dezelfde zijn.

**WAT:** De lekkerste pizza van de wereld

**WAAR:** Test het zelf! In Napels, Italië

**WANNEER:** Het hele jaar door

**WAT KOST HET:** Pizza vanaf € 4

**MEER INFO:** www.transavia.nl

**PIZZERIA'S:** Da Michele – Via Cesare Sersale 1-3 (bij het station); Di Matteo – Via dei Tribunali 94; Brandi – Salita Sant'Anna di Palazzo 1

# ACHTERLAND

## Jamaica

De meeste mensen laten zich bij een bezoek aan Jamaica meteen leiden naar grote toeristische attracties als de watervallen van Oche Rios – die zijn inderdaad erg mooi – en de badplaats Montego Bay. Wat mij het meest is bijgebleven van mijn bezoek aan dit Caribische eiland is het onbekende achterland. Ik had de mazzel dat ik bij Jamaicaanse vrienden kon logeren. En dat is meteen de leukste manier van reizen: meegenomen worden door mensen die de mooie onbekende plekjes kennen.

Jamaica ligt zo'n 150 kilometer van Cuba in de Caribische Zee. Het is het op een na grootste eiland van het Caribisch gebied en het is drie keer zo klein als Nederland. Oorspronkelijk woonden hier de Arawak-indianen. Colombus ontdekte het eiland tijdens zijn tweede reis naar de nieuwe wereld, nadat Cubaanse indianen hem hadden verteld over 'het land van het gezegende goud'. Colombus vond geen goud op Jamaica maar wel 'het mooiste eiland door ogen aanschouwd'.

Ondanks de vele toeristen heerst er grote armoede op Jamaica. Tijdens de autorit vanaf het vliegveld zie ik huizen die geen opknapbeurt gehad hebben sinds de Engelsen in 1962 het eiland verlieten. Alle gebouwen zien er oud en verwaarloosd uit, en vaak is de verf totaal afgebladderd.

In tegenstelling tot al dit verval is de natuur in de binnenlanden overweldigend en kleurrijk. Kleine roze bloemen hangen in slierten over de hobbelende weg, beekjes vol water kabbelen met ons mee tussen de bergen van het binnenland. De natuur is fris,

groen en hoopvol. Onderweg stoppen we om mango's te plukken, de lekkerste die ik ooit geproefd heb.

De inwoners van het eiland reageren wisselend op mijn blonde verschijning. In May-pen komen bijna nooit toeristen en dus klinkt het overal: 'Hey white girl!'

Het straatbeeld wordt bepaald door oude mannen op fietsen, voetballende jongetjes, rastafari's, en vrouwen met dikke konten in glimmende leggings.

De eerste dag al ontdek ik het goud, beschreven door de indianen. Zo rond zes uur in de avond geeft de zon het eiland een prachtige gouden gloed. Het is niet voor niets dat de vlag van Jamaica is opgemaakt in de kleuren groen, zwart en goud: groen voor de natuur, zwart voor de trots van de mensen en goud voor de lucht. Uit vier verschillende windhoeken hoor je het gezang en geswing uit gospelkerken.

In en rondom het huisje van mijn gastvrouw krioelen zo'n twintig neven en vrienden. Mijn huid en haar zijn een attractie, daar had ik van tevoren niet bij stilgestaan. De seksuele toespelingen zijn niet van de lucht. Tenminste dat denk ik, want het Patois, gebroken Engels, is erg moeilijk te verstaan. Het huisje is een bouwval; wat ooit knalroze zijden gordijnen met ruches waren, hangt nu aan een paar volhardende draadjes aan elkaar. Insecten rennen over het gescheurde tapijt en buiten op de veranda staat een rode leren bank die al minstens drie keer doorgezakt is. Het enige wat spiksplinternieuw is, is de geluidsinstallatie voor de deur.

Muziek is erg belangrijk op Jamaica. Mensen die amper te eten hebben zijn wel in het bezit van een grote geluidsinstallatie. Jamaica is een reggae-eiland: uit elke speaker klinkt reggae, op de radio worden westerse nummers van Celine Dion en R.Kelly met een reggaebeat aangepast aan de Jamaicaanse smaak. Honger en pijn worden weggedanst, zorgen vergeten. In het arme binnenland waar ik logeer is de verveling beklemmend. Toch is dit een van mijn puurste reiservaringen ooit. Als jij ook een vakantie in Jamaica wil, weg van de massa, verblijf dan in zo'n kleine *bed & breakfast* die je over het hele eiland verspreid vindt. Hier kom je een stuk sneller met mensen in contact dan, veilig weggestopt, in een groot resort.

**WAT:** Vakantie weg van de grote massa

**WAAR:** Jamaica

**WANNEER:** December tot april

**WAT KOST HET:** Ticket vanaf € 600

**MEER INFO:** Een bed & breakfast zoek en boek je op internet, bijvoorbeeld op jamaica.pagina.nl.

# TOKIO

## Japan

Al heel lang wilde ik naar de hoofdstad van Japan. Omdat je altijd hoort dat een bezoek aan Tokio schreeuwend duur is, heb ik er lang op moeten wachten. Toen ik eindelijk die kant op kon was ik niet teleurgesteld: wat een heerlijke, kleurrijke, andere, schreeuwende maar ingetogen wereld!

Vanaf het vliegveld kun je het beste de metro pakken naar de stad, dat is snel en goedkoop, iedereen doet dat. Het Shinjukustation ligt midden in het centrum en verwerkt elke dag twee miljoen mensen. Maar Shinjuku is dan ook bijna een stad op zichzelf en hier gebeurt het allemaal. Wanneer je maar een halve dag te besteden hebt in Tokio is dit de plek om naartoe te gaan. De wijk wordt in tweeën gedeeld door het metrostation, aan de westzijde vind je grote wolkenkrabbers waarvan je sommige ook kunt bezoeken. De Tokyo Metropolitan Government Offices mag je gratis op en dat is een echte aanrader!

Aan de oostkust van Shinjuku is het grote vertier, hier loop je door de straten en kijk je je ogen uit. 24 uur per dag worden commercials en videoclips op een reusachtig scherm afgespeeld. Het afdakje onder het videoscherm is het populairste meeting point van de stad. In kleine steegjes vind je de goedkopere winkels, snelle restaurantjes zoals *noodle shops* (sushi wordt wel verkocht, maar is veel minder populair dan in de rest van de wereld) en de onvermijdelijke karaokebars.

Shibuya is de wijk waar rijke Japanse jongeren hun inkopen doen. In het reusachtige winkelcentrum 109 kun je uren winkelen en mensen kijken. Je weet niet

wat je ziet: Japanse dames met stukgeblondeerde haren en een oranje huid van het zonnebanken, lange nagels, korte rokjes en hun onafscheidelijke mobieltje met de nieuwste technologische snufjes. Ze zijn zo hip dat het zeer doet. Winkelcentrum 109 en het aangrenzende beambuilding – dat volstaat met de allernieuwste computerspelletjes en elektronische gadgets – zijn perfecte plekken om te schuilen voor de regen. Want dat doet het nogal vaak hier.

Tijdens je verblijf in Tokio wil je natuurlijk ook ergens betaalbaar overnachten. In tegenstelling tot wat veel mensen denken, is dat hier in Tokio heel goed mogelijk.

De meest opvallende manier van overnachten is in de Capsule Hotels. Je vindt ze rond de grote metrostations en ze worden voornamelijk gebruikt door zakenmensen die te laat of te lam zijn om de weg naar huis te vinden. De 'kamer' is een soort vrieskist en heeft een matras, een leeslampje, een wekker en een televisie. De badkamer deel je met de andere gasten en in heel Tokio zijn maar twee Capsule Hotels waar vrouwen ook terecht kunnen.

Love Hotels zijn ook weer een fenomeen op zich. De kamers worden vaak voor één of twee uurtjes verhuurd. Dit kost € 150, maar later op de avond kun je vrij goedkoop, voor Japanse begrippen, een hele nacht boeken. Bij het Love Hotel draait alles om discretie; er werkt geen personeel en de kamer zoek je uit aan de hand van een foto. Alle kamers zijn anders: je kunt kiezen uit een kamer als kasteel of een haremvertrek, bijzonder populair is de junglekamer. Vergeet als je hier bent niet in de ijskast te kijken, in plaats van drankjes vind je glijmiddel en dildo's in de minibar.

Een meer traditionele manier van overnachten – en goed betaalbaar – is de ryokan. Hier slaap je op een matje op de grond in een rijstpapieren omgeving. Bij binnenkomst krijg je een kopje groene thee, een kimono en een stapel handdoeken. Elke ryokan heeft namelijk een grote gemeenschappelijke badkamer met vaak thermaal water. In mijn optiek is dit de ultieme Japan-ervaring!

WAT: Overnachten in een van de stoerste steden in de wereld

WAAR: Tokio

WANNEER: Van maart tot mei of september en november

WAT KOST HET: Een nacht in een ryokan kost € 65

MEER INFO: Sakura Ryokan, Tokyo, tel: + 81 3 3876 8118. Te boeken bij: JALPAK te Amsterdam, tel: 020-570 9810; Overige Japan-informatie: www.japan.starttips.com

# KYOTO

## Japan

Over het fenomeen geisha bestaan nogal wat misverstanden. Zo is een geisha, in tegenstelling tot wat velen denken, alleen een gezelschapsdame die niet verdergaat dan het onderhouden van gasten met dans, muziek en conversatie.

Ondanks het feit dat er nog maar weinig echte geisha's en maiko's zijn (leerling-geisha's), wordt het nog steeds als een zeer eervol beroep gezien in Japan. De opleiding tot geisha is bijzonder zwaar en duurt jaren. Slechts een handvol meisjes die aan de opleiding begint, weet uiteindelijk de felbegeerde status te bereiken. Om een goede geisha te worden moeten ze fantastisch kunnen zingen, toneelspelen, traditioneel dansen en de *shamisen* spelen, een typisch Japans snaarinstrument.

Hun klantenkring bestaat grotendeels uit gefortuneerde zakenlieden die tegen exorbitante bedragen één of meerdere geisha's inhuren om vermaakt te worden. Deze optredens vinden meestal plaats in theehuizen, waar men soms wel $ 3000,- per avond neerlegt voor een avond topgezelschap. Als toerist is het vrijwel onmogelijk om zomaar zo'n voorstelling bij te wonen, tenzij je wordt uitgenodigd door de eigenaar van het etablissement.

Naar schatting zijn er nog maar zo'n duizend geisha's en maiko's over in heel Japan en die vind je niet alleen in de hoofdstad Tokio maar ook in een van de oudste steden van het land: Kyoto.

Mocht je ooit van plan zijn om naar Japan te gaan, dan kan ik je deze stad van harte aanbevelen. Kyoto is maar liefst 1200 jaar oud en met zijn meer dan 1600 boeddhistische tempels, 400 altaren

en tientallen tuinen en musea is het de schatkamer van de Japanse cultuur.

Hier bezoek je overdag bijvoorbeeld de Kinkaku-tempel die bekleed is met bladgoud of het keizerlijke paleis met zijn gigantische tuinen. Of je struint uren rond op de Nishiki-markt waar je je vergaapt aan de vreemde vissen en etenswaren.

’s Avonds moet je in de uitgaanswijk Gion zijn. Daar, in de kleine straatjes achter de grote Kamo-Gawa en Yasaka-Jinjastraat, loop je namelijk de grootste kans om een echte geisha te zien lopen, op weg naar een van de vele theehuizen die je hier vindt. Ik kan je verzekeren dat het werkelijk magisch is om zo’n onvoorstelbaar elegant geklede Japanse vrouw op haar kleine houten slippertjes over straat te zien trippelen, al dan niet vergezeld door een maiko.

Als je ondanks alle geslotenheid toch wat meer te weten wilt komen over het fenomeen geisha, dan kun je een bezoek brengen aan het kostuummuseum in Kyoto. Hier vind je een prachtige collectie kimono's die je een goed beeld geeft van de schoonheid van de geisha. En zou je zelf als toeriste wel eens de ultieme geisha-ervaring willen beleven, dan moet je naar een van de vele geisha-studio's waar je je namelijk in twee uur kunt laten transformeren tot een echte maiko, zodat je een keer voelt hoe het is om traditioneel Japans gekleed te gaan.

Bij binnenkomst krijg je eerst een kopje groene thee, waarna je een gemakkelijke kimono aangereikt krijgt. Vervolgens word je door twee kleine Japanse moedertjes voor een spiegel gezet, waarna je in een klein uurtje langzaam verschillende lagen schmink op je gezicht krijgt: eerst een witte basislaag, vervolgens roze blosjes

op de wangen, daarna de kenmerkende knalrode lippen en het lijntje onder de ogen. Om de transformatie compleet te maken, krijg je ten slotte een zware pruik op. Als je dan in de spiegel kijkt, voel je je een compleet ander mens.

Dan is het tijd voor de kleding. Zorgvuldig krijg je diverse lagen aangemeten, te beginnen met een witte kamerjas, waarna er meerdere kimono's volgen die uiteindelijk met een brede band worden dichtgestrikt. Als je dan ook nog de kleine witte sokjes aan krijgt met een losse grote teen, en kleine houten slippertjes, ben je in minder dan twee uur ineens getransformeerd van een westerse toerist naar een elegante Japanse vrouw.

Bij een aantal van de bedrijven die vrouwen transformeren tot maiko, mag je vervolgens in vol ornaat de straat op om te voelen hoe het is om zo over straat te lopen. Maar eigenlijk is dat uit den boze: de enige vrouwen die volgens de kenners zo over straat mogen, zijn de échte geisha's en maiko's. De enige reden dat je wordt omgetoverd, is om vereeuwigd te kunnen worden door de aanwezige fotograaf. Voor veel Japanse vrouwen is deze transformatie heel belangrijk: één keer in hun leven mogen ze even voelen hoe het is om zo'n bijzonder voorkomen te hebben...

**WAT:** Geisha-kostuumbedrijf

**WAAR:** Kyoto, Japan

**WANNEER:** Het hele jaar door

**WAT KOST HET:** Geisha-transformatie: vanaf € 47

**MEER INFO:** Japan algemeen: www.jnto.go.jp; geisha algemeen: www.immortalgeisha.com; Maiko make-over studio: 0081-750.531.2777 of www.maiko-henshin.com/swf/en/kyoto/index.html; kostuummuseum: Izutsu Building, 5th floor, Shinhanayacho-Dori tel. 0081-75.600-8468. Voor mooie foto's van geisha's ga je naar www.petermacintosh.com, gemaakt door de Canadese fotograaf Peter Macintosh die als een van de weinige westerse personen in deze wereld heeft weten binnen te dringen. Wil je een geisha-voorstelling bijwonen, dan kun je het via Peter proberen (090-8573.8220 of 0081-905.169.1654), www.kyotosightsandnights.com/

## RONDREIS

# Jordanië

Er is bijna geen land op aarde dat het zo slecht getroffen heeft qua ligging als Jordanië. Aan de oostzijde wordt het land begrensd door Irak, in het noorden ligt Syrië en in het westen Israël. Zoals iedereen weet is het al tijden onrustig in deze regio en dat zorgt ervoor dat de toeristen het land al jaren mijden. Ook wij hadden met *RTL Travel* aanvankelijk heel wat bedenkingen om die richting uit te gaan. Maar aangemoedigd door de vele enthousiaste verhalen stapten we toch in het vliegtuig richting de hoofdstad Amman en het is een van de beste reizen die ik de afgelopen jaren heb gemaakt.

Waar moet ik beginnen met mijn lofzang? Bij de smeltkroes Amman misschien, met al zijn verschillende bevolkingsgroepen die in deze hectische stad terecht zijn gekomen door zijn centrale ligging in het Midden-Oosten? Of misschien bij de Dode Zee, waar je eindeloos en gewichtsloos kunt ronddobberen in het veel te zoute water? Of wat dacht je van Kingsroad, de snelweg die dwars door de woestijn loopt en waar je prachtige plaatsen als het historische Madaba en Kadak passeert? Maar er is nog veel meer, bijvoorbeeld de mensen die je met onvoorstelbaar veel enthousiasme begroeten en bijzonder gastvrij zijn. De Rode Zee is ook de moeite van een bezoek meer dan waard, want ondanks het feit dat Jordanië niet meer dan 28 kilometer kustlijn bezit, kun je hier wel prachtig duiken, op het strand liggen of taxfree winkelen in Aqaba.

Toch zijn er twee plekken in Jordanië die met afstand de meeste indruk op mij hebben gemaakt, plekken die ieder mens in zijn leven eigenlijk zou moeten zien. Het zijn ook meteen de twee grootste trekpleisters van het land, maar dat is ook terecht, want je gelooft je ogen niet.

Ten eerste is dat de Wadi Rum-woestijn, een van de mooiste woestijnen op aarde. Dit landschap is bijna niet te beschrijven, maar als je ooit de film *Lawrence of Arabia* hebt gezien, kun je je er misschien een voorstelling van maken. Eindeloze zandvlaktes, gigantische heuvels, enorme zandverstuivingen met hier en daar een bedoeïenentent die eenzaam in het landschap staat. Wadi Rum is een plek die je moet ervaren. Rij per kameel in alle stilte door het landschap, overnacht in een van de vele tentenkampen waar je 's avonds bij het vuur eindeloos praat over de situatie in dit deel van de wereld, en waar je ook níet wilt gaan slapen omdat je nog nooit zo'n mooie sterrenhemel hebt gezien. Wadi Rum is een plek die je laat zien hoe mooi de wereld kan zijn, een plek die op iedereen indruk zal maken.

Een plek die je ook niet mag missen is Petra, een oord waarvan je eigenlijk niet begrijpt dat dit door mensenhanden gemaakt is. Nergens op de wereld vind je iets soortgelijks: een volledig uit de rotsen gehouwen stad, verborgen in de bergen. Al in de derde eeuw voor Christus bouwden de machtige Nabateanen deze stad om zichzelf te beschermen tegen de aanvallende Grieken.

Eeuwenlang leefden verschillende volkeren in deze verborgen vesting. Tegenwoordig wordt Petra alleen nog bewoond door een verdwaalde ezel. Het is een historische plaats waar je als toerist even terug in tijd kunt, als je tenminste de drukke gidsen met hun mobieltjes en de toeristen met hun hypermoderne digitale camera's even wegdenkt.

Om in Petra te komen moet je eerst een wandeling maken door een nauwe kloof, totdat je in de verte een tempel ziet verschijnen. Je kunt het je bijna niet voorstellen dat je echt voor dit wonder staat. De Al Khazneh, de schatkamer, is volledig met de hand uit het zachte roze gesteente gehakt en diende in vroeger tijden als tombe.

Maar ook de koningsgraven, het theater en de Straat der Pilaren zijn indrukwekkend en je kunt hier dan ook dagen ronddwalen en toch steeds iets nieuws ontdekken.

Ooit was het in Petra afgeladen druk, maar sinds de laatste intifada laten de toeristen Petra (en de rest van Jordanië) massaal links liggen. Het kan je dan ook gebeuren dat je deze zo belangrijke historische plek bezoekt met slechts een handjevol andere toeristen.

Jordanië is een land dat een kans verdient als vakantiebestemming, al was het maar omdat het hier al tientallen jaren politiek gezien heel rustig is.

**WAT:** Wadi Rum-woestijn en Petra

**WAAR:** Jordanië

**WANNEER:** De beste tijd is in het voorjaar, als de grote regenbuien voorbij zijn en het zicht het best is.

**WAT KOST HET:** Jordanië is een bijzonder betaalbaar vakantieland. Voor de grote westerse hotels betaal je wel westerse prijzen. Toegang tot Wadi Rum is € 2 per persoon, € 5 per auto. Een kamelentocht boek je al vanaf € 15, een overnachting in een tentenkamp al vanaf € 20. Toegang tot Petra is € 12 per dag, maar de prijzen verschillen per seizoen.

**MEER INFORMATIE:** Jordanië algemeen: www.see-jordan.com/. Je kunt ook het boek *Een leven in het teken van vrede* van koningin Noor lezen, dat geeft je veel informatie over de geschiedenis van het land.

# WILD KAMPEREN

## Kenia

Safari betekent 'reis' in het Swahili. En omdat zo'n reis over de Afrikaanse savannes meestal plaatsvindt in een four-wheel drive en daarbij overnacht wordt in chique resorts hangt daar een pittig prijskaartje aan. Gelukkig is er ook een alternatief: wild kamperen. Dat betekent niet dat je zo maar met je eigen tentje de natuur in kunt, daarvoor zijn de wildparken te gevaarlijk. Gelukkig organiseren veel grote touroperators kampeersafari's naar de grote wildparken en op die manier kun je als budget-toerist ook een safari ma-

ken. Tijdens zo'n tocht reis je met een groep van zes tot twaalf man en overnacht je in kleine koepeltentjes. De gids is meestal ook de kok en elke avond wordt er boven het kampvuur een eenvoudige, maar voedzame maaltijd bereid.

Er is nog al wat aanbod in kampeersafari's: van een paar dagen tot meerdere weken en van een wildpark tot een rondreis door het hele land. Wat je ook gaat zien, er is een plek die je niet mag missen: het grootste en meest bekende wildpark van heel Kenia: het Masai Mara Wildpark. Leeuwen, olifanten, luipaarden, giraffes, buffels, neushoorns en gazelles: in de Masai Mara lopen ze allemaal rond, en je bent ervan verzekerd dat je ze zult zien.

Wat de Serengeti is voor Tanzania is de Masai Mara voor Kenia: het mooiste en beroemdste *wildlife*-reservaat. Masai Mara ligt 200 kilometer ten westen van de hoofdstad Nairobi en de oppervlakte van het park is 1700 vierkante kilometer. Iets meer dan 500 vierkante kilometer wordt alleen voor het wild gebruikt, terwijl de rest van het grasland ook door de Masai, de oorspronkelijke bewoners van het gebied, wordt benut als graasgrond voor hun kuddes. De Masai zijn een opvallende verschijning en dan met name de jonge mannen van de stam. Zij worden opgeleid tot krijger en dragen rode kleding, verven hun haar rood en versieren zich met de vacht of de veren van hun prooien. Kijk dus niet gek op als je een jonge jongen met leeuwenmanen voorbij ziet komen, de leeuw is de koning van de savanne en de ideale prooi om je mannelijkheid te bewijzen.

De Masai verdienen bij als gids voor de toeristen, en dat is gunstig, want met een Masai in de groep kan je minder snel iets gebeuren: sommige van hen ruiken een leeuw al van een kilometer afstand.

Er zijn meerdere manieren om

je in het park te vervoeren. De four-wheel drive is het meest gangbare vervoermiddel, maar er rijden ook veel minibusjes waarvan het dak opengeschoven kan worden. Heel leuk, maar je moet vaak dringen om een plekje, want iedereen wil vooraan staan.

Je kunt ook op wandelsafari, en dat levert een onvergetelijke ervaring op. Want wat bijna nergens anders is toegestaan, kan in het Masai Mara-park wel: je mag van de paden af. Als je ergens een mooi plekje gevonden hebt kun je er je kamp voor de nacht opslaan.

Bij een beekje of riviertje kamperen is het beste. Hier komen veel dieren en je kunt tijdens het waken uren zoet zijn met kijken naar het drinkende wild.

Als de avond valt en de temperatuur daalt, komen de dieren in beweging en zo kan het voorkomen dat er opeens een kudde oli-

fanten voorbij je tentje loopt. Apen schieten voorbij, op zoek naar iets te eten of om te spelen, en in de verte zie je giraffes en zebra's.

Je gidsen maken eten, zingen liedjes, vertellen sterke verhalen en houden de wacht als jij je tentje in kruipt. Het is behoorlijk opwindend om te slapen in de wetenschap dat er wilde dieren rond de tent sluipen. Als je 's nachts wakker wordt hoor je hun geritsel, en als je wilt plassen en met een zaklamp de tent uit gaat, weerschijnt je lichtje in de rode ogen van een dier waarvan je maar hoopt dat hij niet te gevaarlijk is.

Echt rustig slapen zul je niet de eerste nachten, maar als je je niet buiten het kamp begeeft kan er weinig gebeuren. En ik weet zeker dat je niet snel een avontuurlijkere kampeervakantie zult hebben als deze!

PS Veel mensen combineren deze safari met een weekje verblijf aan de kust, meestal in de bekende kustplaats Diani Beach. Mocht je daarnaartoe gaan, vergeet dan niet te eten in Ali Barbour's Cave Restaurant; een van de meest bijzondere plekken om te eten in dit deel van de wereld. Je vindt het restaurant namelijk 20 meter onder de grond in een gigantische grot! Deze natuurlijke grot is zo'n 120.000 jaar geleden gevormd uit het zachte kalksteen dat je hier aan de kust vindt en overal in de ruimte zie je stalagmieten, stalagtieten en diverse fossielen. Enkele natuurlijk ontstane gaten in het plafond zorgen voor daglicht en frisse lucht. Een geweldige plek waar je ook nog eens prima kunt eten, vooral vis en schelpdieren.

**WAT:** Kampeersafari

**WAAR:** Masai Mara National Park, Kenia

**WANNEER:** Januari en februari is het hoogseizoen, de temperatuur is dan het aangenaamst. In juli en augustus vindt de grote trek plaats. Dit is een echt natuurwonder: miljoenen dieren trekken van de Serengeti in Tanzania naar de Masai Mara op zoek naar vers gras.

**WAT KOST HET:** 23 dagen voor € 1199

**MEER INFO:** www.shoestring.nl; wandelsafari's: www.ontdekkenya.com; Kenia algemeen: www.magicalkenya.com/; wandelsafari's: www.ontdekkenya.com; Ali Barbours Cave Restaurant: www.georgebarbour.com/

# KARATE MET MONNIKEN

## Korea

In de zomer van 2002 was heel Nederland ineens in de ban van een land dat hier tot die tijd nog vrijwel onbekend was: Korea. Guus Hiddink zorgde ervoor dat niet alleen de Koreanen ineens als voetbalnatie op de kaart werden gezet, maar ook dat Nederland zich weer mee voelde tellen op voetbalgebied, al was het maar door een trainer. Voor ons was het een goede reden om dit bijzondere land eens te bezoeken en een rondreis te maken van de oost- naar de westkust.

Mijn reis begon in de hoofdstad Seoul, waar het gezicht van Guus op grote posters ons van elke straathoek toe lachte. Overal waar we kwamen werden we meer dan hartelijk begroet door overenthousiaste Koreanen die steeds maar weer wilden benadrukken hoe geweldig ons land toch wel niet was. Na drie indrukwekkende dagen in deze metropool was het tijd om de gekte en de drukte van de stad te verlaten en de rust van het platteland op te zoeken. Geen drukte, toeterende auto's en volle winkelstraten meer, maar een prachtig landschap van hoge groene heuvels, kleurige tempels en kleine dorpjes waar het leven stil lijkt te staan.

Vier dagen reisden we dwars door het land waarbij we vaak stopten om prachtige plekken te bezoeken die het land zo bijzonder maken. Het openluchtmuseum Ha Hoe bijvoorbeeld, waar je kunt zien hoe de Koreanen door de eeuwen heen hebben geleefd, de historische grafheuvels in Gyeongju waar de oude heersers en hun familie begraven liggen, en de kuststad Busan met de grootste vismarkt van het land waar je de meest vreemde vissen in grote bakken langzaam heen en weer ziet zwemmen. Busan is trouwens ook een populaire badplaats, waar veel Koreanen vakantie komen vieren. Je vindt er dan ook een lang, wit strand en veel grote luxe hotels.

Toch is er één plek in het land die veruit de meeste indruk op mij maakte: de tempel van Golgulsa, in de buurt van Gyeongju. Golgulsa, vrij vertaald de tempel met de grot, is een boeddhistisch complex, gebouwd rondom een gigantische boeddha die uit de rotsen is gehakt. Deze boeddha werd al in de zesde eeuw gebouwd en is de enige in zijn soort in Korea. In totaal heeft het complex twaalf grotten, die met een aantal uit de rotsen gehakte smalle paden met elkaar verbonden zijn.

Het bijzondere aan dit complex is dat je hier een cursus in Sonmudo kunt volgen, een bijzondere oosterse vechtkust. Tijdens een cursus Sonmudo krijg je onder meer training in yoga, chakra-ademtechnieken, lichamelijke oefeningen, oosterse vechtkunst en wapentraining.

Deze cursussen worden vooral door Koreanen zelf gevolgd, maar er zijn ook steeds meer buitenlanders die de drukte van het Westen ontvluchten en zich hier verdiepen in deze edele sport, die zoveel meer is dan alleen bewegen. Helaas heb ik maar één dag de tijd om de training in de tempel mee te maken, maar dat is wel genoeg om een goed beeld te krijgen van de cursus.

Het klooster zelf ligt boven op een hoge heuvel en om er te komen moeten we een lange binnenweg volgen die zich langzaam de bergen in kronkelt. Uiteindelijk eindigt de weg bij een kleine parkeerplaats, waarna we te voet verdergaan. Na een halfuurtje steil geklommen te hebben, arriveren we bij een langwerpig laag gebouw waar we beleefd worden begroet door twee jonge monniken met gevouwen handen die ons vervolgens meenemen naar de zijkant van het gebouw. De jongste monnik van het stel, een lange en pezige jongen, wijst me zonder me aan te kijken op een witte kimono die ik in de aangrenzende ruimte kan aantrekken.

Even later betreed ik in een veel te groot pak de hoofdingang van het gebouw om terecht te komen in een redelijk sober ingerichte tempel. Aan de muur hangen grote spiegels met hier en daar posters met grote Koreaanse tekens. Voor in de ruimte staat een prachtig altaar met een grote gouden boeddha en daarvoor een oude monnik in lotushouding met gevouwen handen die vreedzaam in het niets staart.

Even later staat de man geruisloos op en begroet me met gevouwen handen. De komende uren zijn erop gericht om mij een aantal basisbeginselen van Sonmudo bij te brengen. Na een uitgebreide serie van rek- en strekoefeningen om het lichaam soepel te krijgen, is het tijd voor het leren van een aantal poses. Aanvankelijk zijn die nogal tegennatuurlijk (je been richting nek brengen et cetera), maar na een paar uur krijg ik wel het gevoel dat er vooruitgang in zit en merk ik zelfs dat er een bijzondere rust in mijn lijf ontstaat.

Het tweede gedeelte van de training speelt zich buiten op de heuvel af. Op een klein grasveld met uitzicht over het groene dal krijg ik een demonstratie van de twee jonge monniken die laten zien wat jarenlange meditatie en training met de mens kan doen. Onvoorstelbaar mooi om te zien hoe gracieus en beheerst de twee mannen zich tegenover elkaar bewegen. Als ik vervolgens zelf de poses uitvoer, voel ik me dan ook een behoorlijk lompe westerling, maar op de een of andere manier werkt het wel heel inspirerend.

Er wordt niet alleen op de poses geoefend; de monniken krijgen ook een zeer zware fysieke training om het lichaam uit te dagen en te trainen. Om mij te laten zien hoe die eraantoe gaat nemen de twee monniken mij mee naar een gigantisch lange trap achter de tempel die omhoog voert naar een altaar boven op de nabijgelegen heuvel. Maar liefst 2200 treden leiden naar de top en met het grootste gemak hollen de twee in topsnelheid drie keer de trap op en af. Ze springen in kikkersprong op hun hurken de trap op, telkens drie treden overslaand. Ik waag nog een poging een klein stukje mee te huppen, maar al na een halve minuut moet ik buiten adem afhaken.

Aan het eind van de middag ben ik behoorlijk afgepeigerd maar wel zeer onder de indruk van alles wat ik hier gezien heb.

Wil je de volledige cursus volgen, reken dan niet op een ontspannen verblijf. Elke morgen sta je om vier uur op om te bidden en gezamenlijk de tempel schoon te boenen en te vegen. De rest van de dag is gevuld met meditatie, zware trainingen en eindeloze oefening in de verschillende poses.

Echt uitgerust zul je er niet van terugkeren, maar het is wel een ervaring die je je leven niet zult vergeten...

**WAT:** Meditatietraining in een Koreaans klooster

**WAAR:** 20 kilometer van Gyeongju, Zuid-Korea

**WANNEER:** Het hele jaar, hoewel je de zomer beter kunt vermijden omdat het dan aardig heet kan worden

**WAT KOST HET:** Een cursus Sunmudo in de tempel, inclusief verblijf in eenvoudige slaapzalen, vegetarische maaltijden en het volledige cursusprogramma, is er vanaf $ 125

**MEER INFORMATIE:** Korea algemeen: www.korea.pagina.nl; Golgulsa tempel: www.lifeinkorea.com/Travel2/kyongju/120. Probeer ook: www.golgulsa.com (vooral in het Koreaans).

# ETEN

## Korea

Als ik aan dit land denk, denk ik vooral aan één ding: eten! Ik bezocht Korea in het najaar en in tegenstelling tot wat in alle boekjes stond, was het verschrikkelijk koud. Het was minstens min tien toen ik op de centrale markt van Seoul rondwandelde en het eerste wat ik dan ook deed was een warme muts kopen. Een markt is een fantastische plek om je ontdekkingsreis door een stad te beginnen. Je komt er de lokale bevolking tegen, ziet wat ze eten en hoe ze zich kleden.

Op de markt van Seoul stond een overvloed aan voedselstalletjes met de meest vreemde hapjes en gerechtjes. Al bij het betreden van de markt stond een klein vrouwtje met een grote kar met daarop een hoge stapel ondefinieerbare bruine beestjes. Het bleek een berg torren te zijn die vlak daarvoor even door een beslagje waren gehaald en daarna snel goudbruin gefrituurd.

Niet veel verder stond een banketbakker die met een gigantische klomp deeg een ware goochelshow aan het opvoeren was. De deegbal werd honderden keren dubbelgevouwen, platgeslagen en weer uitgevouwen. Uiteindelijk toverde de man een vlijmscherp mes te voorschijn waarmee hij het deeg razendsnel in honderden kleine klompjes sneed. Hij gooide ze op papieren bordjes en bestrooide ze met dikke suikerkristallen.

De hele avond scharrelde ik over de markt, me verbazend over de vreemde hapjes en rare snacks. Zo zag ik nog een bak vol gladde alen die de potentie zouden verhogen, stapels gebakken kikkers die je met hun glazige ogen nog aan leken te staren, en bergen ginseng, peperdure wortels die de meest magische eigenschappen worden toegedicht.

Niet alleen op de markt is er een hoop te beleven, ook in de vele restaurants van Seoul kom je dingen tegen die voor de meesten van ons toch redelijk nieuw zijn.

De Koreaanse keuken lijkt wel wat op die van Japan. Zo hebben ze bijvoorbeeld *gimbap*, de Koreaanse versie van sushi die door het gebruik van speciale kruiden vaak smaakvoller is dan de Japanse versie. Naast dit gerecht heeft Korea meer specifieke gerechten: bijvoorbeeld een *bulgogi*-maaltijd, de Koreaanse versie van onze barbecue. Bij een bulgogi-maal, dat letterlijk 'vuurvlees' betekent, wordt biefstuk gemarineerd in sojasaus, sesamzaad, knoflook en chili, waarna je het zelf op een hete plaat aan tafel bakt.

Wat de Koreaanse keuken echt bijzonder maakt is *gimchi*. Dit is voor de Koreanen wat brood is voor de Nederlanders. Bij elke maaltijd, krijg je hier een bakje van. Eigenlijk is gimchi is een eenvoudig groentegerecht, gemaakt van witte kool die met diverse hete kruiden in het zuur wordt gelegd. Voor Koreanen is dit onontbeerlijk en daarom vind je in bijna elke Koreaanse keuken een speciale koelkast die alleen wordt gebruikt voor het bewaren van gimchi.

Als je gecharmeerd bent van deze vreemde specialiteit zijn er in Seoul genoeg plaatsen waar je een kookcursus kunt volgen om het maken van gimchi onder de knie te krijgen. Helemaal bijzonder is een bezoek aan een Koreaans gezin waarbij je niet alleen een theeceremonie meemaakt, maar ook leert gimchi te maken.

Kortom, eten in Seoul is echt een feest en je kunt elke avond ergens geweldig dineren. Je blijft je constant verbazen over de diverse smaken, kleuren en substanties van het voedsel. Het zal me dan ook niets verbazen als er in

Nederland na de sushibars over een paar jaar hippe Koreaanse restaurants zijn.

Toch is het niet allemaal even smakelijk wat hier geserveerd wordt. Zo is bekend dat de Koreanen nog steeds hond eten, iets wat wij in het westen verafschuwen, maar waar ook veel inwoners van Korea zwaar op tegen zijn. Helaas zal het nog lang duren voor dit dier volledig van de Koreaanse menukaart af is, want er wordt nog steeds veel geld verdiend door grote handelaren in hondenvlees.

Als toerist zul je er niet snel mee geconfronteerd worden, vooral niet in de grotere en bekendere restaurants in de steden. Mocht je het toch ergens zien, begin er niet aan! Ook niet om het 'een keer geproefd te hebben', want daarmee houd je deze praktijken in stand.

Er is meer om van te gruwen. In de stad Busan aan de zuidkust van Korea trof ik op de grootste vismarkt van het land een gerecht aan wat waarschijnlijk nooit in ons land geserveerd zal worden. Hier eet men namelijk levende inktvis, iets wat mij in ieder geval bijna deed kokhalzen. De Koreanen snijden de tentakels van de levende inktvis razendsnel in stukken en bestrooien ze vervolgens met zout, peper en hete kruiden. En terwijl de inktvis nog steeds beweegt, wordt hij met behulp van stokjes smakelijk verorberd. Ook dat is Korea.

**WAT:** Eten in Korea

**WAAR:** Korea

**WANNEER:** Het gehele jaar

**WAT KOST HET:** Voor een maaltijd in een gemiddeld restaurant in de hoofdstad Seoul betaal je ongeveer € 10. Voor een kookcursus van een halve dag betaal je ong. $ 70, inclusief ontvangst met gebak, eten, theeceremonie en cursus.

**MEER INFORMATIE:** Korea algemeen: www.korea.pagina.nl; kookcursus Seoul: bij de familie Son: www.sons-home.com/english/program.htm; actie tegen het eten van honden: www.tegendierenleed.nl of www.the-cats-meow.ca/korea.html

# LUANG PRABANG

## Laos

Zo bekend als Thailand is bij veel mensen, zo onbekend is het buurland Laos. Laos had jarenlang een socialistisch bewind waardoor invloeden van buitenaf zoveel mogelijk geweerd werden. Nu, na twintig jaar isolatie van de buitenwereld, wordt dit dun bevolkte land langzaam opengesteld voor buitenlandse toeristen.

Toch wordt het niet overspoeld met toeristen, vanwege de slechte infrastructuur. Door het totale gebrek aan buitenlandse invloeden geeft een bezoek aan Laos je dus een authentiek beeld van het oude Zuidoost-Azië. Slechts vijf miljoen mensen wonen in dit land, dat zeven keer groter is dan Nederland. Hiervan leeft het grootste deel in de steden; er wordt wel gezegd dat de bevolking de rijst kan horen groeien, zo rustig is het op het platteland!

Rivieren en bergen domineren de topografie van Laos. Thailand en Laos worden gescheiden door de Mekongrivier die over de gehele lengte van Laos loopt. Tijdens een reis door Laos kom je deze levensader regelmatig tegen.

Mijn reis door Laos begint ook op de Mekongrivier, want ik heb vanuit Thailand een tweedaagse boottocht richting Luang Prabang geboekt, waarvan men zegt dat het de mooiste stad van het land is! Vanuit het noorden van Thailand varen we eerst naar de kustplaats Xiang Xu en daar valt me direct op hoe open en vriendelijk de mensen zijn. Op straat hoor je regelmatig mensen zingen en als je als blonde vrouw voorbij loopt, schieten de kleine kinderen giechelend hun huizen in.

De reis gaat verder en met de smalle houten boot vaar je in een

rustig tempo stroomafwaarts, dieper Loas in. De omgeving is prachtig: hoge dichtbegroeide heuvels, groene rijstvelden en waterbuffels die langs de oever van de rivier een verfrissend bad nemen.

Het leuke aan deze tocht is dat je, als je dat wilt, ook veel nieuwe reizigers kunt ontmoeten, want de helft van de passagiers is toerist en iedereen wisselt ervaringen met elkaar uit.

Na een overnachting in een piepklein dorpje (waar je al voor een paar euro een kamer kunt huren), vaart het bootje de volgende dag weer verder richting de eindbestemming. Vlak voor deze stad passeer je eerst nog een adembenemend landschap van steile kliffen en snelstromend water en dan ben je eindelijk op de plek waar je zijn moet: Luang Prabang, cultureel hart van het land dat zo bijzonder is dat het zelfs op het werelderfgoederenlijst van UNESCO staat.

Luang Prabang ligt op een heuvel die wordt omarmd door de Mekong en zijn zijrivier Nam Khan. De heuvel, Phu Si, staat vol tempels en kloosters en van een slaperig, bijna vergeten tempelstadje heeft de vroegere koninklijke hoofdstad zich ontwikkeld tot dé toeristische trekpleister van Laos. De stad is een verzameling van prachtige oude tempels en oude Franse koloniale gebouwen die nog zijn overgebleven uit de jaren dat de Fransen hier de dienst uit maakten.

Wie Luang Prabang bezoekt, is op slag gelukkig, want er hangt een bijzondere en ontspannen sfeer. Echt een stad waar je tijdens je rondreis door dit deel van de wereld even helemaal op adem kunt komen. 'Stad' is overigens wel een erg groot woord voor Luang Prabang, want met zijn smalle straatjes en dorpse omvang is alles te belopen. In de belangrijkste straat van het dorp vind je heel veel goede restaurantjes en terrasjes en zelfs een Deense broodjeswinkel waar je een heerlijk ontbijt kunt nuttigen. Verder zijn er veel winkels waar je voor weinig geld prachtige spullen kunt kopen, zoals zilveren sierraden en kostbare zijde (allemaal drie tot vier keer goedkoper dan in Nederland)

Slapen kun je in een van de vele kleine guesthouses, waar je al voor een paar euro een bed hebt. Wil je het grootser aanpakken, dan kun je logeren in de voormalige villa van kroonprins Khampha, een Frans koloniaal gebouw in de het centrum van de stad. Het hotel wordt nu gerund door zijn dochter en je vindt er elf eenvoudige kamers, een prachtige tuin en een openlucht restaurant waar je traditionele Laotiaanse gerechten kunt eten.

Achter Setthathilat Road, bij de Mekong, ligt de oude wijk Ban Wat That. Deze wijk van zilversmeden heeft de Wat That, een

boeddhistisch klooster, als centrum. Wat je niet mag missen is het belangrijke ritueel dat vroeg in de morgen plaatsvindt. Zet je wekker om een uur of vijf en wandel naar de tempel om te zien hoe de monniken in lange rijen naar buiten komen met potten en pannetjes in hun handen. Ondertussen hebben zich al een aantal inwoners van de stad voor de deur verzameld die grote pannen rijst en groenten bij zich hebben. Eén voor één lopen de monniken langs en krijgen ze wat eten opgeschept. Ze lopen de hele stad door en krijgen wat toegestopt, zo eren de inwoners de monniken en stemmen ze de goden gunstig.

Een ander bijzonder moment om een tempel te bezoeken is tijdens een 'wat'-feest, een feest wat gevierd wordt afhankelijk van de stand van de maan. Vanuit de hele buurt verzamelen de mensen zich bij de tempel om Lao-bier te drinken, te zingen en te dansen op een manier die eerder aan line dancing doet denken dan aan een Aziatische dans. Iedereen staat in lange rijen naast elkaar en als de muziek begint lopen ze op de maat mee waarbij ze sierlijke bewegingen met de handen maken. Het tempo ligt aardig hoog en als plots de muziek stopt haalt iedereen wild uit met de ellebogen. Het hoogtepunt van het feest is om vijf uur 's morgens als een enorm kampvuur wordt ontstoken en iedereen eromheen danst.

Elke tempel heeft zijn eigen feest om boeddha te eren, afhankelijk van de stand van de maan en omdat er zo veel tempels in de stad zijn, is er altijd wel ergens een feest.

**WAT:** Tempelfeest

**WAAR:** Luang Prabang, Laos

**WANNEER:** De beste tijd om Luang Prabang te bezoeken is van november tot april. Daarna begint het regenseizoen en door de hoge luchtvochtigheid en warme temperaturen kun je het als westerse toerist redelijk zwaar hebben.

**WAT KOST HET:** Veel mensen reizen op eigen gelegenheid door Laos en een reis naar dit land is bijzonder betaalbaar door de lage prijzen voor accommodatie, vervoer en eten. Je kunt ook een groepsrondreis boeken, prijzen vanaf € 1249 voor een 24-daagse rondreis door Thailand en Laos.

**MEER INFORMATIE:** Laos algemeen: er is geen officiële site voor Laos, maar op de volgende site vind je wel veel informatie: www.visitlaos.com/links/; groepsreizen: www.shoestring.nl (werken samen met een lokale touroperator Khiri Travel die erg goed zijn, heb ik zelf ervaren); Hotel Villa Santi: Sakkarine Road, PO Box 681, Luang Prabang. www.villasantihotel.com

# VLOTVAREN

## Laos

Met een lange bustocht over hobbelwegen vol kuilen kom ik vanuit Luang Prabang aan in Nong Khiaw. Vanaf hier willen we nog verder naar het noorden, naar een natuurpark op de grens met China. We hadden gehoord dat het er erg mooi is, maar ook dat het vrij lastig is om er te komen. Omdat de bus die dag niet verder gaat, zoeken we een slaapplaats in het dorp. Voor anderhalve euro hebben we een houten bungalowtje met uitzicht op de rivier en de bergtoppen daarachter, een fantastische plek waarvan je er hier heel veel vindt.

Het dorp bestaat uit een lange zandweg waar veel kippen, varkens en kindertjes rennen. Vanuit de huisjes klinkt gezang en als we nieuwsgierig om de hoek kijken, zitten we al snel aan tafel bij een kleine dame die ons binnen no time een bak *noodlesoup* serveert. Even later komt een fles whisky op tafel en de rest van de avond blijven we hier drinken en luisteren naar het gezellige gebrabbel van onze gastvrouw, waar we niets van verstaan.

De volgende ochtend worden we wakker als de dauw nog over de bergen hangt. In het gastenboek van het hotel lezen we het verhaal van twee Canadezen die beschrijven hoe ze een bootje hebben gepakt naar het volgende dorp, dat nog kleiner is dan Nong Khiaw, waar ze samen met een boer een bamboevlot in elkaar hebben gezet. In tien uur tijd zijn ze vervolgens over een prachtige rivier terug naar dit dorp gevaren, een tocht waar ze laaiend enthousiast over zijn.

Mijn reisgenoot en ik kijken elkaar aan en denken hetzelfde: we hebben nog helemaal geen zin in weer een lange busreis en liever gaan we hetzelfde avontuur ondernemen als onze Canadese 'voorgangers'.

Onze grote rugzakken laten we achter bij het hotel en met een klein bootje worden we in anderhalf uur naar Muang Ngoi Neua gebracht. De rivier is soms breed en dan weer smal, met hier en daar een stroomversnelling waardoor de bestuurder even flink gas moet geven. Het water krult zich om de groene bergen en zit vol zeewier. Na de laatste grote bocht zien we tientallen houten hutjes langs de kant van het water staan: dat moet het dorp zijn.

Muang Ngoi Neua is een prachtig dorp dat je zeker niet mag overslaan tijdens je reis door het noorden van Laos. Er rijden geen auto's of scooters, in plaats daarvan domineren trotse kalkoenen het straatbeeld. Er zijn nog geen internetcafés, maar wel twee kroegjes die allebei om tien uur 's avonds dichtgaan.

Alle bungalowtjes die je kunt huren liggen aan het water en bieden uitzicht op de bergen. Ze zijn simpel, maar je betaalt er dan ook maar één euro per nacht voor. Waar vind je zoiets? Die middag informeren we bij een boer of hij ons kan helpen met het bouwen van een vlot. Niet veel later worden tien grote stukken gele bamboe uit het veld achter het dorp gehaald en in een handomdraai aan elkaar vastgemaakt. Aan de voor- en achterkant wordt een zitje gemaakt en in het midden een tafeltje voor onze bagage. Van bamboe fabriceert de boer nog twee peddels en zo ligt ons schip de volgende ochtend op ons te wachten: klaar voor vertrek voor de volgende dag.

We dwalen nog even rond in de oogverblindende omgeving. We wandelen door rijstvelden, passeren kuddes koeien en komen uit bij een riviertje dat haar oorsprong

heeft in een grot waar een groot boeddhabeeld in staat. In het water in de grot weerkaatsen lichtstralen tegen de wanden en bubbelen belletjes zachtjes omhoog. Niet veel later hebben we onze kleren uitgetrokken en zwemmen we rond in de bron. In één woord: magisch! Voor mij was dit echt het mooiste moment van de reis.

Terug in het dorp eten we bij de eigenaar van ons huisje en weer zitten we de hele avond op de veranda aan de verraderlijke whisky, waar je ongemerkt te veel van drinkt.

Op deze plek kun je het wel een tijdje uithouden: een paar dagen in Muang Ngoi Neua en je bent ontspannen, uitgeslapen en je hebt het gevoel dat het leven eigenlijk heel erg simpel is... Totdat je alsnog op een vlot stapt en erachterkomt dat die rivier helemaal niet zo lieflijk is als hij op de heenweg lijkt!

De volgende ochtend worden we breed lachend uitgezwaaid door de boer en langzaam voert de stroom ons mee. We genieten van de rust en van de bloedstollend mooie omgeving. We rusten uit op een zandbank, luisteren naar het gekwetter van vogels en eten een geïmproviseerd broodje kaas.

Na drie uur komt de eerste stroomversnelling en worden we in één klap kletsnat door de hoog opspattende golven. Al snel wordt het vlot loodzwaar van het water en hebben we steeds meer moeite om vooruit te komen. Ondanks de tegenslag blijft het vlot drijven en gaan we gestaag vooruit, maar niet voor lang. Voor ons zien we een grote steen opdoemen die we niet meer kunnen ontwijken en niet veel later vouwt het vlot zich om de steen heen. We weten nog net onze spullen bij elkaar te grijpen en hijsen onszelf op een zandplateau aan de kant van de rivier. Wat nu? Afwachten maar, dat is het enige wat we kunnen doen.

Na twee uur komt er een man in een gemotoriseerd bootje voorbij. Of we misschien mee willen varen. Met tegenzin moeten we toegeven dat we Nong Khiaw niet op eigen houtje gaan halen. We moeten gered worden.

Wil je zelf zo'n vlotavontuur beleven, bereid je dan iets beter voor dan dat wij dat deden. Trek een paar dagen uit voor het bouwen van het vlot en zorg ervoor dat een *local* met je meegaat, dan kan je niets gebeuren. En neem de tijd voor Nong Khiaw, want het is een van de meest idyllische dorpjes van dit gebied.

**WAT:** Vlotvaren

**WAAR:** Van Nong Khiaw naar Muang Ngoi Neua

**WANNEER:** November tot maart

**HOEVEEL KOST HET:** Voor de bamboe betaal je de boer € 6, alle houten hutjes in Muang Ngoi Neua zijn voor dezelfde prijs, € 1 per nacht, te huur.

**MEER INFO:** Vanuit Luang Prabang boek je een bus naar Nong Khiaw, vanaf daar vertrekken twee keer per dag boten naar Muang Ngoi Neua. Algemene informatie over Laos vind je op: laos.pagina.nl

# SONEVA GILI RESORT & SPA

## Malediven

Als kind ging ik altijd op vakantie met de tent. Mijn vader stippelde elke zomer een route door Nederland uit die we vervolgens per boot gingen varen. Elke avond belde hij met een van ons aan de hand aan bij een boer en vroeg met zijn meest onschuldige gezicht of we misschien op een klein veldje mochten staan. Knappe vent die dat kon weigeren.

Vaders had ook de neiging om op andere momenten de tent uit de kast te trekken en er met ons op uit te gaan. Zo hadden we altijd wel een 'lentekamp' of een 'herfstkamp' en natuurlijk elk jaar een 'sneeuwkamp': de tent

opzetten in Vollenhoven en dan 's avonds de primus op zijn hoogste stand in de voortent zetten om de boel warm te houden.

Gelukkig heb ik veel goede herinneringen overgehouden aan al die kampeeravonturen en pak ik nog steeds graag een tentje, tot grote vreugde van mijn vader.

Toch merk ik dat ik het op z'n tijd ook juist fantastisch vind om helemaal in de watten te worden gelegd in een tophotel. Het gebeurt me niet heel vaak, maar af en toe komen we met RTL *Travel* in hotels waar ik normaal alleen maar van kan dromen.

Een van de mooiste hotels in die categorie is het Soneva Gili Resort & Spa. Dit is nou zo'n hotel dat echt alles heeft. Het resort is gebouwd op Lankafushi Island, een van de 1192 atollen die samen de Malediven vormen. Lankafushi is, net zoals alle andere eilanden hier, niet veel meer dan een grote zandplaat, begroeid met kokospalmen en omgeven door azuurblauw water.

Bij aankomst word je begroet door de Nederlandse manager Bjorn die je van harte welkom heet en je naar de receptie brengt. Daar merk je meteen de klasse van het hotel, want je hoeft niet te wachten op de sleutel. Direct nadat je je hebt geregistreerd, word je naar je suite gebracht waar je koffers al op je staan te wachten en een fles champagne koud staat in de koeler, naast een prachtige fruitmand.

De suites zijn een verhaal apart: voor de kust van het eiland vind je 40 langwerpige villa's die in het atol op palen gebouwd zijn en door middel van lange steigers met elkaar verbonden worden. Tijdens het bouwen van de villa's is overal aan gedacht: een open woongedeelte dat aan de rechter-

zijde wordt begrensd door twee gigantische slaapkamers met dikke dekbedden en kussens. En mochten die laatste je niet bevallen, dan kun je via roomservice maar liefst acht andere soorten kussens bestellen.

Direct achter het woongedeelte loop je zo de privé-steiger op, waar je een aantal zonnebedden vindt en een zwembadtrap naar zee. Ook de badkamer is om van te dromen met onder meer een open air douche, een gigantische jacuzzi met uitzicht op zee en een groot rond raam in de vloer zodat je de vissen onder je door kunt zien zwemmen. Om het af te maken vind je op het dak ten slotte een zonneterras met bar, inclusief loungebanken om tot diep in de nacht naar de sterren te kunnen kijken.

Ook in alle andere service is het hotel onovertroffen. Zo kun je 's avonds genieten van een barbecue aan het strand met wijnen uit Frankrijk, vlees uit Australië, kaas uit Nederland en lokale exotische vis.

Soneva Fushi is een droom, en dat zal het voorlopig wel voor mij blijven, want voor een weekend in dit resort betaal je maar liefst 1500 dollar! Maar is het niet fijn om te kunnen dromen over dit soort oorden? En mocht je ooit eens alle cijfers goed hebben op een staatslot, dan weet je waar je je geld moet laten...

**WAT:** Droomhotel Soneva Gili

**WAAR:** Lankafushi Island, de Malediven

**WANNEER:** Tussen december en april heb je de meeste zonne-uren maar het is dan wel hoogseizoen en dus is het (nog) duurder.

**WAT KOST HET:** Suites vanaf $ 1055 (sorry). Heb je deze maand weer niet de hoofdprijs gewonnen, maar wil je toch een keer naar de Malediven dan zijn er gelukkig genoeg andere resorts waar je een stuk goedkoper kunt overnachten, zoals bijvoorbeeld Sun Island. Check ook aanbiedingen op internet en in gespecialiseerde duikbladen, daar vind je vaak goedkope *package deals*: vlucht en hotel voor een lagere prijs.

**MEER INFORMATIE:** Algemene informatie Malediven: www.visitmaldives.com; Soneva Gili Resort & Spa: Lankafushi Island, North Male' Atoll, Republic of Maldives, tel. (960)6640 304, fax (960) 6640 305 of www.sixsenses.com/soneva-gili/; Sun Island: www.villahotels.com.

# LANGKAWI

## Maleisië

Veruit het meest populaire vakantieland in Azië is Thailand. Niet verwonderlijk als je bedenkt dat het land heel betaalbaar is, de bevolking heel vriendelijk en de natuur prachtig. Maar hoe zit het eigenlijk met het buurland Maleisië? Dat is nog lang niet zo bekend en we weten er eigenlijk ook nog niet zoveel van! Daarom eerst maar even wat feiten:

Er is bijna geen land op aarde dat zo verdeeld is als Maleisië, geografisch gezien dan. Het land bestaat uit het schiereiland West-Maleisië dat tussen Thailand en Singapore ligt en Oost-Maleisië, op Borneo. Op dit eiland vind je de twee Maleisische staten Sarawak en Sabah, die op hun beurt weer gescheiden worden door het oliestaatje Brunei (zie: 'Brunei') en begrensd worden door het Indonesische Kalimantan. West- en Oost-Maleisië liggen ook nog eens heel ver uit elkaar, want de twee delen van het land worden gescheiden door 640 kilometer Zuid-Chinese Zee.

Het schiereiland is relatief gezien het kleinst (40 procent van de totale oppervlakte van heel Maleisië) maar hier wonen wel veruit de meeste mensen: 86 procent van de bevolking. Het land is bijna negen keer zo groot als Nederland, maar toch wonen er maar 22 miljoen inwoners, wat betekent dat het land relatief dunbevolkt is.

De bevolking van het land is een mix van verschillende nationaliteiten: ongeveer 50 procent bestaat uit de oorspronkelijke bevolkingsgroep, de Maleiërs, die ook de politieke macht hebben. Zo'n 30 procent bestaat uit Chinezen. Zij spelen economisch gezien een belangrijke rol in de verschillende industrieën. De rest is een verzameling van verschillende nationaliteiten, waaronder veel Indiërs.

Veruit de belangrijkste religie is de islam, en het geloof speelt dan ook een belangrijke rol in het dagelijks leven. Het zorgt ervoor dat het land een heel ander karakter heeft dan het buurland Thailand. In Maleisië zie je lang niet zo veel tempels en beelden waardoor de steden alleen al een heel ander uiterlijk hebben.

Tot zo ver de feiten, nu maar even meteen naar de praktijk. Maleisië is namelijk een onvoorstelbaar leuk vakantieland waar je een prachtige tijd kunt hebben. Je kunt er net als in Thailand zonvakanties houden op een van de vele stranden, jungletrekkings maken door de diepe oerwouden of ronddwalen in de miljoenenstad Kuala Lumpur. Maar je kunt ook een bezoek brengen aan een van de vele kleine eilandjes die voor de kust liggen. De keus is dus enorm, maar één ding is zeker: in Maleisië hoef je je niet te vervelen. En voor al diegenen die het land wel eens zouden willen ontdekken, maar ook wel lekker willen ontspannen en genieten van de zon en het strand, heb ik een suggestie voor een relaxte vakantie.

Vlieg naar Kuala Lumpur en blijf een paar dagen in deze metropool. Je kunt er even op adem komen en wennen aan de drukte en de hectiek die een Aziatisch land met zich meebrengt.

Ga lekker eten in een van de duizenden kleine restaurantjes en vergaap je aan de Petronas (nu nog het hoogste gebouw ter wereld, binnenkort nemen ze in Taiwan die titel over). Neem weinig kleding vanuit Nederland mee, want hier is de keuze nog veel uitgebreider en de prijzen een stuk lager.

Vervolgens stap je weer op het vliegtuig voor de korte vlucht

naar het eiland Langkawi, voor de westkust van Maleisië (het handigste is met Air Malaysia). Hier kan het grote genieten beginnen, want op Langkawi vind je alles wat een tropische vakantie geslaagd maakt.

Langkawi ligt zo'n 30 kilometer voor de kust en bestaat uit zo'n honderd kleine eilandjes waarvan Palau Langkawi het grootste is. Hier vind je de mooie witte stranden, met op sommige plaatsen jungle tot op het strand, rijstvelden en kleine dorpjes waar het leven aangenaam langzaam gaat.

Het mooiste strand vind je bij het Tanjung Rhu Resort, waar je ook meteen het meest luxueuze hotel van het eiland vind. Ideaal als je bijvoorbeeld op huwelijksreis wilt gaan want hier voel je je een prins(es) met tweeënhalve man personeel per kamer, luxe suites, uitgestrekte designzwembaden en privé-barbecues op het strand onder de eindeloze sterrenhemel.

Maar ook als je minder te besteden hebt, zijn er genoeg prima plekken om te overnachten, vooral in Pentai Cenang, een twee kilometer lange strip van prachtig strand waar je leuke, betaalbare hutjes op het strand vindt.

Overdag zijn er heel wat plaatsen de moeite van een bezoek waard. Wat dacht je bijvoorbeeld van een boekendorp in het regenwoud, Kampung Buku Malaysia? In het geografische hart van het eiland, in een prachtig park van regenwoud ligt dit *international book village*. Het bestaat uit zes authentieke kamponghuisjes, waar de meest uiteenlopende boeken te vinden zijn. Een must voor boekenliefhebbers, want je vindt er ook veel zeldzame en antieke exemplaren.

Maar ook de moeite waard is een kookcursus in een traditioneel Maleisisch *longhouse*. Dat kan op verschillende plaatsen maar erg leuk is zeker de cursus van de local Shukri Shafie. Hij heeft samen met zijn Maleisische vriend twee prachtige traditionele huizen die midden in de jungle staan volledig gerestaureerd. In zijn keuken laat hij je kennismaken met verschillende Maleisische gerechten (die door het gebruik van specifieke kruiden wezenlijk anders smaken dan de Thaise keuken).

Wat je ook niet over mag slaan, is een boottocht door de mangrovewouden. In een kleine boot vaar je door een prachtig gebied van groene mangrovestruiken, helder water, hoge steile kliffen met hier en daar een drijvend huis van een viskweker. Je vaart onder meer door een gigantische grot waar het aardedonker is en je pas bij het ontsteken van een zaklamp ziet dat het plafond bezaaid is met tienduizenden vleermuizen.

Bijzonder is ook het moment dat de schipper een halve kip uit een koelbox tovert die hij vervolgens in de schroef van de buitenboord motor kiepert. Uit het niets duiken vervolgens hordes adelaars op, die zich als een bezetene op het vlees storten. Heel indrukwekkend om deze prachtige vogels van zo dichtbij te kunnen bekijken!

En 's avonds moet je echt een keer eten in restaurant Barn Thai Langkawi. Je eet hier dan wel weer Thais, maar wel zo lekker als je het nog nooit hebt gehad. Het restaurant ligt midden in het mangrovewoud en om de omgeving zoveel mogelijk intact te laten is het om de bestaande bomen heen gebouwd. Omdat het zo ver van alles af ligt, komen de mensen van het restaurant je vanuit elk hotel op het eiland ophalen. Je wordt bij de ingang afgezet en daarna moet je over een 450 meter lange loopbrug naar het restaurant zelf wandelen, de enige manier om er te komen.

Eten doe je in de patio, met uitzicht op de rivier, soms zelfs met live jazzmuziek. Hier weten ze wat genieten is, net zoals op zo veel plekken op dit eiland.

Verwacht trouwens geen bruisend nachtleven, want dat zul je hier op Langkawi niet vinden. heb je daarentegen behoefte aan rust en ruimte, aan cultuur en lekker eten, dan zul je je op dit eiland prima vermaken.

**WAT:** Langkawi

**WAAR:** Maleisië

**WANNEER:** De beste tijd om Langkawi te bezoeken is van november tot februari, de droge tijd. De temperatuur ligt dan tussen de 27 en de 32 graden. Het is dan alleen wel de drukste en duurste tijd.

**WAT KOST HET:** Maleisië is een redelijk goedkoop vakantieland, al zijn luxe zaken zoals designhotels nog steeds wel prijzig.

**MEER INFORMATIE:** Maleisië algemeen: Tanjung Rhu Resort: 00694-959-1033, www.tanjungrhu.com.my; Kampung Buku Malaysia: elke dag geopend van 9.00 uur tot 18.00 uur, 00964-955-5568; Pantai Centang: een goeie bar is de Hide Out, een leuk restaurant Palo Palo. Slapen kun je in het Semarak Beach Resort, 0064-955.1377; kookcursus: Shukri Shafie (via het Lighthouse Restaurant), 0060-4.955.2586; mangrovetocht: via de verschillende hotels of op www.malaysia-hotels.com/tg/tg-langkawi.asp; Restaurant Barn Thai Langkawi: Kampung Belanga, 0060-4.966.6699.

# SIERRA DE TRAMUNTANA

## Mallorca

Maar weinig mensen denken aan Mallorca als ze op zoek zijn naar totale rust en ontspanning. En dat is best begrijpelijk: Mallorca heeft immers al decennialang het imago een door toeristen overspoeld zon- en feesteiland te zijn. Toch is deze reputatie slechts gebaseerd op een klein gedeelte van het eiland: de kuststrook die zich uitstrekt aan de zuidkant waar je de bekende toeristenoorden Santa Ponsa, Magaluf en El Arenal vindt. Laat je de torenhoge appartementen en de overvolle stranden van dit kleine gebied voor wat ze zijn, dan blijft er nog heel veel van het prachtige eiland over om te ontdekken!

De Spaanse Balearen bestaan uit de vier grote eilanden Mallorca, Menorca, Ibiza en Formentera en elf kleine eilandjes. Mallorca is het grootste eiland van de groep en hier ligt ook de hoofdstad van de Balearen: Palma de Mallorca. Het eiland is zo'n 100 kilometer lang en 70 kilometer breed. Dat Mallorca al tientallen jaren buitenlandse gasten aantrekt blijkt wel uit het feit dat van de ruim 600.000 inwoners een kwart niet op de Balearen geboren is. Een groot deel daarvan bestaat uit Britten en Duitsers die hier permanent wonen of een klein hotelletje in de bergen runnen.

Het beste kun je bij aankomst in Palma de Mallorca een auto huren en zelf het eiland gaan verkennen. De westkant is het meest indrukwekkende deel van Mallorca. Hier vind je de bergketen Sierra de Tramuntana, een grillig en imposant gebergte dat ruim 88 kilometer lang is met prachtige uitlopers in de Middellandse Zee. Hier bevindt zich ook het hoogste punt van het eiland: de Puig Mayor op 1445 meter. Wil je dit deel van het eiland écht goed verkennen, dan zijn er veel mogelijkheden voor wandelvakanties. Verspreid in de Sierra de Tramuntana liggen kleine bergdorpjes waar je midden in het échte Spaanse leven staat. Een van die dorpjes is Lluc, dat vooral bekendstaat om haar klooster Monastir de Lluc. Een weg met talloze haarspeldbochten leidt je naar het kolossale complex uit 1250 dat bestaat uit een kerk, een klooster, een koorschool en een museum. Het meest bijzondere aan deze plek is wel dat je er tegen een kleine vergoeding kunt overnachten. Een groter contrast met de drukke hotels aan de toeristenstrip is nauwelijks denkbaar. De voormalige monnikenkamers zijn eenvoudig maar charmant ingericht, en heb-

ben allemaal een eigen badkamer. Hier slaap je in het groenste deel van Mallorca en word je 's ochtends gewekt door de rinkelende schapenbellen. Tussen tien uur 's ochtends en vijf uur 's middags herken je deze idyllische plek bijna niet terug, want dan komen hordes toeristen op deze belangrijke bezienswaardigheid van Mallorca af. Maar aan het einde van de dag keert de rust weer terug en blijven slechts enkele paters en logés over. Ook vind je bij dit klooster de enige plek op het eiland waar je kunt kamperen. Heb je je tent bij je, dan laten de paters je met alle plezier overnachten in de kloostertuin. Blijf je in het klooster zelf overnachten, zorg er dan voor dat je voor elf uur 's avonds binnen bent, want daarna sluiten de poorten en kom je er niet meer in.

Vanuit Lluc loopt een prachtige weg naar het – ook in de Sierra de Tramuntana gelegen – dorpje Sollér. Dit sfeervolle plaatsje ligt in de vruchtbare Sinaasappelvallei, de Valle de los Naranjos. Vervolg je de weg van Sollér in de richting van Deia, dan ben je verzekerd van prachtige uitzichten en een landelijke sfeer. In de gebieden net iets buiten de dorpjes, vind je veel finca's. Dit zijn voormalige boerderijen of landhuizen die zijn omgetoverd tot sfeervolle hotelletjes. Vijf kilometer buiten Sollér vind je zo'n finca: Ca's Xorc. Deze voormalige olijfolieboerderij ligt verstopt in de heuvels en de eigenaars hebben er een klein vredig paradijsje met tien kamers van gemaakt. Zowel vanuit het zwembad als vanaf je balkon en het terras heb je een adembenemend uitzicht over de bergen en de Middellandse Zee.

Ga je buiten het hoogseizoen naar Mallorca, dan is het goed mogelijk om van tevoren geen hotel te boeken, maar zelf op ontdekking te gaan. Op het hele eiland vind je dit soort leuke finca's. Neem gewoon een willekeurige afslag op een mooie weg en je komt gegarandeerd een nieuw paradijsje tegen!

**WAT:** Sierra de Tramuntana
**WAAR:** Mallorca, Balearen
**WANNEER:** In het voor- en najaar is het op Mallorca al aangenaam weer en niet zo druk. In de zomer moet je het eiland met meer mensen delen, maar heb je gegarandeerd lekker weer.
**WAT KOST HET:** Een overnachting in het klooster in Lluc kost € 30 voor een tweepersoonskamer, in Ca's Xorc heb je zo'n kamer vanaf € 155.
**MEER INFORMATIE:** Algemene informatie over Mallorca: www.mallorcaweb.com; klooster in Luc: www.lluc.net, of bel met +34-971-871525; Finca www.casxorc.com, of bel met +34-971-638280.

# RONDREIS

## Marokko

Een van de meest bijzondere landen die ik bezocht heb is Marokko. Je vliegt er in vier uur naartoe vanuit Nederland en direct bij aankomst stap je een heel andere wereld in. Alsof je teruggaat in de tijd. Ter illustratie: Nieuw-Zeeland ligt op dertig uur reizen van Nederland maar daar ken je de mensen en de natuur. Of je herkent het.

Maar in Marokko is alles anders. De kleur van het land alleen al. Geel, bruin en roze. Dat geldt voor de aarde maar, afhankelijk van het uur van de dag, ook voor de lucht.

Een goed begin voor een mooie rondreis is de woestijnstad Ouarzazate. Hier vind je op een steenworp afstand van de luchthaven filmstudio's waar grote Hollywood-producties zoals *Gladiator, Hideous Kinky* en *The Jewel of the Nile* werden opgenomen. Hotel Oscar ligt aan de studio's en overal op het terrein staan rekwisieten als reusachtige Egyptische farao's en tempels van papier-maché. De Atlas-studio's kun je bezoeken en als je met originele foto's terug wilt komen ga daar dan langs.

In Ouarzazate huur je een auto om in een paar dagen de weg van de duizend kashba's te rijden. Een kashba is een versterkte stenen burcht die werd gebouwd als bescherming tegen roofovervallen. Vroeger woonden er hele dorpen in de kashba's, nu zijn het zandkleurige ruïnes die het landschap tot een sprookjestoneel maken.

Na twee uur rijden passeer je een prachtige kashba die omgebouwd is tot hotel. Hier zou je eigenlijk moeten overnachten. Er zijn zo'n acht kamers met badkamer in Kashba Ben Morro. Als ik er tegen het vallen van de avond aankom is er enkel nog een kamer te krijgen zónder badkamer. De hoteleigenaar, die acht jaar over de restauratie van de kashba heeft gedaan, leidt me met kaarslicht dwars door het donkere kasteel. Na het beklimmen van vier wenteltrappen komen we op de top waar het torenkamertje voor mij blijkt te zijn. Een hard bed met prikkelende sprei siert mijn onderkomen van die nacht. Als ik 's nachts met mijn gaslampje naar het toilet kruip kijk ik omhoog en zie ik duizenden sterren. Zoveel heb ik er nog nooit gezien, zelfs niet op open zee.

Na een ontbijt van yoghurt en dadels gaat de rit verder richting de Gorges du Dadès. Onderweg kom je de Ait Arbi en Ait Youli, twee mooie kashba's tegen. Vanaf hier loopt het asfalt over in zand. Het landschap wordt droger en overal lopen kamelen. Hoe dichter je bij Merzouga komt, de

laatste stop voordat de Sahara begint, hoe grimmiger de dorpjes worden. Hier moet het leven niet makkelijk zijn. Het is heet, het losse zand waait om je oren en je moet goed uitkijken met wat je eet want voordat je het weet begint je maag onophoudelijk te borrelen en moet je op zoek naar het dichtstbijzijnde toilet.

Na Merzouga laat je de bewoonde wereld definitief achter je. Als je de telefoonpalen volgt totdat je niets anders ziet dan zand, kom je uit bij Hotel Chez Michel. De excentrieke Franse eigenaar voert een continue strijd met de woestijn. Het is hem gelukt om een verkoelend zwembad en eigengemaakte ijsjes te kunnen presenteren aan zijn gasten. Maar voor een authentieke woestijnervaring kun je ook in bedoeïenententen logeren. Je gastheren serveren Berber whisky (muntthee) en maken je heel vroeg in de ochtend wakker voor een ritje per kameel. Over hoge gele zandduinen rijd je de zonsopgang tegemoet. Die komt als een rode bal boven de Sahara uitgetorend om haar de rest van de dag te laten zinderen van de hitte.

Vanaf hier is het zesentwintig dagen rijden per kameel naar de volgende stad, Timboektoe.

**WAT:** Reis door de woestijn

**WAAR:** Ouarzazate tot Merzouga, Marokko

**WANNEER:** Voor- of najaar

**WAT KOST HET:** Een rondreis door Marokko is betaalbaar want accommodatie, vervoer en eten zijn goedkoop. Het best kun je per auto reizen, die huur je in Ouarzazate vanaf € 350 p.w.; Hotel Oscar: vanaf € 20 per nacht; Kasbah Ben Morro: vanaf € 36 p.n.; Hotel Chez Michel: vanaf € 140 p.n.

**MEER INFO:** Marokko algemeen: www.tourism-in-morocco.com/; Hotel Oscar, Studio Atlas Complex, Ouarzazate. Tel: +212 44 88 21 66; Kashba Ben Morro, Ouarzazate. Tel: +212 44 85 21 16; Hotel Chez Michel, Merzouga. Tel: +212 55 57 71 40.

# MARRAKECH

## Marokko

Marrakech is de vroegere hoofdstad van Marokko en werd gesticht in 1062. Je vindt er veel indrukwekkende moskeeën, paleizen en prachtige Marokkaans-islamitische bouwwerken. Het decor is ook mooi, het Atlasgebergte ligt aan de horizon.

De stad heeft een ommuurde eeuwenoude medina (stad) met honderden steegjes en straatjes en een van de grootste en mooiste *souks* ter wereld. Deze markt is echt een belevenis: zo veel geuren, mensen, ezels, brommers, auto's en een ongelofelijke drukte. Elke souk heeft zijn eigen specialiteit: tapijten, slippers, leer, kruiden, specerijen en goud. De meeste mensen komen speciaal voor de souks naar Marrakech, ze verschijnen met lege koffers en gaan bepakt en bezakt weer naar huis.

Sinds een paar jaar is er een wet aangenomen die het lastig vallen van toeristen zwaar bestraft, zodat je op je gemak door Marrakech kunt struinen. Mocht je daarbij verdwalen, dan doe je er het beste aan de *flow* te volgen zodat je vanzelf weer op een brede verkeersader terechtkomt.

Als de avond valt (dat is in Marokko heel vroeg en in een mum van tijd gebeurd) is Marrakech pas echt een sprookje. Het lijkt alsof het toch al drukke straatbeeld nog intenser wordt. Dat geldt in het bijzonder voor het Jemaa el-Fnaplein, waar slangenbezweerders, wonderdokters, waarzegsters en circusartiesten zich verzamelen. Het plein verandert 's avonds in een grote barbecue waar je heerlijk kunt eten, ook als je niet van vlees houdt. Rond het

plein vind je allemaal restaurantjes waar je kunt genieten van mooie uitzichten op het plein en de stad.

Doordat Marrakech de laatste jaren veel populairder is geworden bij toeristen en ook de rijken der aarde (Yves Saint Laurent en Richard Branson, om maar eens wat namen te noemen) de stad ontdekten, zijn er veel mooie hotels bij gekomen. Legendarisch is La Mamounia, waar gasten verwend worden als de hoofdpersonen uit het sprookje van duizend-en-eennacht. Mijn collega Chris Zeegers logeerde hier ooit, en die kwam in de sauna niemand minder dan Mariah Carey tegen, met zonnebril op in het stoombad!

Even buiten de stad vind je de buitengewoon chique en stijlvolle hotels van Meryanne Loum-Martin, die mensen als Donna Karan en Nicole Kidman tot haar vaste gasten rekent.

Heb je niet zo veel geld te besteden ($ 300 per nacht is best een aanslag op je budget) maar wil je je verblijf in Marrakech toch onvergetelijk maken, dan raad ik je aan in een *riad* te logeren. Van deze tot hotels omgebouwde oude huizen komen er, nu toeristen de stad ontdekken, steeds meer bij en een verblijf in zo'n gerestaureerd Arabisch huis kan het hoogtepunt zijn van je vakantie.

Door kleine steegjes die samen een labyrint vormen, word je naar de riad geleid. De straten worden nauwer en je hebt geen idee waar je bent. Bij een kleine deur wordt gestopt en geklopt. Een dame in witte kleding doet open. Meteen bij binnenkomst valt je mond open van verbazing. Verstopt in een hoekje achteraf kom je een huis binnen zoals er in Marrakech duizenden zijn. Prachtige antieke tegels sieren de vloer, een fonteintje vol rozenblaadjes staat in het midden en wordt verlicht door zonnestralen. Het plafond is open zodat je vogels hoort fluiten. Lange gordijnen wapperen in de wind. In de kamer daarachter liggen kussens op de vloer en staat een groot bed met krakend wit linnen. Wie wil kan de waterpijp gebruiken.

De riads in Marrakech zijn sfeervol, prachtig, authentiek en goedkoop. Een oase van rust in een stad die je zeker moet bezoeken maar die wel wat overweldigend kan zijn.

**WAT:** Slapen in een oud Arabisch huis

**WAAR:** Marrakech, Marokko

**WANNEER:** Het beste in het voor- of najaar, 's zomers kan het er ondragelijk heet worden

**WAT KOST HET:** Kamer in riad vanaf € 40 per nacht

**MEER INFO:** Marrakech Riads, tel: + 212 44 37 74 69. http://riad-maroc.com/anglais/riad1.htm. Super-de-luxe hotels van Meryanne Loum-Martin-Jnane Tamsna, tel: + 212 44 32 9135; www.tamsna.com

# OBEROI HOTEL

## Mauritius

Mauritius ligt in de Indische Oceaan tussen India en Afrika. Hollandse zeevaarders, waaronder prins Maurits, gebruikten het eiland als tussenstop op weg naar Java. Als je het binnenland in gaat, zie je meteen dat Mauritius bij Afrika hoort. Het vele groen, de grillige bergen en de exotische vruchten geven het landschap een Afrikaans aanzien. Op andere momenten waan je je in India, vanwege de kleurrijke tempels en de vrouwen in sari's. De bevolking van Mauritius vormt een interessante mix van culturen en rassen: grote schepen brachten Chinezen, Fransen, Arabieren, Creolen en Indiërs naar het eiland. Hindoes vormen meer dan 50 procent van de bevolking. Er worden 22 talen gesproken op Mauritius. Al deze bevolkingsgroepen gaan gelukkig vredig met elkaar door het leven. Dit uit zich in een bonte verzameling van feesten, religies en gerechten.

Vroeger kenden de Hollandse zeevaarders maar één favoriete snack. De dodo was een kalkoenachtige vogel die niet kon vliegen en die alleen op Mauritius voorkwam. Hij was zó vriendelijk, dat hij zich gemakkelijk liet vangen. Binnen honderd jaar waren alle dodo's opgegeten. De Hollanders introduceerden nieuwe dieren: in Domaine de Chausseur leven nog altijd duizenden herten en wilde zwijnen. Nu is dit een jachtgebied. Als je genoeg betaalt mag je met een geweer door de bossen struinen en een hert schieten (helaas een populaire bezigheid onder Zuid-Afrikaanse toeristen). Op de top van een berg staat een restaurant met prachtig uitzicht op de zee en de eilandjes voor de oostkust. Op het menu staan zwijnenhersenen, maar je kunt ook een andere lokale lekkernij proberen: rum met vanille en kaneel. Ben je vegetariër of een grote dierenvriend, dan kun je dit restaurant maar beter overslaan.

Het gros van de toeristen komt gelukkig gewoon voor de stranden. Daar zijn er heel veel van op Mauritius, maar dit eiland onderscheidt zich van andere tropische oorden door de hoge standaard van de hotels. Op Mauritius beweren ze dat ze de beste resorts in de wereld hebben! Daar hangt een prijskaartje aan, maar dan krijg je ook wel de best mogelijke service. De enige manier om korting te bedingen is als je een huwelijkscertificaat met een recente datum bij je hebt. Veel stellen vieren hun honeymoon op Mauritius, of worden bij zonsondergang op het strand in de echt verbonden. De hotels

spelen in op de wensen van de *newly-weds*, en hebben privé-zwembaden en -stranden. Op het menu staan vooral gerechten om te voeren of gevoerd te krijgen, en roomservice bezorgt indien gewenst romantische cadeautjes.

Maar ook als je niet op huwelijksreis bent, kun je hier een goede tijd hebben. Je kunt er zeiltochten maken, in het zuiden ligt een vulkanisch meer dat een bedevaartsoord is voor Hindoes, en op de markt in de hoofdstad Port Louis koop je je helemaal suf.

Wil je het luxe hebben, slaap dan in het Oberoi Hotel. Het is gebouwd in Balinese stijl, heeft een eigen strand en vanuit het luxe zwembad kun je eindeloos naar de zee staren. Het Oberoi heeft een grote massagesalon waar je op allerlei manieren kunt ontstressen. Wat dacht je van een *hot oil massage* en daarna je bad in? Alle kamers hebben bubbelbaden die een uur nodig hebben om vol te lopen. Het restaurant is van donker hout, met wapperende witte gordijnen, witte kussens en lange ligbedden. Een grote aangelegde waterval en kikkergeluiden maken het helemaal af.

WAT: Decadent doen op Mauritius

WAAR: Oberoi Hotel, Mauritius

WANNEER: Maart tot mei, september en november zijn de mooiste maanden

WAT KOST HET: Kamer in Oberoi vanaf € 700 per nacht

MEER INFO: Mauritius algemeen: www.mauritius.net/; www.oberoihotels.com

# SAN CRISTÓBAL DE LAS CASAS

## Mexico

Mexico is 47 keer zo groot als Nederland. Het is een prachtig land waar je maanden doorheen kunt reizen. Woestijn, vulkanen, ellenlange stranden, tropische wateren, fantastisch eten, een rijke geschiedenis en heel veel cultuur: er zijn zo veel redenen om naar Mexico te gaan!

Als je door tijdgebrek een gebied moet kiezen – en niet per se naar het strand hoeft – is het zuiden van Mexico een heel goede optie. Hier vind je bergen, regenwoud en eeuwenoude mayatempels zoals die van Palenque.

Hoog in de bergen, op vijf uur rijden van Palenque, ligt San Cristóbal de las Casas. Een verblijf in deze oude koloniale stad is voor veel mensen het hoogtepunt van hun bezoek aan dit deel van Mexico.

San Cristóbal de las Casas is de hoofdstad van de Mexicaanse indianenbevolking. De grootste groep vormen de Chamula-indianen. De vrouwen dragen lange vlechten in het haar, hoge bolle hoedjes en traditionele geweven kleding. De mannen hebben cowboyhoeden op, dragen poncho's en grote kapmessen, die ze gebruiken voor hun werk op het land.

San Cristóbal ligt bij de grens met Guatemala en werd gesticht in 1528. Afgezien van goedkope hotelletjes en hier en daar een internetcafé, lijkt de stad weinig te zijn veranderd. De straten zijn geplaveid met kleine keitjes en door de hele stad staan imposante kerken en kathedralen. Er zijn veel pleinen, sommige met fonteinen, en er zijn altijd mensen op straat. 's Avonds is het in de *cantinas* een

gezellig, levendig gebeuren.

In de omgeving kun je prachtige paardrijdtochten maken en dat is een belevenis die je echt niet wilt missen. Een beetje rijervaring is trouwens wel gewenst: de paarden hebben over het algemeen geen hoefijzers – waarschijnlijk omdat daar geen geld voor is – en ze stuiven op open stukken de horizon tegemoet. Je voelt je een echte Mexicaanse cowboy als je over nauwe bergpaden, door bossen en riviertjes, de omgeving verkent.

Even buiten San Cristóbal ligt San Juan de Chamula, bijna alle paardrijdtochten komen langs dit dorp. De kerk is de grootste blikvanger, want de muren zijn versierd met felle kleuren en zilveren slingers die dansen in de wind. Binnen in het kerkje branden veel kaarsen en de grond is bezaaid met hooi en dennennaalden. Mensen prevelen gebeden terwijl de sjamaan (het geloof van de Chamula is een mix van katholicisme en sjamanisme) toverformules uitspreekt. Als je geluk hebt, kun je zien hoe in een ceremonie boze geesten van een mens op een kip overgaan. Het is even slikken want de kip zal de sessie niet overleven, maar de beheksste persoon is wel van zijn plaaggeest verlost. Een heel merkwaardig verschijnsel vormen de colaflesjes die overal in de kerk neergezet zijn. De indianen geloven dat je door hartgrondig boeren het kwaad verdrijft.

Dat de mensen erg bijgelovig zijn wordt ook nog eens onderstreept door het feit dat je hier absoluut geen foto's mag maken. Wie dat toch doet kan problemen verwachten.

**WAT:** Koloniale stad in Zuid-Mexico

**WAAR:** San Cristóbal de las Casas

**WANNEER:** November tot mei

**WAT KOST HET:** 16 dagen voor € 1249

**MEER INFO:** www.shoestring.nl

# TULUM

## Mexico

Het schiereiland Yucatán is een goede plek om een prachtige vakantie te vieren. Dit stukje Mexico dat de golf van Mexico insteekt, is vooral bekend door het onvoorstelbaar toeristische Cancún.

Nog geen dertig jaar geleden was Cancún een doorsnee Mexicaans dorp aan de kust met een prachtig wit zandstrand waar alleen de vissers zich vertoonden. Toen eenmaal bleek dat de badplaats Acapulco, wat tot dan toe de grootste vakantiebestemming van het land was, de groeiende toeristenstroom niet meer aankon, besloot de regering een nieuw toeristenoord te openen. Na veel speurwerk bleek deze plek in Yucatán het beste te zijn door het perfecte klimaat, de prachtige uitgestrekte witte stranden en het langwerpige schiereiland voor de kust, waar men aan zee een groot aantal hotels kon openen. In 1974 werd het eerste hotel geopend en anno 2004 is Cancún een van de belangrijkste toeristische bestemmingen in dit gedeelte van de wereld.

Als je van plan bent om naar Cancún te gaan moet je één ding alvast weten: Cancún is door zijn spotgoedkope chartervluchten vooral populair bij Amerikaanse toeristen. Dat betekent dus een overdosis aan fastfoodrestaurants, hardrockcafés, *shopping malls* en megagrote hotelketens. Reken ook op grote hoeveelheden Amerikaanse jongeren die zich hier avond aan avond volledig volgieten en zwembaden onderkotsen. En natuurlijk is het ook een haven voor cruiseschepen, dus Cancún wordt met regelmaat overstroomd door duizenden toeristen. Er zijn natuurlijk ook voordelen aan deze stad, zoals een prachtig blauwe zee, mooie stranden en veel gezelligheid, maar wat mij betreft is het veel te toeristisch.

Gelukkig zijn er genoeg alternatieven in de omgeving en als je de mogelijkheid hebt naar Yucatán te gaan door de lage ticketprijzen, kun je een prachtige reis in de omgeving maken.

Begin ermee een auto te huren, bijvoorbeeld een Kever Cabriolet die je voor weinig geld kunt meenemen. Je kunt een kijkje nemen in het voormalige hippiedorp Playa del Carmen dat tegenwoordig steeds meer ontdekt wordt door het grote publiek. Leuker is het om door te rijden naar de kustplaats Tulum, aan de zuidkust van het land. Tulum is net ver genoeg van Cancún om niet overspoeld te zijn door de mensenmassa's, maar het heeft wel genoeg faciliteiten om je goed te kunnen vermaken. Er is ook cultuur, want een bijzondere attractie in Tulum is een mayatempel die aan het strand ligt, iets wat je nergens anders in Mexico vindt.

Slapen doe je in een van de vele hotels aan het strand die je in alle prijsklassen vindt: van gezellige goedkope hostels tot mooie en goed verzorgde resorts met zwembad en spa. Eén resort kan ik je in ieder geval aanraden: Zamas, het hotel van het Amerikaanse stel Dan en Suzan Mac Gettingan. Je logeert in prachtige bungalows aan het strand met een badkamer die iedereen wel zou willen: een gigantische douche, ingelegd met mozaïeken, toilet en wasbakken, allemaal in de open lucht! 's Ochtends kun je op het terras met kleurige rieten stoeltjes een geweldige kom zelfgemaakte muesli bestellen met vers fruit, of een overdadig Amerikaans ontbijt (maar dan niet zo vet). Overdag kun je lekker op je bedje op het strand liggen of een wandeling maken over de rotsen, waartussen het strand van het hotel ingeklemd ligt. En 's avonds zit Dan of

Suzan altijd wel in de bar voor tips, adviezen en vooral gezelligheid.

Wil je iets heel bijzonders zien, maak dan een dagexcursie naar het Sian Kaán National Park. Hier vind je meer dan 5000 $m^2$ tropische jungle, moerassen en mangrovewouden. Maar het mooist zijn de verschillende kristalheldere rivieren die het gebied doorsnijden. Met een klein bootje vaar je stroomopwaarts terwijl de gids je wijst op al het moois onderweg: prachtige vogels, kleurige bloemen en zelfs oeroude mayatempels. De rivier mondt uit in een meer waar je het water uit de verschillende bronnen ziet borrelen. Het water is zo schoon dat je het kunt drinken.

Op de terugweg krijg je een zwemvest en spring je overboord. Vervolgens drijf je op je rug voor de boot uit: een magische ervaring! Het water stroomt snel en je hoeft alleen een beetje bij te sturen. Zo dobber je door dit prachtige landschap, ondertussen genietend van de prachtige omgeving. Er is alleen één ding dat je even moet weten: doe zo'n tripje niet 's avonds, want dan gaan de krokodillen die overdag slapen op jacht naar voedsel...

**WAT:** Tulum

**WAAR:** Yucatán, Mexico

**WANNEER:** De droge tijd is ongeveer van oktober tot mei en de regentijd van mei tot oktober. Ook tijdens de droge tijd kan er, vaak in de namiddag, een stortbui vallen, kort en hevig.

**WAT KOST HET:** Een overnachting in Zamas: vanaf $ 65 per bungalow. Dagtocht door Sian Ka'an National Park: vanaf $ 55

**MEER INFORMATIE:** Algemene informatie over Mexico : www.go2mexico.com/; Cancun: www.gocancun.com; Zamas: www.zamas.com; tochten door Yucatan met Sian Ka'an: www.boreal.org/yucatan.

# NAADAM-FESTIVAL

## Mongolië

Mongolië: al eeuwen een land dat tot de verbeelding spreekt. Het is het land van de machtige Djengis Khan die ooit de heerser was over bijna heel Azië. Op kleine taaie paarden veroverde hij in de dertiende eeuw met zijn meer dan 200.000 man sterke troepen het continent. Acht eeuwen later is er van dat eens zo machtige rijk nog een klein gedeelte over, een land dat nog altijd drie keer groter is dan Frankrijk.

Ondanks het feit dat we in de eenentwintigste eeuw leven, lijkt het in Mongolië soms alsof de tijd heeft stil gestaan. Nog altijd leven de meeste nomaden buiten

de grote stad in *gers*, traditionele tenten die binnen *no time* kunnen worden opgebouwd en afgebroken. Veel nomaden dragen nog de traditionele prachtige zijden pakken en rijden rond op hun taaie kleine paarden.

Als je het land echt wilt beleven, kun je het dan ook het beste bekijken vanaf de rug van een paard. Het makkelijkste is om een georganiseerde reis te boeken waarbij je per paard grote afstanden aflegt. Slapen doe je vooral in tentjes, want het land is gigantisch uitgestrekt en dunbevolkt en veel overnachtingsmogelijkheden zul je hier dan ook niet vinden.

Je bezoekt onder meer het prachtige en nog onbekende Hovskolmeer, een van de diepste en schoonste zoetwatermeren ter wereld. Maar je kunt ook een bezoek brengen aan de Tsaatan, het rendiervolk dat het rendier niet alleen gebruikt als voedsel, maar voor ze geconsumeerd worden ook als vervoersmiddel. Ook prachtig is Erdene Zuu Khiid, de imposante overblijfselen van het eerste klooster van Mongolië. En dan is er natuurlijk de onvoorstelbaar uitgestrekte en eenzame Gobiwoestijn, onbeschrijfelijk indrukwekkend en imponerend.

De mooiste tijd om Mongolië te bezoeken is juli. Het is dan zomer en de temperaturen zijn aangenaam ('s winters kan het hier ijzig koud zijn). Grootste pluspunt van deze maand is het feit dat dan het Nadaam-festival plaatsvindt, het grootste festival van het land. Tijdens dit feest, dat twee dagen duurt, komen van heinde en verre nomaden te paard richting de hoofdstad om mee te doen aan verschillende competities. Er worden wedstrijden gehouden in drie typisch Mongoolse sporten: boogschieten, worstelen en paardenraces. De winnaars verdienen niet alleen een groot geldbedrag maar ook, minstens zo belangrijk, gigantisch veel aanzien en prestige. Vooral de winnaars van de paardenraces zijn grote helden (er wordt in vijf categorieën gestreden, naar de leeftijd van het paard).

Maar ook buiten de wedstrijden om is er ongelofelijk veel te zien en te beleven. Op de eerste dag vindt er een grote kleurige ceremonie plaats, waarbij honderden soldaten in felle uniformen liederen spelen, waarna een indrukwekkende stoet van monniken en atleten in traditionele pakken volgt. Ook de slotceremonie op dag twee is indrukwekkend, en tegen die tijd wordt er ook al flink gedronken want dat is een belangrijk onderdeel van de feestvreugde. Dit feest geeft je een unieke kans om het land op zijn best te zien, met de mooiste kleding, de beste optredens en de sterkste prestaties.

Mongolië is een land dat je ooit moet zien, maar wacht niet te lang, want het land ontwikkelt zich in razend tempo. Nu al zie je veel nomaden richting Ulaan Baatar vertrekken om daar hun gers naast elkaar op te bouwen, van elkaar gescheiden door houten schuttingen. En steeds vaker zie je jongens die de brommer verkiezen boven het paard. Ga erheen en zie het met eigen ogen, nu het nog kan...

WAT: Naadam-festival

WAAR: Mongolië

WANNEER: Elk jaar, 11-13 juli

WAT KOST HET: Een paardrijdtocht door Mongolië via Time Out Reizen: vanaf € 1300 voor elf dagen (verschillende tochten mogelijk). Tijdens het festival zijn de wedstrijden gratis, voor de openingsceremonie betaal je als buitenlander € 10.

MEER INFORMATIE: Algemene informatie over Mongolië: www.travelmongolia.com, paardrijdtochten: www.timeout-reizen.nl.

# SOSSUSVLEI

## Namibië

In de Namibiëwoestijn ligt de Sossusvlei. Dit betekent vallei in de taal van buurland Zuid-Afrika. Andere namen die je in Namibië vindt zijn Windhoek – de hoofdstad – en Swakopmund. Deze namen zijn souvenirs uit de tijd van de Duitse overheersing en voordat je bij de Sossusvlei komt zul je hoogstwaarschijnlijk eerst deze plaatsen aandoen. Echt interessant zijn ze niet, tenzij je geïnteresseerd bent in meteorieten. In 1837 werd Namibië getroffen door een meteorietenregen waarbij ruim 21.000 kilo ruimtegesteente in de woestijn neer kwam. Zowel in Windhoek als Swakopmund staan musea die deze meteorieten tentoonstellen. Namibië heeft sowieso veel weg van een maanlandschap. Je kunt er uren rijden zonder iets of iemand tegen te komen. Etosha National Park is Afrika's grootste wildlifepark en de ideale plek om leeuwen, luipaarden, olifanten en neushoorns te zien. Maar het mooiste van Namibië is de woestijn, met de oudste en hoogste zandduinen in de wereld. De Sossusvlei is het gedeelte dat je het makkelijkst kunt bezoeken.

Om bij de zandvallei te komen moet je eerst uren rijden over zandwegen. Je voelt je ver van huis en dat ben je ook. Het is heet, het stof kleurt je haren grijs en als je mazzel hebt zie je gnoes en springbokjes voorbij komen. Hoe dichter je bij de Sossusvlei komt, hoe droger het landschap wordt. Het rode zand stapelt zich op om uiteindelijk een hoogte van 300 meter te bereiken. Het zijn de hoogste zandduinen in de wereld en ze worden langzaam verplaatst door de wind. Sommige van de duinen kun je beklimmen, maar dit is een zware klus omdat het zand erg mul en droog is. Je zakt er tot je enkels in weg. Met stukken karton of een *sandboard* kun je van de duinen af suizen. Er schijnen echter nog wel eens wat ledematen te sneuvelen tijdens dit spelletje.

Een andere manier om van de zandduinen te genieten is per *quadbike*. Deze gemotoriseerde vierwielers kunnen behoorlijk hard gaan en zijn te gek om in te rijden. Je voelt je als een kind in een reusachtige zandbak, het zand vliegt om en in je oren. Je moet nog goed opletten, want her en der liggen skeletten van verdwaalde dieren die de droogte niet overleefd hebben. Een dramatisch gezicht!

De spectaculairste manier om van de Namibiëwoestijn met haar Sossusvlei te genieten is op een zogenaamde air-safari, per vlieg-

tuigje. In Swakopmund, een badplaats aan de Atlantische Oceaan, stap je op en vlieg je in twee uur langs de kust naar het zuiden, waar het zandlandschap op zijn mooist is. Je vliegt over zeeleeuwenkolonies en je ziet vergane schepen die wegroesten in de hete zon. Het vliegtuigje scheert heel laag over de zandduinen, zodat je het reliëf van het zand ziet, zoals je het wel kent van de zeebodem. Zover als je kunt kijken zie je het rode zand dat helemaal doorloopt tot de grens met Zuid-Afrika.

Het mooist is zo'n vliegtuigtochtje in de vroege ochtend of de late middag, als de zon haar felheid heeft verloren en het landschap magisch verlicht wordt: een tochtje dat je niet snel zult vergeten...

**WAT:** De hoogste zandduinen in de wereld

**WAAR:** Sossusvlei, Namibië

**WANNEER:** April tot november

**WAT KOST HET:** Vliegticket Windhoek vanaf € 850. Vliegsafari naar de Sossusvlei vanaf € 100 p.p.

**MEER INFO:** www.pleasureflights.com.na. Safari's in Namibië: www.westcoast.demon.nl/uk.

# KATHMANDU

## Nepal

Het enige Hindoekoninkrijk ter wereld, Nepal is magisch. De Kathmanduvallei met haar duizenden tempels, mooie koningssteden en kleurige bevolking is prachtig en absoluut een must om een paar dagen in door te brengen. De hoofdstad Kathmandu met al haar kleine straatjes, hippies en backpackers is makkelijk te voet te ontdekken. Het epicentrum van de stad is Durbar Square, een plein vol tempels en paleizen. Een plek waar de vroegere koningen resideerden.

Nog steeds wordt een van deze paleisjes gebruikt, niet door een rijke koning maar door een vijfjarig prinsesje, de Kumari. De naam Kumari betekent in het Nepalees 'puur'. In Nepal wordt met behulp van astrologen een meisje tussen de twee en vier jaar oud uit de juiste kaste uitgekozen. Zij moet tweeëndertig goede eigenschappen hebben. Ze moet gezond en onbevreesd zijn, en ze mag niet huilen. Als haar horoscoop niet 'vloekt' met die van de koning is de zaak beklonken en verdwijnt ze achter de muren van een paleis. Zij is dan in ieders ogen een levende godin en zo wordt ze ook behandeld. Haar voeten mogen de grond niet raken en ze mag geen aardse activiteiten ondernemen. Op feestdagen deelt ze de *tika* (een rode stip) uit, en eens per jaar wordt zij door de stad rondgedragen. Haar goddelijkheid eindigt als zij voor het eerst menstrueert of een ontsierende wond oploopt. Dan gaat ze terug naar haar ouders, die ze nauwelijks kent.

Je kunt dit paleis bezoeken en als je geluk hebt laat ze haar gezicht een paar seconden zien om

daarna snel weer in het paleis te verdwijnen. Foto's mogen in ieder geval niet van het meisje gemaakt worden.

Voor veel toeristen is Kathmandu het startpunt voor een *trekking* in de Himalaya. In de stad vind je in elke straat wel een boekingskantoor waar de meest geweldige trekkings worden aangeboden. Tochten van drie dagen, maar ook drie weken met of zonder gids zijn makkelijk samen te stellen en over het algemeen goedkoop.

Voor de fanatiekelingen is een trekking naar de Mount Everest Basecamp een ongelooflijke uitdaging: deze tocht duurt 15 dagen en brengt je naar 5500 meter hoogte. Wil je liever een minder inspannende trek maken dan is de stad Pokhara, ten westen van Kathmandu, een goed vertrekpunt. Ook hier vind je een groot aanbod trekkingshops en kun je de mooiste tochten maken naar het Annapurnagebergte. Dagtrips zijn ook mogelijk. Vanaf Pokhara kun je in vijf uur naar Sarangkot lopen dat op 1592 meter hoogte ligt. Je vindt hier geweldige overnachtingsadresjes, simpele hutjes en stenen huisjes voor zo'n € 2,- per nacht, elk met een waanzinnig uitzicht over Pokhara en het Annapurnagebergte. De reden dat de meeste mensen hier blijven overnachten is de kans op een bijzondere zonsopkomst. Slaap dus niet uit, maar zet je wekker om kwart voor zes 's ochtends en loop naar de top. Met geluk heb je de mooiste zonsopkomst… Het gigantische Annapurnagebergte dat langzaam zichtbaar wordt door het zonlicht; om nooit te vergeten!

**WAT:** Kathmandu & Annapurnagebergte

**WAAR:** Nepal

**WANNEER:** Beste reistijd is van oktober tot half april, dan is het over het algemeen zonnig en droog. Vanaf mei begint het regenseizoen weer.

**WAT KOST HET:** Nepal is heel goedkoop. Zaken als accommodatie, eten en souvenirs zijn vaak spotgoedkoop. Ook trekkings zijn goed betaalbaar, hoewel je voor een trekking naar het Mount Everest Basecamp veel kwijt bent.

**MEER INFORMATIE:** Algemene informatie Nepal: www.welcomenepal.com/; reizen naar Nepal via verschillende reisorganisaties. Martinair heeft rechtstreekse vluchten op Kathmandu: www.martinair.nl.

# GRANADA

## Nicaragua

Een aantal jaren geleden kwam Nicaragua vooral in het nieuws door de burgeroorlog, onlusten en opstanden. Inmiddels is de rust teruggekeerd en beginnen reizigers het land weer te ontdekken.

Op anderhalf uur rijden van de hoofdstad Managua ligt de oudste Spaanse stad van Nicaragua: Granada. De stad werd in 1524 gesticht en is nu hét toeristencentrum van het land. Dat is niet zo gek, want de omgeving waarin Granada ligt is wonderschoon, en de stad zelf lijkt te zijn weggelopen uit een schilderijtje. Het is dan ook een stad vol creativiteit: er wordt veel kunst gemaakt en verkocht, en op verschillende plaatsen kun je workshops volgen.

De belangrijkste kernmerken zijn – zoals in elke Spaanse koloniale stad – de grote kathedraal en het park. Het Parque Colón vormt het centrum van de stad: hier staan paarden met koetsen te wachten op passagiers en zitten oude mannetjes te dammen op bankjes. De huizen zijn geschilderd in felle kleuren en hebben karakteristieke grote deuren.

Een heel leuk hotel is El Club, dat wordt gerund door twee Nederlanders en bijzonder stijlvol is ingericht. Er is een patio met een prachtige tuin waar 's avonds vuren branden en je de maan kunt zien. De suites hebben verschillende *levels* en zijn minimalistisch en toch romantisch ingericht. In het weekend verandert El Club in een nachtclub waar internationale deejays tot in de kleine uurtjes een feest bouwen. Het restaurant is trouwens de enige plek in Nicaragua waar je Nederlands eten kunt krijgen, zoals een authentiek sateetje, mocht je daar überhaupt zin in hebben...

Granada ligt aan een groot meer, waarin 356 eilandjes liggen. Met een bootje kun je tussen deze *isletas* varen. Rijke families hebben er hun droomhuizen laten bouwen. Sommige zijn heel statig, terwijl andere huizen meer op Villa Kakelbont van Pippi Langkous lijken. Het meer van Granada is zo groot dat het doorloopt tot de Caribische Zee aan de ene kant, en tot Costa Rica aan de andere kant. Als je trouwens avontuurlijk ingesteld bent kun je van hieruit met een driedaagse boottocht mee naar de grens.

De mensen hier zijn bijzonder gastvrij: als je op straat een praatje met iemand maakt, word je al snel uitgenodigd voor het eten. Voor je het weet zit je met dertig familieleden aan tafel en daarbij vloeit de Flor de Caña – de lokale rum – rijkelijk.

Op twee kilometer van Granada ligt de vulkaan Masaya in het Parque Nacional Volcan Masaya. Deze vulkaan, die nog steeds stoomt en borrelt, is omgeven door kleine vulkanen en warme baden! Volgens de overlevering werden jonge vrouwen in de kokende lava gegooid om Chaciutique te eren, de godin van het vuur. De Spanjaarden zagen deze plek als de poort naar de hel, bewoond door duivels. Tegenwoordig zijn de verhalen verdwenen en wordt het park met de prachtige vulkanen gezien als een van de belangrijkste attracties van dit deel van het land.

Op zo'n twintig kilometer van de vulkaan vind je de Laguna de Xiloá, een oogverblindend mooi kratermeer waar je geweldig kunt zwemmen. De Laguna de Xiloá staat bekend om haar lichtzoute water met helende werking. Het water voelt bijzonder zacht, en neem je een opblaasband mee, dan kun je er uren blijven drijven.

Qua overnachten zijn er verschillende, goedkope mogelijkheden, want langs de krater staan kleine hotelletjes waar je prima kunt slapen en je eigen potje kunt koken in de centrale keuken. Mocht je echt bijzonder willen slapen, leg dan je matje gewoon in het gras! En vergeet niet midden in de nacht te gaan zwemmen in het meer, want als de maan schijnt en jij dobbert daar rond, weet je dat je op een echte wereldplek bent die je je altijd zult blijven herinneren...

**WAT:** Zwemmen in een kratermeer

**WAAR:** Granada, Nicaragua

**WANNEER:** Het hele jaar door, behalve april en mei

**WAT KOST HET:** Toegang Parque Nacional Volcan Masaya: $ 4,-

**MEER INFO:** Algemene informatie over Nicaragua: www.intur.gob.ni; El Club: www.elclub-nicaragua.com; Masayavulkaan: www.nps.gov/centralamerica/nicaragua/home.shtml.

# ABEL TASMAN NATIONAL PARK

## Nieuw-Zeeland

Nieuw-Zeeland: een van de meest geliefde ver-wegbestemmingen bij Nederlanders, en terecht, want je kunt maanden rondzwerven over het Noorder- en het Zuidereiland. Een aanrader op dat laatste eiland is het Abel Tasman National Park. Na de Maori's was de Nederlander Abel Tasman de eerste die Nieuw-Zeeland ontdekte. Hij kwam aan bij het natuurgebied dat nu naar hem vernoemd is, maar voer door toen hij de woeste Maori's door zijn verrekijker zag. Later ontdekte hij het veel kleinere eiland Tasmanië. Was hij destijds wel aan land gegaan dan hadden de twee eilan-

den van Nieuw-Zeeland nu misschien Tasmanië geheten.

Het mooie aan het Abel Tasman National Park is dat het er een stuk tropischer is dan je van Nieuw-Zeeland zou verwachten. Op het Zuidereiland vind je immers gletsjers, bergen om vanaf te skiën en wilde rivieren. Het noorden, waar het Abel Tasman NP ligt, heeft echter ook lange zandstranden, palmbomen en bossen vol varens.

Je kunt het Abel Tasman National Park alleen bereiken per watertaxi vanuit het stadje Motueka. Eenmaal daar ben je helemaal afgezonderd van de buitenwereld. In deze prachtige omgeving kun je wandelen, kajakken, zeilen of lekker lezen en niets doen. Ondanks het feit dat het Abel Tasman NP het kleinste National Park van Nieuw-Zeeland is, ben je vijf dagen zoet als je de hele kustlijn afloopt. Doordat het park zo geïsoleerd ligt is het een geliefd toevluchtsoord voor dieren, maar ook voor Hollywood-sterren. De *eco-lodge* waar ik logeerde had even daarvoor Tom Cruise en zijn zoon te logeren gehad. Een van de gidsen wist me trots te vertellen dat hij met Tom en zoon een tocht langs de kust had gemaakt per kajak en dat ze zich bijzonder vermaakt hadden.

De tocht is ook echt prachtig, want je vaart langs de ruige kust terwijl je af en toe stopt om vogels te bewonderen. Helemaal bijzonder wordt het als je bij een grote kolonie zeeleeuwen aankomt die zich niets aan lijken te trekken van je bezoek. Op de rotsen dribbelen ze onhandig rond met hun flippers, maar eenmaal in het water schieten ze pijlsnel onder je kajak door. Neem een duikbril mee en steek je hoofd onderwater als dat lukt want het is magisch om de dieren zo te zien zwemmen.

Op de terugweg leg je aan bij een prachtig ongerept strandje, omzoomd door regenwoud en palmen en daar kun je op je gemak gaan zwemmen of zonnen. Houd er wel rekening mee dat het water flink koud kan zijn, want ondanks de tropische omgeving zwem je hier wel in water dat aangevoerd wordt vanaf Antarctica.

Je krijgt het weer warm als je in de Awaroa Lodge logeert. Het hotel is zoveel mogelijk gemaakt van aangespoelde materialen, en voor de andere spullen die nodig waren om de lodge te bouwen was vijf jaar tijd nodig om ze te vervoeren. Het resultaat mag er zijn, want het is een hotel geworden dat volledig in harmonie is met haar omgeving. Je slaapt in houten hutjes met een adembenemend uitzicht op een mysterieus uitziend moeras dat niet had misstaan in *The Lord of the Rings*. 's Ochtends hangt er een nevel over het landschap en als je daar zit met een kopje koffie voel je je de koning te rijk.

In het restaurant worden alleen biologische ingrediënten gebruikt en het eten smaakt er dan ook prima! Vooral de taartjes die hier verkocht worden zijn legendarisch. Als je voor een lange wandeling op pad gaat neem er dan een mee in een broodtrommel, voor een klein feestje boven op een berg.

De gasten die in de Awaroa Lodge logeren, komen hier voor hun rust en om alles even helemaal achter zich te laten. De kamers hebben geen televisie, er wordt nergens muziek gedraaid en alleen de wekker op het nachtkastje heeft een radio en brengt nieuws uit de buitenwereld.

Wat ik me nog herinner van mijn verblijf was dat ik op dat kleine wekkerradiootje hoorde dat in het Midden-Oosten de Tweede Golfoorlog was uitgebroken: de VS waren Irak binnengevallen. Op zo'n moment is de buitenwereld die zo ver weg is, opeens volledig aanwezig. Voor mij is het altijd moeilijk om op zo'n moment geen krant te kunnen lezen of internet te kunnen raadplegen voor het laatste nieuws, maar er zit niets anders op. Wil je dus helemaal niets weten van de grote boze buitenwereld, trek dan ook de stekker maar uit die wekkerradio.

**WAT:** Prachtig natuurgebied

**WAAR:** Abel Tasman National Park, Zuidereiland, Nieuw-Zeeland

**WANNEER:** November tot februari is de mooiste tijd

**WAT KOST HET:** Verblijf in Awaro lodge vanaf € 176.

**MEER INFO:** Nieuw-Zeeland algemeen: www.purenz.com/, www.awaroalodge.co.nz

# PAHIA

## Nieuw-Zeeland

In het noorden van het Noordereiland van Nieuw-Zeeland ligt Pahia. Deze badplaats is ontzettend populair bij toeristen, en het is er bijna altijd druk. De omliggende Bay of Islands is de grootste attractie: honderdvierenveertig eilandjes liggen binnen 50 kilometer voor de kust.

De Bay of Islands staat bekend als een van de mooiste en historisch belangrijkste gebieden van Nieuw-Zeeland. Hier was het dat de Maori's, de oorspronkelijke bewoners van de twee eilanden die zij Aotearoa noemden – land van de langgerekte witte wolk – de macht overdroegen aan de Engelsen. Op een groene heuvel links van de baai van Pahia staat het houten Maori-huis – nu een museum – waar de toekomst van de eilanden bepaald werd. In de omgeving liggen dorpjes met prachtige maar onuitspreekbare namen zoals Whangaparaoa en Waipoua Kauri.

Helemaal boven in het puntje van het Noordereiland ligt Cape Reinga, de heiligste Maori-plek van allemaal. Reinga, wat 'onderwereld' betekent, verwijst naar het Maori-geloof dat geesten van de doden hier afscheid nemen van Aotearoa en zich opmaken voor de reis naar het mythische thuisland Hawaiki. Aan de wortels van een oude Pohutukaboom op de punt van de kaap zou het vertrekpunt van de geesten zijn.

Vanaf de hoge rotsen kun je de eeuwenoude boom zien liggen – je mag niet dichterbij komen, een wens die helaas niet iedere toerist respecteert. Vanaf hier heb je ook een prachtig uitzicht op hoe de Stille Oceaan en de Tasmaanse Zee in elkaar overvloeien.

Even verderop liggen hoge zandduinen waar je op een sandboard naar beneden kunt glijden. De meeste bergen in de omgeving van Pahia zijn groen en lenen zich perfect voor *mountainboarden,* het zomerse alternatief voor liefhebbers van snowboarden. Hou je van buitensport dan is Nieuw-Zeeland het perfecte land!

Maar ook als je voor je rust komt is Pahia een prima uitvalsbasis. De lucht is er schoon, het zonnetje schijnt het grootste deel van de dag en spontane regenbuien zorgen voor genoeg groen. In de vele visrestaurants eet je grote groene mossels en drink je lokale chardonnay.

In de haven zijn drie bootmaatschappijen die tochtjes in de omgeving organiseren. Alledrie beloven ze je dat je dolfijnen zult zien en mogelijk met ze kunt zwemmen. Twee keer per dag varen deze *dolphin cruises* uit en alle keren zitten de boten mudvol. Voordat de boten de haven verlaten krijg je een briefing over hoe je je behoort te gedragen als er dolfijnen in de buurt zijn. Omdat de dolfijnen in de Bay of Islands beschermd zijn mag je pas het water in als de bemanning je daar het 'oké' voor geeft. Als er kleine dolfijntjes in de school zwemmen dient iedereen op de boot blijven. Anders mag je in kleine groepjes tegelijk het water in.

Na een uurtje varen klinken er opgewonden kreten. Een grote groep dolfijnen springt voor ons het water in en uit, en het lijkt of ze dansen en meesurfen op de golven.

De gele boot van Fuller's Dolphin Cruises heeft een brede punt met een groot dek waar je languit op kunt liggen. Met mijn hoofd ondersteboven en mijn haren in het water kan ik de dolfijnen die onder de boot zwemmen bijna aanraken.

Al snel zie ik een kleintje, dat naast zijn moeder met de boot meezwemt. We mogen dus niet het water in, maar om beurten voor op de boot hangen is minstens zo leuk. Het is een magisch gevoel om zo dicht bij deze dieren te zijn en ze in volle vaart onder je door te zien zwemmen. Voor die ervaring alleen al zou je naar het noorden van het Noordereiland af moeten reizen!

WAT: Zwemmen met dolfijnen

WAAR: Pahia, Nieuw-Zeeland

WANNEER: Je kunt het hele jaar door zwemmen met dolfijnen. De beste tijd om dit gedeelte van Nieuw-Zeeland te bezoeken is tijdens de zomer van oktober tot maart.

WAT KOST HET: Een boottocht waarbij je mogelijk met dolfijnen kunt zwemmen kost € 88 p.p.

MEER INFO: Fullers Dolphin Cruises, Pahia, Bay of Islands. Tel: (09) 402 7421. www.fullers-bay-of-islands.co.nz. Alle excursies kun je ter plaatse in Pahia boeken.

# LOFOTENEILANDEN

## Noorwegen

Een van de meest bijzondere plekken van Scandinavië is de Noorse eilandengroep de Lofoten. Ik ben er ooit in de zomer geweest, tijdens de midzomernachtzon. Dat is elke keer weer een fantastisch fenomeen: om twee uur 's nachts is het net zo licht als om twee uur 's middags. De eilanden liggen zo noordelijk dat het er in de winter maandenlang donker blijft. In de schemerperiode daarvoor, van oktober tot december, vindt hier de grote walvistrek plaats. Ook is dat de beste tijd van het jaar om het noorderlicht te zien, een ongekend natuurspektakel.

De Lofoteneilanden liggen helemaal in het noorden van Noorwegen, binnen de poolcirkel. Het is er schoon, onontdekt en ongerept. Vissers, bergbeklimmers, natuurliefhebbers en fotografen roemen deze eilandengroep die uit niet veel meer bestaat dan zee, dorre bergen en kleine vissersdorpjes. De lucht boven de eilanden is extreem helder en samen met de arctische zon zorgt dat voor een heel bijzondere lichtval. Op de eilanden staan kleine vissershuisjes, die je vanaf €15 per nacht kunt huren, naast dramatische bergen en dat in combinatie met helderblauw water.

Bij de gedachte aan Noorse stranden krijg je het waarschijnlijk meteen koud. Gelukkig bestaat er zoiets als de Golfstroom, die warm water vanuit de Golf van Mexico tot voor de kusten van Noorwegen pompt. Het water blijft fris maar de temperatuur is dragelijk én het is heel schoon. Ik vond het heel bijzonder om hier in azuurblauw water te zwemmen, helemaal als je je bedenkt dat de

Lofoten zich bevinden op dezelfde breedtegraad als Groenland en het noorden van Alaska!

Het grootste dorp op de Lofoten heet Svolvær. Met de boot vanaf het vasteland kom je na een woeste tocht van vier uur in deze 'hoofdstad' aan. Svolvær telt 5000 inwoners en drukker dan hier wordt het niet op de Lofoten. Er is een haven, een boekwinkeltje, enkele eettentjes, een paar musea, een kunstgalerie, en dat was het dan. De belangrijkste inkomstenbron is de kabeljauwvisserij en overal in de havens liggen bootjes en worden spullen verkocht die de beroepsvissers dagelijks nodig hebben. Een heel leuk hotel om te logeren is Hotel Rica, midden in de haven. Sommige kamers in dit knusse hotel hebben een gat in de vloer waardoor je kunt vissen. Als het buiten vriest hoef je je kamer niet uit om toch een zelfgevangen vis te kunnen eten 's avonds. Het enige wat je hoeft te doen is doorgeven aan de kok hoe je je visje graag klaargemaakt wilt hebben.

De beste manier om je te verplaatsen op de eilanden is per huurauto, en een goede bestemming voor een tochtje is het eiland Moskenesøy, dat door een lange tunnel verbonden is met Austvagøy, het eiland waar Svolvær ligt. Dit eiland biedt zowaar een

nog dramatischer aanblik. Het 34 kilometer lange eiland is het grootste deel van het jaar met ijs bedekt en is surrealistisch mooi. Veel Noren zien het dorpje Reine dan ook als de mooiste plek van Noorwegen. Ook hier kun je kleine vissershutjes huren waar je met zijn vieren of zessen in verblijft. Ik heb me nog altijd voorgenomen om met een groepje vrienden orka's en het noorderlicht te gaan bekijken.

Een terugkerende gast op de Lofoten is koningin Sonja van Noorwegen. In haar jonge jaren heeft ze het vissersdorpje Henningsvær (ook wel 'het Venetië van de Lofoten') ontdekt en sindsdien komt ze regelmatig terug voor de soep vol visballetjes. Het visrestaurant Fiskekrogen heeft ook walvissoep, walvispizza en walvisburger op het menu staan. Maar ik hou het, net als de koningin, bij de wereldberoemde vissoep.

WAT: Eilanden binnen de poolcirkel

WAAR: Lofoten, Noorwegen

WANNEER: De midzomernachtzon schijnt op de Lofoten ongeveer van eind mei tot half juli. Voor walvissen, orka's en het noorderlicht kun je het beste tussen oktober en december langskomen.

WAT KOST HET: Tickets met Scandinavian Airlines vanaf € 575

MEER INFO: Algemene informatie over Noorwegen: www.visitnorway.com; Hotel Rica, Svolvær, Tel: + 47 760 72222, Fax: +47 760 72001; op www.lofoten.com vind je veel adressen, o.a. waar je vissershutten kunt huren en walvissafari's boekt. Restaurant Fiskekrogen: Dreyersgate 19, Henningsvær.

# ZOMERSKIËN

## Noorwegen

Als je denkt aan zomerskiën, dan denk je vooral aan gletsjers in Frankrijk en Oostenrijk waar je zelfs in augustus nog de lange latten (of je boardje) kunt onderbinden. Maar wist je dat je ook in Noorwegen midden in de zomer pret kunt maken in de sneeuw? Zo'n vakantie in Noorwegen is sowieso de moeite waard, want het is een land waar je je uitstekend kunt vermaken.

Pak vanuit Nederland de auto richting Denemarken. Bij Frederikshaven neem je de boot naar Oslo, een fijne break na het lange stuk dat je net gereden hebt. Na Oslo rijd je verder richting Lillehammer, het voormalig olympische dorp.

Hier kun je een kijkje nemen bij de olympische sites zoals de Ski Jump Tower. Neem de stoeltjeslift omhoog en je hebt een prachtig uitzicht over de stad. Ook leuk is de olympische bobsleebaan waar je onder begeleiding van een professional (niet onverstandig) een run kunt maken. Echt briljant, zo'n ritje en vergeet niet je DV-camera mee te nemen als je voorin zit (als het je lukt moet je je eigen gezicht even filmen als je naar beneden stort, gegarandeerd leuk voor later!). Olympisch skiën is hier natuurlijk ook mogelijk op de twee verschillende skigebieden in de buurt van Lillehammer, maar helaas alleen in de winter.

Daarna vervolg je je reis over de E6, of over de mooie binnenweggetjes, richting het Jotunheimen Nasjonal Park, een van de meest geliefde nationale parken van Noorwegen. Veel mensen komen hier om te klimmen, want je vindt hier niet alleen heel veel steile bergwanden, maar ook nog eens

de Galdhøpiggen, die met zijn 2469 meter de hoogste berg van Noord-Europa is.

Hier vind je ook de Juvbreengletsjer, de plek waar je 's zomers je ski's of snowboard kunt onderbinden. Het zomerskiën begint eind mei, en tot en met oktober kun je hier meestal wel terecht voor een fijne afdaling. Verwacht trouwens geen kilometerslange pistes want die is 1500 meter lang, met een verval van 300 meter en maar één sleeplift.

Maar ook als je geen zin hebt om te skiën kun je je hier prima vermaken, want door dit gebied loopt een groot aantal bijzondere wandelingen waar je soms wel acht dagen mee zoet bent.

Aan de voet van de Galdhøpiggengletsjer staat trouwens het prachtige rode houten gebouw van de Juvasshytta, een grote trekkershut waar je een bed kunt vinden voor de nacht. Er zijn hier zelfs kamers met douche en toilet voor als je niet al te primitief wilt slapen. Je vindt hier ook een prima restaurant en een klein winkeltje waar je warme chocolademelk kunt kopen voor op het terras!

De echte avonturiers kunnen hier een gids en goede uitrusting huren om naar de top van de Galdhøpiggen te klimmen. En reken maar dat je in goede handen bent want hier werken gidsen die geregeld de Mount Everest beklimmen!

**WAT:** Lillehammer en zomerskiën in Scandinavië

**WAAR:** Noorwegen

**WANNEER:** Van eind mei tot oktober

**WAT KOST HET:** Dagpas skilift: € 27; overnachting in de Juvasshytta: vanaf € 80

**MEER INFORMATIE:** Algemene informatie over Noorwegen: www.visitnorway.com. Zomerskiën in Noorwegen: www.fjords.com/summerski.htm. Overnachten in de Juvasshytta: 0047-61.21.15.50 of www.juvasshytta.no. Klimmen (via de Juvasshytta): www.juvasshytta.no/bekledning.htm.

# SPITSBERGEN

## Noorwegen

Iedereen die van reizen houdt heeft wel een lijstje van bestemmingen die hij ooit nog wel eens zou willen bezoeken. Bij mij is het lijstje een lijst met hoofdletter L, want ondanks het feit dat ik voor Yorin al vijf jaar lang de wereld over reis, zijn er nog ongelofelijk veel plekken die ik ooit zou willen bezoeken. Heel veel landen in Afrika bijvoorbeeld, zoals Ethiopië en Gabon, maar ook Zaïre en Madagaskar. Maar ook landen als Syrië, Libanon, Oman en Iran staan hoog op mijn verlanglijst. In Azië is voor mij ook nog heel veel moois te bekijken: Bhutan, Papua-Nieuw-Guinea, Bangladesh enzovoort. En dan is er het altijd zo vreselijk mooie Stille-Zuidzeegebied waar nog honderden eilanden liggen die ik zo graag zou willen zien. En Paaseiland natuurlijk! En Panama en Frans-Guyana en Honduras en Venezuela en... Zo kan ik nog wel even doorgaan.

Maar boven aan de lijst prijken de noord- en de zuidpool, want het idee dat je op de as van de aarde staat, op het punt waar onze prachtplaneet omheen draait en waar eigenlijk geen leven mogelijk is, lijkt mij fenomenaal. Helaas is een bezoek aan die plekken een zeer kostbare zaak en vaak ook redelijk tijdrovend. Wil je bijvoorbeeld naar Antarctica dan ben je minstens tien dagen onderweg en een paar duizend euro armer, en ook de noordpool is een kostbare zaak.

Een manier om er als toerist te komen is vanaf het Noorse eiland Spitsbergen waar je voor de kust op een ijsbreker stapt die je in een aantal dagen naar het noordelijkste punt op aarde brengt. Nadeel is niet alleen dat het een vermo-

gen kost, maar ook dat deze schepen aangedreven worden door kernenergie en ik kan me niet voorstellen dat je aan die manier van toerisme wilt meewerken. Goed, het zal dus nog wel even duren voordat ik deze plekken met eigen ogen kan gaan aanschouwen, maar gelukkig is er een alternatief, althans voor de noordpool! Dat alternatief is het al eerder genoemde Spitsbergen, ook wel Svalbard genoemd.

Spitsbergen is een eiland ongeveer een uur vliegen ten noorden van Noorwegen, al een aardig eind op weg naar de noordpool dus. Het eiland is eigenlijk een voorbode van de noordpool, want hier vind je barre, ruige gebieden, voor het grootste gedeelte van het jaar bedekt met sneeuw en ijs, waar de mens eigenlijk niets te zoeken heeft. Het is een fascinerend land waar alles anders is dan bij ons. De seizoenen bijvoorbeeld: de winters zijn lang en ijskoud, de zomers nat en kort. 's Winters is het er dag en nacht pikkedonker terwijl het er 's zomers constant licht blijft. Ook vreemd voor ons: er zijn buiten de nederzettingen geen wegen op het eiland te vinden en dus gaat het vervoer vooral per schip en per sneeuwscooter. De bevolking is ook een vreemde mix, want je vindt er veel Scandinaviërs die op zoek zijn naar de vrijheid en de eenzaamheid maar ook Russen die hier goed geld komen verdienen in de mijnen.

De hoofdstad van Spitsbergen is Longyearbyen, wat eigenlijk niet meer dan een groot dorp is van niet meer dan 1200 inwoners. Als je Longyearbyen wilt ontdekken ben je redelijk snel klaar: het is niet veel meer dan een verzameling huizen met een aantal winkels. En wandel niet in je eentje de stad uit, want regelmatig struinen er ijsberen rond die een aantal jaar geleden nog een Noorse toerist hebben weggewerkt. Kijk dan ook niet vreemd op van alle mensen die met een jachtgeweer over hun schouder door het dorp wandelen. Als je van plan bent hier te gaan wonen (ja, die mensen zijn er), moet je trouwens verplicht een schietcursus volgen om in geval van nood de dieren uit te kunnen schakelen. Ik heb de cursus een dag gevolgd, maar ik kan me nog niet voorstellen dat je, als er zo'n beest voor je staat, in staat bent hem neer te knallen.

Aanrader voor de avond is Café Buset, een geweldig leuk café annex restaurant, waar je de locals kunt ontmoeten en je je kan verbazen over het feit dat je 's nachts op het terras van de kroeg zit en je moet insmeren met zonnebrand. En o ja, alcohol is hier ook nogal een kwestie, want wil je in de slijterij een fles drank kopen dan zul je toch echt je vliegticket moeten laten zien. Voor inwoners van Spitsbergen is alcohol namelijk op de bon.

Omdat het zo moeilijk is om je hier op Spitsbergen te verplaatsen nemen de meeste mensen een schip om de rest van het eiland te ontdekken; een geweldige reis die je een goed beeld geeft van de ruigheid van dit land. Je scheept je in op de voormalige postboot Nordstjernen waarna je in drie dagen naar het uiteindelijk doel vaart: de 80 graden noorderbreedte. Nog maar 10 graden verwijderd van de noordpool!

Onderweg vaar je langs immense gletsjers en eindeloos lege landschappen. Je meert af bij het Russische mijnwerkersdorp Barentzburg waar je je opeens midden in Siberië waant, met oude beelden van Lenin op lege pleinen en grote communistische gebouwen die al jaren geen lik verf hebben gehad. Bizar is ook het enorme binnenzwembad met olympische afmetingen, zomaar hier in *the middle of nowhere*. En voor vertrek drink je nog even snel een Russische wodka tussen de fris gedouchte mijnwerkers in het kleine café tegenover de ingang van de mijnschacht.

De boot stopt ook bij de overblijfselen van een Nederlandse nederzetting van walvisvaarders met de resten van de blubberovens en de graven van de mannen die het barre leven hier niet overleefden. Koud hebben we het niet meer in de eenentwintigste eeuw op de luxe en goed verwarmde boot. Toch kun je nog vrijwillig de kou opzoeken door een korte duik te nemen in het ijskoude water. Krijg je wel een ijsbeerdiploma voor boven je bed.

Daarna is er nog een stop bij het onderzoeksdorp Ålesund, de noordelijkste nederzetting op aarde waar onder meer onderzoek wordt gedaan voor de NASA.

En dan komt het belangrijkste moment van de tocht: opstomen naar 80 graden noorderbreedte, althans als dat mogelijk is. Hoe dichter je bij de 80 graden komt, hoe meer ijsschotsen er om de boot heen drijven waarop je niet zelden een ijsbeer ziet rondwandelen. Als het niet te koud is geweest kan het schip op lage snelheid doorvaren, op naar het noorden. En als de kapitein uiteindelijk de 80 graden op de GPS ziet staan, klinkt de scheepshoorn lang en oorverdovend en trekt de bemanning van het schip de champagne open. Een bijzonder moment, want veel dichter bij de pool kun je als toerist niet snel komen.

Goed, de echte noordpool is het dus niet, maar een trip naar Spitsbergen is in ieder geval een stuk betaalbaarder en je ziet heel wat meer dan op de pool zelf. Dat is namelijk niet veel meer dan ijs, ijs en nog eens ijs. Maar toch, als ik ooit de mogelijkheid heb...

**WAT:** Cruisen richting de 80 graden noorderbreedte

**WAAR:** Spitsbergen

**WANNEER:** Een cruise in dit gebied is alleen mogelijk in de maanden juni, juli en augustus. Vanaf september wordt het winter en die is koud, lang en donker.

**WAT KOST HET:** Een 6-daagse reis inclusief volpension op de Nordstjernen: vanaf € 852; retour Amsterdam-Longyearbyen: vanaf € 570 met SAS Airlines

**MEER INFORMATIE:** Algemene informatie over Spitsbergen: www.svalbard.com of www.go.to/spitsbergen; cruise: Beluga Adventures, tel.: 010-295 01 26 of www.beluga.nu; SAS Airlines: www.scandinavian.net.

# JELLYFISH LAKE

## Palau

Op weg naar Palau bel ik nog even een vriend van me die niet zoveel heeft met reizen. 'Ik heb er ongelofelijk veel zin in,' zeg ik, 'maar die reis zelf richting Palau is toch wel weer even doorbijten qua afstand.'

Het is even stil aan de andere kant van de lijn. 'Maar met een uurtje of twee zit je er toch al? Dat ligt toch dicht bij Barcelona dus dat moet voor jou te doen zijn. En trouwens, jij gaat nog vliegen, er zijn genoeg mensen die met de bus naar Salou gaan.'

Pas nadat ik hem verteld heb dat Palau een kleine eilandengroep in de Stille Oceaan is, op

zo'n drie uur vliegen van Taiwan, begrijpt hij mijn aarzeling om het vliegtuig in te stappen.

'Hmm, maar wat is daar dan te zien?'

Het moge duidelijk zijn dat deze vriend zijn vakanties bij voorkeur in zijn achtertuin in Nederland viert. 'Tsja, wat dacht je van mooie stranden, een bijzondere cultuur, prachtige Polynesische mensen, een azuurblauwe zee met een onderwaterwereld waar je een jaar kunt duiken zonder je te vervelen, duiken met dolfijnen, kajakken langs de "Rocks", prachtige rotsen die recht uit de zee omhoog komen... nog meer?'

'Aha... ik geloof dat ik het begrijp,' antwoordt hij.

Maar ik ben het belangrijkste nog vergeten. 'Op Palau vind je ook Jellyfish Lake. Dat is een groot zoetwatermeer waar je tussen honderdduizenden kwallen kunt zwemmen. Schijnt echt fantastisch te zijn!'

Het blijft lang stil, nu is hij me kwijt. 'Succes dan maar! Ik neem nog een biertje...'

Achtentwintig uur later zie ik eindelijk de lichtjes van het vliegveld van Koror onder me. Gelukkig hebben we in een ruime stoel gezeten (een kruising tussen economy en business class, da's ideaal) en dus ben ik nog redelijk in leven.

De eerste dagen in Palau zijn door het tijdsverschil van acht uur behoorlijk zwaar maar tegelijkertijd heel indrukwekkend. Ik maak kennis met het fenomeen *beetlenut*-kauwen, iets wat iedereen hier op Palau doet. Daarbij kauwen ze eindeloos op bladeren en stukjes van de beetlenut die zorgen voor een tijdelijke roes, maar ook dat je je jetlag makkelijker doorstaat.

Na me drie dagen vergaapt te hebben aan al het moois op deze Micronesische eilandengroep, is het eindelijk tijd om Jellyfish Lake te bezoeken. Per boot vertrekken we met grote snelheid over de azuurblauwe wateren richting de zoetwatermeren waar de kwallen zwemmen.

Na een halfuurtje varen leggen we aan bij een groot eiland om vervolgens een heuvel op te klimmen. Uiteindelijk zien we in de diepte het grote meer liggen, waar ogenschijnlijk niets bijzonders aan te zien is.

Ook als ik samen met Jackson, een locale gids, met flippers en een masker het water in spring, is er nog geen kwal te zien. Ondanks het feit dat me verteld is dat deze kwallen niet kunnen steken doordat ze geen gif meer hebben in hun tentakels (ze hebben hier namelijk geen natuurlijke vijanden meer), voel ik me toch gespannen. Als de eerste kwal voorbij komt zwemmen, gaat er een kleine huivering door me heen. Algauw worden het er meer en hoe verder we zwemmen, hoe minder makkelijk je om ze heen kunt zwemmen. Uiteindelijk zijn ze niet meer te ontwijken. Na een paar van deze 'aanvaringen' kom ik erachter dat ze echt niet prikken, en vooral dat ze eigenlijk wel heel grappig zijn. Als je maar niet wild gaat zwemmen of watertrappelen, glijden de kwallen als zachte kussentjes langs je huid, zonder dat je ergens last van hebt.

Uiteindelijk ben ik volledig omgeven door de doorzichtige en prachtig gevormde wezens en zwem ik zo voorzichtig mogelijk door de 'kwallenwolken'. Als je lang genoeg blijft staren wordt het zelfs bijna een hallucinerende ervaring.

Totaal verrukt van alles zwem ik na een halfuur terug naar de kant. Ik heb me er al zo over verbaasd dat het zo rustig is in het meer maar eenmaal bij de kant blijkt waarom: op het moment dat ik het water in sprong was het lunchuur. Dat betekent dat de grote hordes Taiwanezen (de grootste groep toeristen van Palau) toen nog ronddobberden op de vele bootjes in het meer om hun noedelsoepjes te eten.

En nu is het voor hen tijd geworden om het meer te ontdekken en dus is het voor mij zelfs bijna onmogelijk de steiger weer op te klimmen door de gigantische groepen Taiwanezen met witte lijven en knullige zwemvesten (wil je Jellyfish Lake bezoeken, ga dan om een uur of twaalf).

Ik denk niet dat ik mijn achtertuinvriend kan overhalen om in dit meer te gaan zwemmen, maar al die andere mensen die een onvergetelijke ervaring willen hebben, moeten er toch maar die achtentwintig uur voor over hebben. Het is het waard...

**WAT:** Zwemmen in Jellyfish Lake

**WAAR:** Palau, Micronesië

**WANNEER:** Je kunt Palau het hele jaar bezoeken. Hoewel februari en maart de droogste maanden zijn, verschilt het weer niet veel tijdens de rest van het jaar. De meeste kans op slechter weer is van juni t/m augustus.

**WAT KOST HET:** Excursie naar Jellyfish Lake: vanaf $ 70

**MEER INFORMATIE:** Palau algemeen: www.visit-palau.com; excursie Jellyfish Lake: www.fishnfins.com

# PALAU PACIFIC RESORT

## Palau

Palau is onderdeel van Micronesië en het eiland heeft een fascinerende geschiedenis. Heel wat volkeren meenden er de dienst uit te kunnen maken en de laatste overheersing eindigde net na de Tweede Wereldoorlog, toen de Japanse bezetters van het eiland werden verdreven door de Amerikanen. Die deden op hun beurt weer verwoede pogingen het eiland Amerikaans te maken, maar de eigenwijze inwoners waren klaar met het fenomeen bezetting en riepen hun eigen staat uit. Echt vrij zijn ze overigens nooit geworden, want tot 2008 zitten ze vast aan een overeenkomst waarbij de Amerikanen gul ontwikkelingshulp schenken met de toezegging dat ze, als ze daar de noodzaak toe zien, een Amerikaanse legerbasis op het eiland kunnen vestigen.

Maar los van al deze politieke beslommeringen is deze eilandengroep vooral onbeschrijfelijk mooi. Niet dat je er eindeloze zandstranden met kokospalmen vindt, maar het zijn vooral de hoge groene eilandjes, gemaakt van zacht kalksteen en als het ware omhoog gedrukt uit het koraalrif midden in een azuurblauwe zee die het eiland zo bijzonder maken.

Gelukkig hoef je niet altijd heel veel geld mee te brengen om op zo'n paradijsje te kunnen verblijven. In de hoofdstad Koror vind je aardig wat redelijk geprijsde hotels, zoals bijvoorbeeld het Marina Hotel, wat bij een kleine haven in het centrum ligt.

Wil je een strand voor de deur, dan moet je toch echt naar het Palau Pacific Resort, op een kwartiertje van Koror. Het hotel heeft

niet het meest hippe interieur maar veel rieten stoelen, tegels op de vloer, rotan bedden en exotisch gebloemde beddenspreien. Toch is het resort zijn geld waard door de prachtige ligging aan de baai met uitzicht op de eindeloze oceaan en een lang zandstrand voor de deur (het enige hotel hier op Palau trouwens met een eigen strand). Mocht je hier ooit naartoe gaan, vraag dan om kamer 124 of 125, direct aan zee en niet te ver van het restaurant: beter kan niet.

Ik bezoek Palau in januari. In Nederland had ik nog een dikke jas aangehad op weg naar het vliegveld, hier kan ik meteen mijn slippertjes aantrekken.

Het enige wat ik hier de hele dag doe, is eindeloos staren naar de kleine eilandjes in de verte met een drankje en heel veel muziek op mijn iPod. Om toch wat te bewegen duik ik af en toe het water in om me met een duikmasker op uren lang te verwonderen over de kleurige koralen en de Caran d'Achevissen die onder me door zwemmen. Hier is niets zoals thuis, hier komt bijna niemand uit Europa en als je naar huis zou willen ben je minstens 24 uur onderweg. Hier ben je in de Pacific en dat zul je weten ook.

Tegen de avond zie ik aan het einde van het strand een groep mensen rondom een paar originele Pacifische *outrigger canoes* staan. Deze lange witte kano's zijn afgeleid van de traditionele houten boten die de bewoners van de eilanden vroeger gebruikten om de zeeën mee te bevaren. Nu zijn ze echter gemaakt van plexiglas, maar ze hebben nog wel voor de balans een kleine drijver op links die met grote houten bogen aan de boot bevestigd is. Het blijkt dat bij dit hotel drie keer per week een groep inwoners van Palau traint om mee te doen aan wedstrijden. Wil je als gast van het hotel een keertje meetrainen dan moet je je gewoon even melden bij de balie.

Mij lijkt het fantastisch om eens in zo'n boot mee te varen en dus meld ik me 's avonds bij het strand. Niet veel later zit ik in de boot en probeer ik het moordende tempo bij te houden. Je roeit met een enkele roeispaan, die precies op hetzelfde moment als de rest van de bemanning in het water gestoken dient te worden. En na dertien slagen roept de man voor in de boot 'Hua!' waarop je aan de andere kant verder moet roeien.

Na tien minuten voel ik mijn armen al tintelen maar als ik om me heen kijk, ben ik dat op slag vergeten. De zee hier is lauwwarm en azuurblauw. Rechts van me zie ik grillige ronde eilanden uit het water oprijzen die volledig begroeid zijn met dik helgroen struikgewas. Het is dat we zo'n tempo maken, anders kon ik mezelf even in de arm knijpen. Hier zit ik, in een ranke traditionele boot, op de wateren rondom Palau. Even moet ik om mezelf lachen, dat ik hier zomaar terecht ben gekomen, maar dan wordt er van voren het onverbiddelijke 'Hua!' geschreeuwd en moeten de peddels weer gewisseld worden. Het grote genieten moet nog even wachten, eerst nog even 'traditioneel' afzien...

**WAT:** Palau Pacific Resort

**WAAR:** Palau, Stille Zuidzee

**WANNEER:** Je kunt Palau het hele jaar bezoeken. Hoewel februari en maart de droogste maanden zijn, verschilt het weer niet veel. De meeste kans op slechter weer is van juni tot augustus.

**WAT KOST HET:** Palau Pacific Resort: vanaf $ 190 per nacht, Marina Hotel: vanaf $ 69 per nacht

**MEER INFORMATIE:** Algemene informatie over Palau: www.visit-palau.com; Palau Pacific Resort: www.palau.panpacific.com; Marina Hotel: www.southtravels.com/pacific/palau/palaumarinahotel.

# MACHU PICCHU

## Peru

Hoog boven in het Andesgebergte, ligt de oude incastad Machu Picchu. Gezien de ligging en het mysterie dat om het tempelcomplex hangt, is dit een van de meest bijzondere plekken op aarde. Vandaag de dag wordt Machu Picchu gezien als de grootste archeologische vondst van Zuid-Amerika en is het de belangrijkste trekpleister van Peru.

Het incarijk strekte zich op het hoogtepunt van haar macht uit van Santiago in Chili tot aan Quito in Ecuador. Tussen de steden was een groot netwerk van kleine kiezelsteentjes: de Inca Trail. Duizenden kilometers werden aan-

gelegd, maar de belangrijkste verbinding was die van de incahoofdstad Cuzco naar de heilige stad Machu Picchu.

Toen de Spanjaarden in 1532 op brute wijze de macht overnamen, hebben zij Machu Picchu nooit gevonden. Grote stukken van de Inca Trail ontsnapten aan hun aandacht. De stad werd pas in 1911 ontdekt door een Amerikaanse professor. In de Spaanse geschriften werd met geen woord over de stad gerept, maar het schijnt dat de mensen uit de omgeving altijd van haar bestaan op de hoogte zijn geweest. Het was dan ook een elfjarige boerenzoon die de Amerikaan op de door de jungle overwoekerde ruïnes wees. Gezien de hoogstaande architectuur en de vondst van vele heilige objecten werd duidelijk dat het hier om een belangrijke, heilige stad ging: 'the lost city of the clouds'.

Als je door de Andes loopt, kun

je je niet voorstellen hoe men hier ooit wegen of steden heeft kunnen bouwen. Door de hoogte zit er weinig zuurstof in de lucht en de kleinste inspanning zorgt ervoor dat je het gevoel hebt dat je hart uit je lijf bonst.

Vanuit Cuzco, inmiddels een van de mooiste koloniale steden van Peru, vertrekken verschillende excursies naar Machu Picchu. Je kunt in vier dagen naar de verloren stad lopen, rechtstreeks met een trein afgezet worden (dit is vooral populair bij oudere toeristen) of kiezen voor de gulden middenweg, en in twee dagen een deel van de route afleggen. Helaas is onlangs tijdens hevige regenval een deel van de spoorlijn weggespoeld, dus check de actuele situatie als je van plan bent de trein te nemen.

In langzaam tempo loop je bepakt en bezakt door dichte jungle, over bergpaden en langs water-

valletjes. Om de tien minuten moet je stoppen om op adem te komen, maar dat geeft je de gelegenheid om de omgeving in je op te nemen. Die is niet te beschrijven zo mooi!

De route kent lastige stukken, zorg er dus voor dat je in goede conditie bent als je aan deze tocht begint. 's Avonds wordt je tentje opgezet en kookt de gids een simpele maaltijd. Doodop val je uiteindelijk in slaap, terwijl je buiten de junglegeluiden hoort.

De volgende ochtend wordt de tocht vroeg voortgezet. Afhankelijk van het tempo van de groep loop je vijf tot acht uur per dag. Er zijn momenten dat je er helemaal doorheen zit, maar iedereen in de groep verlegt zijn grenzen en is solidair met elkaar. Als je weer een moeilijk stuk overwonnen hebt voel je je letterlijk en figuurlijk *on top of the world*!

Op de een na laatste dag (als je de vierdaagse trail doet) krijg je je eerste voorproefje van hoe Machu Picchu eruit zal zien. In de verte zie je Wiñaywayn, een oude stad die tegen een bergtop aangebouwd is en zo'n mooi uitzicht over de Andes geeft dat het moeilijk voor te stellen is dat het hierna nog mooier kan. De laatste slaapplek voor de grote dag is drukbevolkt: hier komen alle wegen naar Machu Picchu samen, en er verblijven veel (soms luidruchtige) toeristen. De volgende ochtend om vijf uur staat iedereen te dringen om het laatste stuk af te leggen: de weg naar de zonnepoort.

Via een laatste lastige klim kom je bij de ruïnes van een tempel. In de wolken verderop ligt Machu Picchu verscholen. Als de zon opkomt en de wolken wegtrekken, zie je haar liggen. Een plaatje waarvan je adem stokt. Tegen woeste, puntige rotsen ligt een gigantische, legendarische stad, waar ooit koningen, priesters, waarzeggers en jonge maagden woonden. Een stad waar je uren doorheen kunt struinen, en waar je je kunt blijven verbazen over zo veel vergane beschaving. Maar die eerste aanblik is en blijft het allermooist!

**WAT:** Grootste archeologische vondst van Zuid-Amerika
**WAAR:** Machu Picchu, Peru
**WANNEER:** De beste tijd om Peru te bezoeken is in de maanden september en oktober. Juni tot augustus zijn qua weer het best, maar het is dan wel heel druk door de vakanties van de Europeanen en de Amerikanen.
**WAT KOST HET:** Peru is een goedkoop vakantieland. Accommodatie, transport en voedsel zijn vaak heel betaalbaar, maar westerse hotelketens zijn wel weer prijzig.
**MEER INFO:** Algemene informatie over Peru: www.peru.org.pe; www.shoestring.nl

# NIÑOS HOTEL

## Peru

Als je veel reist zie je niet alleen mooie plekken, je wordt ook geconfronteerd met armoede in de wereld. Er zijn toeristen die een land bezoeken en zo gegrepen worden door wat ze daar aantreffen dat ze niet meer weg willen en ter plekke aan de slag gaan, met de middelen die ze hebben. Tijdens mijn reizen heb ik zulke vechters ontmoet en voor hen heb ik gigantisch veel respect omdat het heel wat bloed, zweet en tranen kost om op zo'n manier je idealen achterna te gaan.

Iemand voor wie dat zeker geldt is Jolanda van de Berg. Acht jaar geleden reisde zij naar Peru

en sindsdien is haar lot sterk verbonden met dat van de straatkinderen daar. Ze liet huis en haard in Nederland achter en vestigde zich in Cuzco, de oude hoofdstad van het incarijk, hoog in het Andesgebergte.

Cuzco ligt in het Andesgebergte en is het vertrekpunt voor een meerdaagse tocht naar de heilige incastad Machu Picchu. Het is een populaire bestemming van toeristen en heel erg mooi door haar ligging, door de bouwkunst en de goede sfeer. In het omliggende Andesgebergte wonen vele straatarme gezinnen, die niet voor hun kinderen kunnen zorgen. Op jonge leeftijd worden de kinderen naar Cuzco gestuurd om voor zichzelf te zorgen, wat lang niet altijd lukt. Als je op straat loopt in Cuzco zie je om de twee meter een verwaarloosd kindje, dat je kaarten of kauwgom probeert te verkopen. Om juist deze kinderen te helpen besloot Jolanda twee hotels te openen waarvan de opbrengst volledig ten goede zou komen aan deze zwervertjes.

De Niños Hotels liggen in het centrum van de stad Cuczo, op loopafstand van het Plaza de Armas. Dit is het centrum van de stad, een groot plein met een fontein, winkels en restaurantjes. De Niños Hotels zijn gevestigd in oude, geheel gerestaureerde gebouwen, van respectievelijk 300 en 150 jaar oud. Twee keer won een Niños Hotel de prijs voor het beste tweesterrenhotel van Cuzco, de laatste keer in 2003. De hotels zijn groot en ruimtelijk, hebben een patio en zijn basic-chic ingericht. Je huurt al een tweepersoonskamer met badkamer voor € 20 per nacht. De kamers zijn vernoemd naar de geadopteerde zonen van Jolanda en haar vriend Titus Bovenberg.

Zij hebben niet alleen twee fantastische hotels opgezet, ook adopteerden zij twaalf straatjongens. Met de jongens en hun twee dochters wonen zij achter

het eerste Niños Hotel, en hebben zij zich onmisbaar gemaakt voor de kinderen van Cuzco.

Alle opbrengsten van het hotel gaan naar de stichting Niños Unidos Peruanos. Die stichting wordt ook gesteund door donateurs in Nederland, die zich het lot van de straatkinderen aantrekken.

Om te voorkomen dat de kinderen honger lijden en op straat leven, vangen Jolanda en Titus ze op. Naast de hotels, waar de kinderen meehelpen en verantwoordelijkheid leren dragen, runnen Jolanda en Titus een kinderrestaurant waar 250 kinderen elke dag gratis eten. Ook zorgen zij ervoor dat de kinderen naar de tandarts kunnen, huiswerkbegeleiding krijgen en sporten. De stichting werkt niet met vrijwilligers, maar heeft veertig Peruanen in dienst die zo kostwinner voor hun gezin zijn. Als je in een Niños Hotel logeert draag je niet alleen bij aan het goede doel, het zijn ook nog eens de leukste hotels van Cuzco!

**WAT:** Bijzonder hotel waarmee je een goed doel steunt

**WAAR:** Cuzco, Peru

**WANNEER:** Het hele jaar door

**WAT KOST HET:** Ticket vanaf € 750. Een eenpersoonskamer in het Niños Hotel heb je vanaf € 14.

**MEER INFO:** www.ninoshotel.com; Stichting Niños Unidos Peruanos: giro 6946511; www.greenseat.nl; www.treesfortravel.nl; www.habitat.nl

# DE AZOREN: SAN MIGUEL, PICO EN FAIAL

## Portugal

Ik heb een onvoorstelbare voorliefde voor afgelegen vreemde oorden waar bijna geen toerist te vinden is. Van die oorden waarvan je alleen maar kunt gissen hoe het er daar uit zal zien.

Een bestemming die daar volledig onder valt is de Portugese eilandengroep de Azoren. Het enige waar ik de Azoren van kende waren de weerberichten, want maar al te vaak hoor je de weerman praten over een lagedrukgebied dat zich boven de Azoren ontwikkelt. Ondanks deze reputatie is het weer hier prima, met gemiddelde temperaturen tussen de 13 en de 25 graden. Toch merk je wel degelijk dat je hier midden in de oceaan zit: het ene moment schijnt de zon, het andere moment sta je in de stromende regen. Het weer kan hier echt van het ene op het andere moment omslaan.

De Azoren is met recht een afgelegen oord. De eilandengroep, bestaande uit negen kleine eilanden, ligt midden in de Atlantische Oceaan, precies tussen Portugal en New York.

Omdat de Azoren officieel bij Portugal horen, hebben de eilanden zeker een Zuid-Europese uitstraling, maar lijken de verschillende eilanden vaak meer op Ierland dan op het Portugese vasteland.

De eilanden zijn enorm groen met prachtige bossen, ruige rotsen aan de kust en een wild kolkende zee. Maar je vindt er ook lieflijk glooiende heuvels waar bonte koeien grazen, smalle paadjes die zich door het landschap slingeren en kleine schilderachtige dorpjes waar in de plaatselijke dorpskroeg met een beetje geluk twee klanten aan de bar zitten. In de Azoren gaat het leven op zijn beloop en heeft niemand haast. Dat wordt je heel snel duidelijk als je hier aankomt.

Het belangrijkste eiland is San Miguel, ook wel het 'groene eiland' genoemd. Hier vind je ook de hoofdstad Ponta Delgada. De ligging is perfect: in een beschutte baai, uitkijkend over de zee.

De stad zelf is ook prachtig maar heeft wel een nadeel: de smalle straatjes zijn totaal niet berekend op het groeiende aantal auto's, dus kijk goed uit als je over straat loopt! Toch is het een plek waar je prima een paar dagen kunt verblijven, want er is genoeg te beleven en te zien, zoals het prachtige Carlos Machadomuseum en het negentiende-eeuwse Sant'Anapaleis, dat is omgeven door prachtige tuinen.

Maar er is hier zoveel meer, bijvoorbeeld het prachtige plaatsje Furnas. Hier zijn de bijzondere botanische tuinen van Terra Nostra. Je vindt er een prima hotel met dezelfde naam, omgeven door exotische tuinen met de meest wonderbaarlijke planten en bloemen. Het vreemde is dat het middelste gedeelte van het park, met twee grote vijvers, eruitziet als een doorsnee Europees stadspark, maar niets is minder waar. Het water is namelijk thermaal, door vulkanische warmte verhit tot een graad of 37 en het is dan ook heel normaal om hier het water in te springen! Je vindt er zelfs gratis kleedhokjes en dus dobber je uren rond in dit park, terwijl moeders met kinderwagens voorbij wandelen en groepjes oude mannetjes op bankjes zitten te praten.

Overal op het eiland vind je trouwens vulkanische activiteit, bijvoorbeeld rondom het helderblauwe Furnasmeer. Hier zijn namelijk de Caldeiras, hete vulkani-

SOU.TODA.TUA

sche bronnen met water dat uit de grond omhoog komt borrelen. De inwoners van San Miguel maken er hun *cozido*-lunch, een stoofpot van vlees en groenten. Dit gerecht wordt klaargemaakt door de pan in een van de Caldeiras te zetten en het zes uur te laten koken. Rondom het meer liggen verschillende parken waar je vooral in het weekend heel veel families ziet die hier de hele middag op een groot kleed zitten, eindeloos wijn drinken en uiteindelijk de cozido gezamenlijk opeten. Ook als toerist kun je zo lunchen: óf je boekt een tour naar het meer (via je hotel of de VVV), óf je begint gewoon een gezellig gesprek met een familie bij het meer. Tien tegen één dat je mee mag eten!

Een ander eiland dat je niet mag missen is het eiland Pico, het 'Bergeiland', dat wordt gedomineerd door de gigantische Picoberg, een slapende vulkaan die met zijn 2351 meter de hoogste berg van Portugal is. Beklim deze berg (liefst met gids want het is een zware klus) en word beloond met een oogverblindend uitzicht over de hele archipel.

Ook mooi is de ruige kustlijn met de Arcos do Cachorro, indrukwekkende kunstwerken van gestolde lava waar de zee tunnels in heeft geslagen.

Wil je langer op Pico verblijven dan móet je een huis huren van Adegas do Pico, die een aantal waanzinnig mooie huizen bezitten hier op het eiland. Kijk op hun site en je weet wat ik bedoel (zie hieronder). Vergeet niet in een plaatselijke bar een Verdelho te bestellen, een mierzoet drankje dat gemaakt wordt van de druiven die op de helling van de vulkaan groeien.

Tegenover Pico ligt het eiland Faial, dat vooral bij zeezeilers beroemd is. De Azoren zijn namelijk een belangrijke plek voor zeiljachten die oversteken vanuit Europa naar het Caribisch gebied en vice versa. Op Faial vind je in het plaatsje Horta een enorme jachthaven waar de schippers en hun bemanning na weken op zee te hebben gezeten eindelijk weer voet aan wal kunnen zetten. De jachthaven zelf is ook als niet-zeiler de moeite waard, want het is traditie dat de schippers die hier aanmeren een wandschildering op de muren rondom de kade aanbrengen. Je kunt dan ook uren dwalen langs deze schilderingen die allemaal een ander verhaal vertellen. En om het af te maken drink je een stevige borrel in café Peter. Een bekende uitspraak onder zeilers is dat je Horta niet gezien hebt als je niet in café Peter bent geweest. Iedere zeiler die hier aanlegt gaat naar dit café om weer eens een goede maaltijd te eten, het weerbericht te checken, geld te wisselen, sterke verhalen te vertellen en andere zeilers te ontmoeten (of toeristen, want die zijn ook meer dan welkom). Het café, dat meer dan honderd jaar geleden begon als een klein zaakje waar alleen lokale handwerkproducten werden verkocht, groeide in de loop der jaren uit tot een van de belangrijkste ontmoetingsplaatsen op de Azoren.

En dan zijn er nog vijf eilanden die ik nog niet gezien heb, dat belooft wat.

**WAT:** De eilanden San Miguel, Pico en Faial

**WAAR:** De Azoren

**WANNEER:** De beste tijd om de Azoren te bezoeken is in de zomer, als de minste regen valt

**WAT KOST HET:** De Azoren zelf zijn geen dure eilanden. Voor de vlucht betaal je bij TAP, de Portugese luchtvaartmaatschappij, ongeveer € 450.

**MEER INFORMATIE:** Algemene informatie over de Azoren: www.azores.com. Dit is de officiële site van de Azoren en je vindt er informatie over alle afzonderlijke eilanden. Pico: verhuur van huizen: www.adegasdopico.com; Faial: café Peter www.petercafesport.com

# WOESTIJN

## Qatar

Laat ik me eens aan een kleine voorspelling wagen: over tien jaar is Qatar een heel bekend vakantieland geworden hier in Nederland. Heel wat mensen zullen daar helemaal niets van geloven, momenteel weet ongeveer 99 procent van de Nederlandse bevolking niet eens waar dit landje ligt, laat staan dat ze er op vakantie gaan.

Qatar is een van de vele kleine staatjes aan de Perzische Golf die halverwege de vorige eeuw opeens onvoorstelbaar welvarend werden door de vondst van olie voor de kust. In het geval van Qatar was het trouwens vooral het aardgas dat voor de plotselinge rijkdom heeft gezorgd, maar gemakshalve staat het land nu ook als oliestaat bekend.

Vóór de komst van het grote geld was Qatar niet meer dan een snikheet en kaal schiereiland voor de kust van Saudi-Arabië waar je niet veel meer vond dan uitgestrekte woestijn met slechts hier en daar een kleine vissersnederzetting. Maar met de vondst van het aardgas veranderde het land in korte tijd van een slaperig oord tot een bedrijvige samenleving waar plotsklaps heel veel geld te besteden was. Ondanks het feit dat veel landen opeens bijzonder geïnteresseerd bleken te zijn in deze kale zandplaat, kregen de inwoners het toch voor elkaar om zelfstandig te blijven.

De machtigste man van Qatar is Sheikh Hamad Bin Khalifa Al-Thani, wiens familie het land al tijden bestuurt en die als de rijkste familie van dit deel van de wereld wordt beschouwd. Maar niet alleen de emir en zijn familie profi-

teerden van het grote geld. Heel de samenleving kon het zich ineens veroorloven grote huizen te bouwen, enorme auto's te importeren en er een zeer dure levensstijl op na te houden.

En al dat geld zorgt ook voor andere ontwikkelingen: zo besloot men een voetballeague te starten waarvoor prachtige nieuwe stadions werden gebouwd en grote voetballers in de nadagen van hun carrière voor een godsvermogen naar dit land werden gelokt. Zo hebben de broertjes De Boer onlangs getekend om hier in Qatar een paar jaar te komen spelen.

Maar er is meer: Qatar organiseert sinds kort een grote rally in

de woestijn, er zijn belangrijke golf- en tennistoernooien geïntroduceerd (natuurlijk met megaprijzenpot) en er vinden belangrijke paardenraces plaats, om maar wat te noemen. Een voorlopig hoogtepunt moet komen in 2006, want dan organiseert het land de Asia Games en dat belooft groots te worden. Voor dit evenement zijn alleen al 22 zeer luxe hotels in aanbouw en het is de bedoeling dat de toeristen die bedden gaan vullen als de sporters (en hun supporters) eenmaal weer verdwenen zijn. Ook worden er steeds meer culturele evenementen georganiseerd, zoals opera's in de woestijn en optredens van megasterren.

Het toerisme was nooit een belangrijke prioriteit, maar daar is de laatste tijd verandering in gekomen, zeker nu het nabijgelegen Dubai steeds bekender wordt als toeristenoord. Grote kans dat het ze gaat lukken, want wat dacht je van alle voordelen die het land te bieden heeft: er is bijna altijd zon, de hotels zijn er gloednieuw, de service is hoog terwijl de prijzen nog redelijk betaalbaar zijn.

Maar waarom zou je hier nou naartoe moeten? Wat dacht je van een 4x4-safari door de gigantische woestijn? En niet zomaar een woestijn, want Qatar is, naast Namibië, het enige land op aarde waar die overloopt in de zee. Ook een bezoek aan de hoofdstad is meer dan de moeite waard. Hier vind je een intrigerende mix van westerse rijkdom en traditionele Midden-Oostencultuur.

Wat je ook zeker niet mag missen is een duiktrip in de Perzische Golf (boekingen via je hotel) waarbij je na afloop in een traditionele bedoeïenentent kleine kopjes sterke koffie krijgt geserveerd. En ook bijzonder is om je ski's onder te binden voor een middagje onvervalst zandskiën. Het gaat daarbij vooral om de lol, want echt hard ga je niet. Maar het uitzicht van gigantische zandduinen die overgaan in de azuurblauwe oceaan is alleen al prachtig.

Qatar is een vreemd maar boeiend land, waar rijkdom de normaalste zaak van de wereld is. En ik denk dat er heel wat mensen zullen zijn die die mix wel eens met eigen ogen willen gaan bewonderen.

**WAT:** Qatar

**WAAR:** Perzische Golf

**WANNEER:** De beste tijd om Qatar te bezoeken is van januari tot en met maart, als het niet al te warm is.

**WAT KOST HET:** Vakantie in Qatar kun je zo duur maken als je zelf wilt. Qatar is geen budgetbestemming, en echt veel budgetaccommodatie is er niet. Maar als je een gigantisch luxe vakantie wilt, kun je dat hier wel redelijk betaalbaar doen.

**MEER INFORMATIE:** Algemene informatie over Qatar: www.mideasttravelnet.com/mideastsite/Qatar/gn.html

# SINT-PETERSBURG

## Rusland

Een stad als een openluchtmuseum, dat is Sint-Petersburg, maar ook een stad waar je je ogen uitkijkt door de mix van verleden en heden. Overal waar je kijkt staan waanzinnige gebouwen, lopen mooie jonge meiden en komt de politie voorbij in Trabantjes. De stad ligt vier uur vliegen van Nederland en de pret begint, als je met Polkovo Airlines vliegt, al in het vliegtuig. Deze Russische maatschappij heeft toestellen die zijn ingericht zoals het huis van je oma vroeger. Veloursbehang langs de wanden, grote pluizige stoelen en alleen de kroonluchters ontbreken.

Tijdens de rit van het vliegveld naar de stad zie je typische Oostblokflats en passeer je een levensgroot beeld van Lenin; precies zoals je je het oude Rusland had voorgesteld. Maar eenmaal in het centrum van Sint-Petersburg beland je in een stad die misschien wel mooier is dan Rome, Parijs en Barcelona bij elkaar.

Sint-Petersburg is gebouwd op 42 eilanden rond de rivier de Neva. Het belangrijkste eiland is Fontanka, hier liggen alle toeristische attracties zoals de kerk van de verlosser van het bloed (echt een pláátje), het Marinskytheater en de Hermitage.

De leukste manier om de stad te verkennen is per boot, en dat is slechts een van de overeenkomsten tussen Sint-Petersburg en Amsterdam. Tsaar Peter de Grote, die de stad precies 300 jaar geleden stichtte, heeft lang door Europa gereisd en raakte verknocht aan onze hoofdstad. Toen hij zijn droomstad bouwde, deed hij dit dan ook naar Amsterdams voor-

beeld. Als je met een boot door de Russische grachten vaart herken je plekken zoals het Rokin, de Keizersgracht en zelfs de zeven bruggen, waaronder de Magere Brug.

In tegenstelling tot de rest van de bevolking was de tsarenfamilie ontstellend rijk. Ze vergaarden hun fortuin door belasting te heffen op wodka, wat de mensen met flessen tegelijk dronken om de kou en de misère te vergeten. Het stelde de tsaren in staat om de mooiste gebouwen te bouwen en de grootste kunstcollectie in de wereld te verzamelen.

Het absolute hoogtepunt van een bezoek aan Sint-Petersburg is dan ook het oude winterpaleis van de tsarenfamilie, nu het belangrijkste kunstmuseum in de wereld. In de Hermitage kun je zien hoe schatrijk Peter de Grote en zijn gevolg eigenlijk waren. De entree alleen al is gemaakt van marmer en afgewerkt met puur goud. In vitri-

nes staan prachtige sieraden, diamanten, smaragden en robijnen tentoongesteld. De Hermitage bezit de grootste collectie Rembrandts in de hele wereld, nog meer dan het Rijksmuseum of het Rembrandthuis. Je ziet eeuwenoud werk van Da Vinci en Michelangelo, maar ook meesterwerken van Picasso en Dalí hangen aan de muur. De collectie in de Hermitage is zo groot, dat als je bij elk kunststuk een minuut zou blijven kijken, je een jaar verder bent. En dan te bedenken dat slechts 3 procent van de hele collectie in het museum tentoongesteld wordt. De rest ligt in pakhuizen of wordt vertoond in buitenlandse musea. Sinds kort heeft Amsterdam ook een dependance van de Hermitage: op Nieuwe Herengracht 14 kun je terecht voor een voorproefje van het echte werk.

In een stad als Sint-Petersburg, waar over elke straathoek wel een mooi verhaal te vertellen valt, is het geen overbodige luxe om een gids te huren. Zij regelen je visum (heel belangrijk en lastig om zelf te doen), de accommodatie, en ze kennen alle *ins en outs* van de stad. Sint-Petersburg is namelijk niet alleen historisch gezien interessant, je kunt er ook geweldig stappen, eten en romantisch dwalen over meer dan 300 bruggen. Een stad om verliefd op te worden.

WAT: Het belangrijkste kunstmuseum in de wereld, de Hermitage

WAAR: Sint-Petersburg

WANNEER: Van mei tot juni heb je de ‘witte nachten’, de zon blijft 24 uur per dag aan de hemel, maar ook de koude winter moet prachtig zijn.

WAT KOST HET: Entree voor de Hermitage € 13, tweedaagse pas € 20

MEER INFO: Rusland algemeen: www.russia-travel.com; www.hermitagemuseum.org, www.hermitage.nl

# EDINBURGH

## Schotland

Elk jaar in augustus vindt het Edinburgh-festival plaats. Het is het grootste en belangrijkste kunstfestival in de wereld, en maanden van tevoren zijn alle hotels dan ook al volgeboekt. De stad barst uit haar voegen: de grootste artiesten op het gebied van 'serieuze' muziek, dans en drama vertonen hun kunsten.

Gelijktijdig wordt het Fringe-festival gehouden, een festival waarbij 500 amateuristische artiesten de kans krijgen om voor een uitzinnig publiek op te treden in parken en cafés, verspreid over de stad. En alsof dat nog niet genoeg is wordt ook het internationale filmfestival, het boekenfestival, én het jazz- en bluesfestival in de laatste weken van augustus gehouden.

Het organisatorisch centrum van alle festiviteiten en tevens het culturele centrum van de stad heet The Hub. Deze kerk uit 1840 is nu gerestaureerd en het is de beste plek om naartoe te gaan als je nog kaartjes voor een voorstelling wilt bemachtigen. Je kunt er goed eten, exposities bekijken en het is er altijd druk en gezellig.

De grootste attractie is de Military Tattoo, de afsluiting van het festival. Op de esplanade van het Edinburgh Castle klinken honderden doedelzakken en laat het Schotse leger haar mooiste parade zien. Ook zijn er dansende kleine Schotse meisjes die dansen zoals de beroemde Riverdancers uit Ierland. (Zo danst men namelijk niet alleen in Ierland!) Wie op de Military Tattoo mag optreden is de held van de dag, want de BBC zendt de registratie live uit en heel Groot-Brittannië (Schotland, Engeland en Wales) kijkt mee.

Maar ook als je niet tijdens het Edinburgh-festival komt is dit een van de leukste steden van Europa. Het hart van de stad staat op de Werelderfgoederenlijst en dat is te zien. Het bekendste landmark van de stad is Edinburgh Castle dat boven op een berg staat in het centrum en dat als het ware over de stad waakt. Het kasteel stamt uit de twaalfde eeuw, toen Schotland onafhankelijk was en koningin Mary zich de moeder van alle Schotten mocht noemen. In de avonduren wordt het kasteel prachtig verlicht en waan je je met een beetje fantasie in de Middeleeuwen.

Er is meer dat je aan het verleden doet herinneren. Edinburgh kent bijvoorbeeld een ondergronds gangenstelsel waarvan gezegd wordt dat er geesten dolen. Een deel van de oude stad werd ten tijde van de pest met cement overgoten waarbij de bewoners als ratten in de val zaten. Op de plek waar nu het gemeentehuis staat, kun je via de kelder naar Mary King's Close, een straat waar een epidemie heerste en de overledenen nog altijd geen rust hebben gevonden. Je kunt hier een voorstelling bijwonen die over deze geschiedenis gaat, want Schotten houden van hun spookverhalen.

Ook het meest bijzondere hotel van de stad, The Witchery, laat het verleden niet met rust. Het ligt boven aan de Royal Mile, aan de poorten van het Edinburgh Castle, en is in middeleeuwse stijl ingericht. Fans van Harry Potter wanen zich hier op Zwijnestein en ook Hollywood-sterren als Catherina Zeta-Jones en Madonna zijn hier gesignaleerd. Het hotel is prachtig, maar aangezien de € 380 per nacht voor een suite (weliswaar met gratis fles champagne) wel erg gortig is, kun je ook vanaf € 15 euro eten in het bijbehorende restaurant zodat je toch even de sfeer kunt proeven. Het eten is er zeer goed en de specialiteiten, Schotse zalm of oesters, zijn legendarisch. Als je toch in Edinburgh bent, kun je jezelf een bezoek aan The Witchery eigenlijk niet onthouden.

**WAT:** Het grootste kunstfestival in de wereld en The Witchery, het spannendste en meest romantische hotel van Edinburgh
**WAAR:** Edinburgh, Schotland en The Witchery: The Royal Mile, aan de poorten van Edinburgh Castle
**WANNEER:** Laatste twee weken van augustus. Wil je in The Witchery slapen dan doe je er goed aan ruim van tevoren te reserveren.
**HOEVEEL KOST HET:** Kaartjes voor de voorstellingen variëren van € 20 tot € 70; The Witchery: suites kosten € 380 per nacht voor een kamer in middeleeuwse stijl, maar wel met breedbeeldtelevisie en dvd-speler.
**MEER INFO:** www.edinburghfestivals.co.uk; hotel: www.thewitchery.com. Voor reserveringen kun je bellen met +44 (0) 131 225 5613

# SPOOKKASTEEL

## Schotland

Schotten zijn een eigenzinnig en reislustig volk. Er wonen er vijf miljoen in het land zelf, en 25 miljoen Schotten wonen verspreid over de wereld. In Schotland heb je niet gewoon familie, maar behoor je tot een clan. Elke clan heeft een eigen kilt met daarop het familieruitje. Woonden je voorouders bij een beekje, dan heb je een streepje blauw in je kilt. Is geel de overwegende kleur dan had men vroeger veel te maken met hooi. Kilts worden nog altijd met trots gedragen en er zijn inmiddels ook moderne versies van latex en leer.

Twee van de grootste clans, die vroeger veel met elkaar streden, waren de MacCleans en de Campells. Ze bezaten grote stukken grond en vele kastelen. In Barcaldine, vlak bij Oban, staat een van de kastelen van de Campell-clan. Het is het laatste kasteel bewoond door een Campell, Roderick, maar fungeert inmiddels als *bed & breakfast*.

In Schotland houdt men van spookverhalen, en in veel kastelen waart dan ook de geest van een oudoom of -tante. Eigenlijk geloofde ik daar niet zo in, maar na mijn overnachting in Barcaldine Castle ben ik hier niet meer zo zeker van.

Door een prachtig landschap rijden mijn reisgenoot en ik vanuit Edinburgh naar het zuiden. Onderweg doorkruisen we indrukwekkende bergpassen, zien we prachtige meren en hier en daar de ruïnes van een kasteel. Barcaldine Castle is niet makkelijk te vinden, maar eenmaal aangekomen zijn we blij: een klein, robuust kasteeltje in een prachtige setting.

Via een steile wenteltrap brengen we de koffers naar onze kamer. Halverwege passeren we 'Caroline's Room', de kamer van Caroline Campell, derde in de lijn na de grote Sir Duncan Campell. Er wordt gefluisterd dat haar geest nog altijd door het kasteel spookt. De blauwe jurk die ze daarbij aan schijnt te hebben hangt nu nog gewoon op een haakje aan de muur.

Na een korte wandeling in de buitenlucht worden we uitgenodigd voor het diner met de familie, dat in de kelder plaatsvindt. Hele aardige mensen maar onmogelijk om te verstaan. Niet veel later zitten we met een glas whisky bij de open haard. De huiskamer hangt vol met oude verkleurde foto's en trofeeën van de jacht. Buiten is het ondertussen pikkedonker.

We kruipen stommelend naar boven en horen vanachter de deur

van Caroline's Room doffe pianomuziek, door Roderick geïnstalleerd om de spanning een beetje op te bouwen. Een spook in je kasteel mag je immers best commercieel uitbuiten.

Ons vertrek is groot en schoon, met een hemelbed in het midden. Ik doe mijn uiterste best, maar het wil maar niet lukken om in slaap te vallen. Naast me hoor ik ook gewoel: die is dus ook nog wakker. Uiteindelijk val ik toch in slaap, maar het is een onrustige en warrige nacht.

Midden in de nacht word ik badend in het zweet wakker, ik heb een nachtmerrie gehad over een grote brand en een zware oorlog. Gedesoriënteerd stap ik uit bed om naar het toilet te gaan. Als ik daar zit, met dichte ogen van de slaap, voel ik plots een zachte windvlaag langs mijn wang en een siddering trekt over mijn ruggengraat. Snel kruip ik weer mijn bed in en pas tegen de morgen word ik weer wakker.

Mijn reisgenoot blijkt ook een zware nacht gehad te hebben want hij ziet er niet uit. Hij vertelt me dat hij ook de hele nacht onrustig heeft geslapen en dat hij constant geplaagd werd door dromen over grote vuurzeeën.

Als we aan het ontbijt over onze dromen vertellen aan de heer des huizes, glijdt er een kleine glimlach over zijn gezicht. 'Dat moet Caroline zijn geweest die jullie bezocht heeft. Ooit kwam ze om bij een grote brand en sindsdien komt ze af en toe langs.'

Als we later op de morgen het kasteel verlaten en ik nog een keer achterom kijk, lijkt het alsof er op het dak iemand staat die ons uitzwaait. Of is mijn fantasie nou helemaal met me aan de haal gegaan?

**WAT:** Spookkasteel

**WAAR:** Barcaldine, Schotland

**WANNEER:** Hele jaar door, extra spannend in de winter

**WAT KOST HET:** € 30 per nacht per kamer, inclusief ontbijt

**MEER INFO:** Schotland algemeen: www.visitscotland.com; www.aboutscotland.com/argyll/barcaldinecastle.html

# DROOMEILANDEN

## De Seychellen

Als je van exclusieve tropische eilanden houdt, zit je goed op de Seychellen! Midden in de Indische Oceaan, op vier graden van de evenaar, liggen 115 eilanden die stuk voor stuk kleine paradijsjes zijn. Het grootste eiland Mahé is net zo groot als Texel. Wat de Seychellen uniek maakt in vergelijking met andere bountyeilanden in de wereld, is dat ze zijn opgebouwd uit graniet. Op de witte stranden staan hoge rotsen, die donker en dramatisch afsteken tegen de knalblauwe zee. Als reclamemakers een ideaal strand zoeken, reizen ze negen van de tien keer naar de Seychellen. Ner-

gens in de wereld worden dan ook zo veel *photoshoots* gemaakt als op deze eilanden.

In de wateren rond de Seychellen leven 43 verschillende soorten walvissen en dolfijnen. Er zwemmen zo'n 1000 andere vissoorten en ook vind je er volop haaien (gelukkig van een ongevaarlijke soort). Op de eilanden groeien ananassen, passievruchten, bananen, mango's, papaya's en lychees. De eilandengroep is een van de weinige plaatsen op de wereld die niet door natuurlijke gevaren zoals aardbevingen of orkanen getroffen wordt. Ook malaria en andere tropische ziektes komen hier niet voor.

Wat is er dan mis met de Seychellen dat we er nog niet massaal naartoe verhuisd zijn? De reden is simpel: de Seychellen zijn aardig prijzig!

De regering van de eilanden heeft besloten dat ze liever 10 toeristen ziet, die elke dag – 1000 te besteden hebben, dan 1000 toeristen die elke dag – 10 uitgeven, zoals bijvoorbeeld in Thailand.

De duurste plek om vakantie te vieren is Fregate Private Island. Hier logeerden Brad Pitt en Jennifer Aniston een paar jaar geleden met een grote groep vrienden tijdens de kerstdagen. De stijlvolle villa's op het privé-eiland hebben een bubbelbad met uitzicht op zee en zijn voor 4500 Amerikaanse dollar per nacht te huur! Een plek waar de gefortuneerden komen om in alle rust en anonimiteit op vakantie te gaan.

Een eiland waar meer te beleven is is Praslin. Het is het op twee na grootste eiland van de archipel en ligt op 40 kilometer varen van Mahé. Praslin is 11 kilometer lang en 4 kilometer breed en is met recht een van de mooiste eilanden van de wereld. Midden op het eiland ligt een bijzonder natuurpark, de Vallée de Mai. Het gebied staat vol 30 meter hoge coco-de-

merpalmen, waar de grootste vrucht ter wereld aan groeit. Het is de laatste plek in de wereld waar ze voorkomen, en al eeuwenlang zijn de noten het onderwerp van legenden. De mannelijke coco-de-merbomen hebben een fallus en de vrouwelijke bomen geven dubbele noten af: ze vertonen een opvallende gelijkenis met de menselijke geslachtsdelen. Volgens sommige theorieën is de vallei op Praslin dan ook het paradijs uit de bijbelse Hof van Eden.

Hier op Praslin vind je trouwens ook het mooiste strand van de Seychellen: Anze Lazio. Sommige mensen beweren zelfs dat dit het mooiste strand op aarde is en met zijn azuurblauwe water, helderwit zand, kalme branding, ideale watertemperatuur en grote granieten rotsen komt het zeker een eind in de buurt van die titel. Het mooie is dat dit slechts een van de vele beeldschone stranden is hier. Het best kun je er per fiets of huurauto opuit gaan om de verlaten stranden zelf te ontdekken, gegarandeerd dat je wel een paradijsje tegenkomt.

Mocht je denken dat dit moois voor jou niet haalbaar is, dan heb je het mis: ondanks het feit dat je hier bijna geen budget-accommodatie vindt, zijn er gelukkig nog wel een aantal betaalbare hotels op de eilanden. Een goede tip is het Guesthouse Fleur de Ly's, op het eiland La Digue, midden in een prachtige tuin. Het wordt gerund door een Engels echtpaar. De kamers zijn ruim en schoon en je kunt zelf je eten koken, wat veel geld scheelt. Maar je kunt ook een driegangenmenu bestellen voor 13 euro, deze maaltijd kun je op je eigen veranda nuttigen. Als je ruim van tevoren je ticket aanschaft is dit paradijs opeens een stuk betaalbaarder.

WAT: Exclusief droomeiland in de Indische Oceaan

WAAR: Fregate Private Island en Praslin, de Seychellen

WANNEER: De beste reistijd voor de Seychellen is afhankelijk van wat je wilt gaan doen. Voor zeilen en surfen kun je het best in mei of oktober komen. Het duiken is weer beter van maart tot mei en van september tot november. De duurste tijd is in december, januari, juli en augustus.

WAT KOST HET: Vraag je reisagent naar aanbiedingen voordat ik je de stuipen op het lijf jaag.

MEER INFO: De Seychellen algemeen: www.seychelles.uk.com/; Fleur De Ly's: La Digue Island (vraag een local ter plekke, het is nogal moeilijk te vinden); reizen naar de Seychellen: Miles Travel: 073-548.2060 of www.milestravel.com

# KANDY

## Sri Lanka

In het hart van Sri Lanka vind je de prachtige stad Kandy. Deze voormalige hoofdstad van het Singalese koninkrijk ligt genesteld tussen de groene heuvels van de hooglanden en een prettige bijkomstigheid van deze ligging is dat het weer hier een stuk aangenamer is dan in andere delen van het land.

In Kandy bevindt zich een belangrijke plaats voor boeddhisten: de Dalada Maligawa, de 'Temple of the Tooth'. Volgens de boeddhisten ligt hier een tand van Boeddha en dus wordt deze plek gezien als een van de meest heilige plekken van Sri Lanka. De tempel is adembenemend mooi met vijvers, gouden koepels en diverse bijzondere gebedsruimtes. De tand zelf ligt in een gouden kistje, in een ruimte afgesloten door een gouden deur. Helaas is het voor toeristen niet toegestaan om de ruimte te betreden, maar je kunt wel de rest van het complex betreden.

Het hele jaar is het de moeite waard om deze plek te bezoeken. Echt bijzonder wordt het tijdens Esala Perahera, een processie die de heilige tand van Boeddha eert.

De tand wordt in een gouden kistje vervoerd op de rug van een olifant, die van slurf tot poten volledig bedekt is met kleurige gewaden. De olifant mag de grond niet raken, daarom is er over de hele route een wit linnen tapijt neergelegd. Tijdens de processie is er nog veel meer te zien. Zo lopen er tientallen andere olifanten mee, samen met duizenden oogverblindend mooie traditionele dansers en drummers die ervoor zorgen dat je de hele middag je ogen uitkijkt.

Ook 's avonds is het feest met vele optredens en voorstellingen, en de stad is prachtig versierd met duizenden vlaggen en lichtjes. Neem in ieder geval genoeg fotorolletjes mee of zorg voor veel ruimte op je digitale camera, want dit evenement is een feest voor het oog.

Wil je een bijzondere souvenir meenemen uit deze stad, dan moet je een tijdje ronddwalen in de kleine straatjes rondom de Temple of the Tooth. Hier vind je speciale tempelwinkels waar je de meest prachtige spullen kunt kopen. In de eenvoudige etalages en vitrines liggen gouden amuletten, zachte fluwelen bidkussens, kalenders met afbeeldingen van Boeddha, schilderijen van goden in gouden gekrulde lijstjes en grote kransen met nepbloemen. Het mooist zijn de gipsen boeddhabeelden, handgeschilderd met gele en rode verf, met een vredige uitdrukking op het gezicht.

De boeddha's, die heel anders zijn dan de beelden die je in Thailand koopt, zijn verkrijgbaar in alle maten: van piepklein tot meer dan een meter hoog en ze zijn echt onvoorstelbaar goedkoop. Het wordt wat lastig om die grote exemplaren in je rugzak mee te nemen, maar niet getreurd, want niet ver van deze winkels, tegenover de tempel, vind je een filiaal van FedEx waar je je beeld kunt verpakken en versturen. Nog een belangrijke opmerking: koop nooit een boeddha voor jezelf want dat brengt ongeluk...

**WAT:** Tempel in Kandy

**WAAR:** Sri Lanka

**WANNEER:** Het tiendaagse festival vindt plaats tijdens de volle maan van Esala, in juli of augustus.

**WAT KOST HET:** De processie is gratis, de beelden zijn er vanaf € 1,15 tot € 11 voor de grootste.

**MEER INFORMATIE:** Sri Lanka algemeen: www.srilankatourism.org/; kunst Sri Lanka: www.artsrilanka.org/

# RONDTOCHT

## St. Lucia

De Cariben is een van de mooiste zeilgebieden ter wereld door de verschillende bijzondere eilanden, de constante passaatwind en de prachtige azuurblauwe wateren. Een aantal jaar geleden was ik voor mijn werk op het eiland St. Lucia, een prachtig groen eiland met de beroemde Pitons, twee identieke hoge bergen. In de haven van de hoofdstad Castries ontmoette ik Marc en ik was meteen verkocht. Marc zeilde als charterschipper door dit gebied en hij kende de verschillende eilanden dan ook op zijn duimpje. Gelukkig was ik na een paar dagen klaar met werken en dus konden we met het zeilschip, dat die week niet verhuurd was, erop uit. Nadat we een week lang als twee tortelduiven door het gebied hadden gezeild, was het alweer tijd voor mij om terug te gaan naar Nederland. We zetten weer koers richting St. Lucia, waarvandaan ik het vliegtuig zou nemen.

Maar voor mijn vliegtuig vertrok, hadden we nog twee dagen op het eiland zelf en Marc stond erop om mij een aantal mooie plekken te laten zien.

In Castries huurde we een open jeep en we reden richting het zuiden. Als eerste bezochten we Marigot Bay, een prachtige beschutte baai waar we uitgebreid gingen lunchen bij JJ's Restaurant, een plek waar ook veel locals te vinden zijn. Vooral de *roasted coconut shrimps* waren om ooit voor terug te komen. Met een koude *rum punch* erbij was het leven helemaal in orde.

Het plaatsje Soufrière ligt ook aan de kust en van hieruit zie je de beroemde Pitons. Hier vind je veel kleine vissershuisjes en een markt waar je souvenirs kunt kopen. In de nabijgelegen zwavelbronnen zag ik weer een hele andere kant van St. Lucia: een maanachtig terrein met borrelende modderpoeltjes en stoom die uit de grond komt. En natuurlijk ruik je constant de altijd aanwezige rotte-eierenlucht. Je kunt er rondlopen onder leiding van een gids die je alles vertelt over dit voormalige vulkanische gebied.

Maar we bezochten ook de Diamond Botanical Gardens, een ideale plek om met een nieuwe liefde rond te wandelen. Overal zie je prachtige tropische bloemen en planten en uiteindelijk vind je achterin een grote waterval en een aantal minerale baden.

Die avond had Marc nog de grootste verrassing voor me in petto: een overnachting in het prachtige Ladera Resort. Dit hotel is tegen een rots aangebouwd en heeft een verpletterend uitzicht op de Pitons. Als je binnenkomt, zie je direct een grote binnenplaats met een grote boom waar een kleine boomhut in gebouwd is. Hier kun je tot laat in de avond naar de sterren kijken en cocktails drinken terwijl je languit op een zacht matras ligt.

Je eet op de binnenplaats en de kok is een meester in heerlijke Caribische gerechten. Maar het absolute hoogtepunt van dit hotel zijn de kamers. Deze zijn namelijk uitgehakt in de rotsen en dus slaap je eigenlijk half in de buitenlucht, omdat de westzijde van elke kamer helemaal open is. Om de pret nog groter te maken hebben bijna alle kamers een klein privé-zwembad. Douchen doe je in de buitenlucht en om daar te staan onder de warme straal met uitzicht op de Pitons is zeldzaam. En 's avonds lig je in een groot bed dat bijna in de buitenlucht staat terwijl de maan langzaam opkomt en je overal de geluiden van de jungle hoort! Ik krijg alweer heimwee als ik eraan denk.

WAT: St. Lucia

WAAR: Caribisch gebied

WANNEER: De beste tijd om St. Lucia te bezoeken is van januari tot mei, het hoogseizoen met de minste regenval.

WAT KOST HET: Autohuur: vanaf $ 45 per dag; Sulphur Springs: $ 5 per persoon; Botanical Gardens: $ 11,50 per persoon; The Ladera Resort: vanaf $ 240 per suite per nacht

MEER INFORMATIE: St. Lucia algemeen: www.geographia.com/st-lucia/index.html, autohuur: www.hertz.com
Sulphur Springs: www.geographia.com/st-lucia/lcec001.htm
Diamond Botanical Gardens: Soufrière Estate, Soufrière, St. Lucia, 001-758/452-4759
The Ladera Resort: 001-758-459.7323 en www.ladera.com

# JUNGLE

## Suriname

Bij Suriname denk je niet meteen aan vakantie, maar zelden ben ik zo blij verrast door een land. Vraag me om Suriname in één woord te omschrijven en ik kom uit op 'levendig', of 'uitbundig'.

Dat betreft niet alleen de mensen, maar ook de natuur. Het is er zo tropisch warm dat alles groeit en bloeit. In Paramaribo staan koloniale, houten huizen – in vroegere tijden gebouwd door de Nederlanders – die teruggevorderd worden door de jungle. Het hout is verrot en tussen de planken groeien onkruid en schimmels. Het geeft de stad 's avonds een beetje een vreemde sfeer, als een verlaten cowboystad uit westernfilms. Maar vergis je niet, achter de deuren gebeurt van alles. Hou je van gezelligheid, dan ben je in Paramaribo op je plek. Avonden achter elkaar, maakt niet uit elke dag van de week, kun je dansen tot je erbij neervalt. De helft van de inwoners van Paramaribo is jonger dan achttien jaar en dat verhoogt het broeierige sfeertje. Er zijn clubs en buitenfeestjes, en wie geen geld heeft stapt met vrienden in een auto, gooit de stereo open en rijdt rondjes door de stad.

Wil je niet stappen maar een hapje eten en in de buitenlucht genieten van iedereen die voorbij komt, dan is 'de waterkant' een goede optie. Hier vind je kraampjes met eten uit alle windstreken, zoals de bevolking van Suriname ook overal vandaan komt. Creolen, Hindoestanen, bosnegers (deze naam wordt met trots gedragen) Javanen, Buru's (afstammelingen van Groningse boeren), joden, Libanezen en Chinezen leven en werken samen. In

het centrum staan een synagoge en een moskee naast elkaar.

Paramaribo kent een paar bezienswaardigheden: Fort Zeelandia, de palmentuin en het Onafhankelijkheidsplein, en ook de markt is een bezoek waard. Maar na een week heb je de stad gezien en is het tijd voor het echte werk: het bos, zoals Surinamers de jungle noemen. Je kunt niet naar huis zonder het binnenland te hebben gezien!

In een land dat voor 85 procent bestaat uit Amazoneregenwoud hoef je geen snelwegen of kerk- of dorpsstraat te verwachten. Om van A naar B te komen rij je over modderpaden, neem je de boot of pak je een vliegtuig. Een tocht naar het binnenland heeft veel weg van een expeditie en is niet goedkoop, maar wel elke cent waard.

Je kunt naar Palumeu gaan, een indianendorp 400 kilometer van Paramaribo, waar meisjes met lange haren in kano's over de Tapanahonirivier varen en mannen nog altijd jagen met pijl en boog. Hier zie je hoe de originele bewoners van het land vasthouden aan hun tradities en één zijn met de natuur. De indianen geloven in bos- en watergeesten. Als er fruit op de grond ligt, mag je dit niet oprapen, het wordt gezien als een offer aan de aarde. Voedsel plukken mag wel, en dus zie je regelmatig kleine kinderen in de boom zitten om bijvoorbeeld cashewnoten te eten.

In het dorp staan een paar houten hutjes, en om een beetje bij te verdienen is er ook een gastenverblijf. Als deze plek aan de rivier over een tijd niet langer naar tevredenheid is, zullen de indianen vertrekken, diep het onbegaanbare woud in. Naar het buurland Brazilië bijvoorbeeld, want landsgrenzen bestaan hier niet. De indianen van Palumeu zijn schuchter maar vriendelijk. Al te graag nemen ze je 's avonds mee voor een tochtje op de rivier. De geluiden die je dan hoort doen je vermoeden dat je omsingeld bent door duizenden levende wezens. Als westerling heb je hier geen kans van slagen in je eentje. De natuur is machtig.

Een andere optie voor een tocht naar het binnenland is Awarradam, een dorpje dat ook aan een rivier ligt, maar waar bosnegers wonen. Dit zijn nakomelingen van slaven die wegvluchtten van de plantages en diep de jungle in trokken, daar waar hun meesters niet durfden te komen. Afgezonderd van de rest van de wereld leven de mensen hier eeuwen later nog altijd volgens Afrikaanse gebruiken en met het geloof van hun voorouders. De leider van het dorp is de *Granman*, of stamhoofd, en veel van de kinderen die rondlopen zijn zijn nazaten. Een man mag meerdere vrouwen hebben, mits hij voor ze kan zorgen. Kleine kinderen hebben touwtjes om hun middel omdat men gelooft dat kwade geesten bezit van hun zieltjes kunnen nemen. Vrouwen die ongesteld zijn verblijven in het 'ongestelhuis', omdat ze tijdelijk onrein zijn.

De mensen in Awarradam zijn een stuk opener dan de indianen van Palumeu. Ze zijn blij met bezoek van buitenaf, het is de perfecte gelegenheid voor een feestje. De ene na de andere fles Parbo (het lokale bier) wordt opengerukt, en het hele dorp loopt uit. Verhalen en legendes van vroeger worden uitgebeeld door middel van traditionele dansen. Daarbij worden heupbewegingen gemaakt die moeilijk te evenaren zijn. Op het hoogtepunt van de avond worden de gasten de dansvloer opgesleept en lacht iedereen zich he-le-maal suf om zo veel gestuntel. Toen het na een paar dagen en een paar lange nachten tijd was voor het vliegtuig terug naar Paramaribo, vertrok ik met

een brok in mijn keel. Soms raakt een plek je zo, dat je moeilijk afscheid neemt omdat je weet dat je hier niet snel zult terugkeren, er is nog zoveel meer moois te zien. Zoals Lange Tabbetje bijvoorbeeld. Hier wonen bosnegers en als het bezoek van tevoren is aangekondigd zal de Granman je met egards en Parbo ontvangen. Vanuit Lange Tabbetje stap je op een korjaal (traditionele boot) voor een tocht over de Marowijnerivier. Dit water vormt de natuurlijke grens tussen Suriname en Frans-Guyana: je kunt naar de overkant varen om in Frans-Guyana een croissantje te eten. Eindpunt van de Marowijnerivier is het kustplaatsje Galibi. Hier wonen indianen (zonder hoofdtooien) en heb je de mooiste zonsopgang van het land. Als gevolg van de constante aanvoer van modder en slib uit de Amazone is het zeewater altijd troebel. Bountystranden en blauwe zee zul je in Suriname dan ook niet vinden, maar dat wordt goedgemaakt door het natuurreservaat van Galibi. Elk jaar, van februari tot april, komen reuzenschildpadden hier aan land om eieren te leggen. Onder begeleiding van de dorpsbewoners mag je midden in de nacht mee om dit natuurspektakel te bekijken. De schildpadden leggen wel honderd eieren per keer en dat gaat met nogal wat kracht gepaard. Later in het seizoen komen de eieren uit en moeten de babyschildpadden zich een weg naar zee vechten. Suriname: nog zoveel te ontdekken en in ieder geval voor mij een van de mooiste reizen die ik ooit gemaakt heb.

WAT: Inheemse junglevolkeren

WAAR: Het binnenland van Suriname

WANNEER: Februari tot april en augustus tot december

WAT KOST HET: Ticket vanaf € 1200

MEER INFO: Suriname algemeen: www.sr.net/users/stsur; www.surinametravel.com, hier vind je alles over de verschillende tochten die je in het binnenland kunt maken.

# SUN MOON LAKE EN LANYU

## Taiwan

Mocht je ooit het vliegtuig naar Taipei, de hoofdstad van Taiwan, nemen, dan moet je eens om je heen kijken om te zien hoeveel mensen eruitzien alsof ze op vakantie gaan. Ik kan je verzekeren dat het er met een beetje geluk hoogstens één of twee zullen zijn, en meestal zijn die ook nog op doorreis naar de Stille Zuidzee.

Jaarlijks gaan er in totaal maar ongeveer 16.000 Nederlanders naar Taiwan, voor het grootste gedeelte voor zaken, en het land is daarmee een van de minst bekende vakantielanden van Azië. Ook vanuit de rest van de wereld gaan er maar mondjesmaat mensen

die richting uit en daarom heeft de Taiwanese regering besloten het land eens wat meer te gaan promoten als vakantiebestemming. De afgelopen maanden zijn er intensieve campagnes gestart die een groot publiek over de streep moeten trekken om het land te gaan bezoeken.

Maar wat is het voor land? Taiwan kun je het beste omschrijven als land met heel veel Chinese invloeden, gecombineerd met een vleugje Japan, wat Filippijnen en een tikje Pacific. Wij Nederlanders kennen Taiwan eigenlijk vooral van de term 'made in Taiwan' en je verwacht dan ook al snel een land waar je vooral fabrieken en snelwegen ziet. Voor de westkant van het eiland gaat dat ook wel gedeeltelijk op want dit is de meer industriële kant van het land. Het grootste gedeelte van Taiwan is echter prachtig groen met hoge heuvels in de binnenlanden, veel tempels en religieuze beelden, kleine oorspronkelijke dorpjes, een bloeiende en fascinerende cultuur, en grappige, vriendelijke mensen die hun best doen om je te begrijpen.

De hoofdstad Taipei is op zich niet echt heel spectaculair, hoewel je er wel een paar dagen kunt verblijven om een aantal van de highlights van de stad te bekijken. Bijvoorbeeld het Chiang Kai-Shek Memorial, een eerbetoon aan de stichter van Taiwan, en een aantal bijzondere en oude tempels die nog steeds volop in gebruik zijn. Ook om te shoppen zit je hier goed, want zaken als kleding en elektronica zijn hier stukken goedkoper dan in Nederland.

Op twee uur rijden van Taipei ligt de grootste toeristische attractie van het land: Taroko Gorge, een gigantische kloof waar een smalle weg doorheen slingert. Maar je hebt ook een aantal bijzondere steden aan de westkust, zoals Kaohsiung waar je onder meer sporen kunt vinden van de Nederlandse aanwezigheid in Taiwan honderden jaren geleden.

Toch zijn er twee plekken die ik je extra zou willen aanraden. Als eerste is dat Sun Moon Lake, in het hart van het land. Sun Moon Lake is van oorsprong een heilige plek voor de Shao-stam, een van de eerste bewoners van Taiwan. Tegenwoordig is het vooral de favoriete bestemming van pasgetrouwde stelletjes. Volgens bijgeloof zou een bezoek aan dit meer namelijk goed zijn voor de vruchtbaarheid van het kersverse echtpaar!

Maar voor ons als toeristen is de beste reden om hier te komen het Laluhotel, een prachtig designhotel aan de rand van het meer. Dit gloednieuwe en strak ontworpen hotel is gebouwd op een rots, waarbij gebruik is gemaakt van veel hout en steen. Alle 96 zeer ruime kamers hebben een gigantisch balkon met uitzicht op het meer en niets is meer ontspannen dan hier 's morgens een kopje groene thee drinken op het Japanse ligbed met uitzicht op het benevelde meer en de hoge bergen aan de horizon waar je op de toppen de silhouetten van Chinese pagodes ziet.

De tweede aanrader, en meteen het andere uiterste, is het kleine eilandje Lanyu waar de moderne wereld juist heel ver weg is. Je vindt dit eilandje op een halfuur vliegen van de zuidkust van Taiwan. Op Lanyu wonen de Yami, een van de laatste originele bewoners van het land. De meeste inwoners van Taiwan zijn van oorsprong Chinees, terwijl de Yami juist veel meer verwantschap hebben met de inwoners van de Filippijnen.

Al vanuit de lucht zie je duidelijk dat het een vulkanisch eiland is: hoge bergen rijzen op in de binnenlanden, begroeid met dichte regenwouden.

Er is één weg op het eiland en die loopt langs de hele kustlijn. Op Lanyu zijn maar twee hotelle-

tjes en reken niet op wat voor comfort dan ook. Maar wat geeft het als je op zo'n bijzondere plek bent waar maar heel weinig buitenlandse toeristen ooit naartoe gaan. Ook de restaurants zijn op de vingers van één hand te tellen, en vaak bestaan ze uit niet meer dan een grote huiskamer. Niet zelden doen ze speciaal voor jou het licht aan als je ergens binnenkomt, draaien ze het gas onder de pannen hoog en zetten ze de karaoke aan, zodat je gezellig kunt zingen terwijl je wacht op je eten.

Heel speciaal is het dorpje Yenyin, waar je de ondergrondse huizen vindt waarvan je eigenlijk alleen het dak kunt zien. De rest zit ingegraven om de bewoners te beschermen tegen de soms gigantische orkanen die het eilandje teisteren. Ook mooi zijn de prachtige kleurige vissersboten die 's avonds op de stranden liggen, en die volledig met de hand zijn gemaakt. Vooral het houtsnijwerk is bijzonder en doet je denken aan kunst uit de Pacific.

Toch hangt er ook een schaduw over dit dorp, want een aantal jaar geleden heeft de Taiwanese regering besloten hier een opslagplaats voor kernafval te maken, onder groot protest van de plaatselijke bevolking. Terecht zijn de inwoners van Lanyu dan ook woest op de regering, want dit eilandje is uiteindelijk wel een van de laatste plekken waar een oude cultuur in stand wordt gehouden.

Als buitenstaander is het dan ook een plek die je niet mag missen, al zul je moeten wennen aan de terughoudendheid van de bevolking. Maar als je de tijd neemt om dit eiland en zijn bijzondere bewoners te leren kennen, zie je een hele andere kant van het land.

WAT: Sun Moon Lake en Lanyu

WAAR: Taiwan

WANNEER: De winters in Taiwan zijn aardig koud, de zomers weer heel warm. De beste maanden om het land te bezoeken zijn april en mei, en september en oktober.

WAT KOST HET: Een suite in het Laluhotel: $ 350 per nacht
Lanyu Villa Hotel in Iratay: vanaf € 19

MEER INFORMATIE: Algemene informatie over Taiwan: www.taiwan.pagina.nl; Hotel Lalu, 00886-49-285-6888 of www.ghmhotels.com; Lanyu Villa Hotel: 00886-89-732-111

# NGORONGORO CRATER LODGE

## Tanzania

De Ngorongorokrater is een van de meest bijzondere wildparken van dit gedeelte van Afrika. Op zichzelf is een reis door Tanzania al heel bijzonder, en dat begint al als het vliegtuig de daling inzet naar het vliegveld van Kilimanjaro en je aan je rechterhand deze imposante berg ziet opdoemen.

Het is moeilijk kiezen wat je hier gaat doen, want er is zo veel moois te bezoeken. Zo kun je bijvoorbeeld in iets minder dan een week de Kilimanjaro beklimmen, een expeditie die loodzwaar is en waarvoor je goed getraind moet zijn. Maar je kunt ook per Landrover een tocht maken door een van de vele nationale parken, waar je 's avonds je tentje opzet tussen de wilde dieren, waar het vuur blijft branden en er constant iemand wakker blijft om op te letten dat er geen ongenode gasten je tent binnen komen.

Toch is er een plek die ik me altijd zal herinneren: de Ngorongorokrater. Alle dieren die ik ooit in Artis voor het eerst achter dikke hekken zag staan, lopen hier vrij rond, in een landschap waar je stil van wordt.

Sommige wetenschappers geloven dat hier ooit een berg stond die nog hoger was dan de Kilimanjaro, de hoogste berg van Afrika. Maar door een serie van gigantische uitbarstingen bleef er alleen nog een 600 meter diepe krater over met een doorsnede van 20 kilometer.

Maar hier, op deze oppervlakte van zo'n 260 vierkante kilometer vind je wel meer dan 30.000 wilde dieren en het is een van de weinige plekken in Afrika waar je een grote kans hebt om op één dag de 'Big Five' te zien (de leeuw, het luipaard, de buffel, de neushoorn en de olifant).

's Morgens stap je in een open terreinwagen en rijd je naar de rand van de krater voor een verpletterend mooi uitzicht over het gebied. Overal op de groene, lege vlakte grazen kleine groepen dieren zoals antilopen en zebra's. Als je vervolgens de steile weg af rijdt, de vulkaan in, wordt het alleen maar mooier, want de dieren zijn zo gewend aan ongevaarlijk bezoek dat ze rustig door blijven eten. Je kunt hier zelfs uitgebreid leeuwen bewonderen, want er zijn er meer dan honderd, dus je ziet er altijd wel ergens een liggen uitpuffen van het ontbijt of het diner dat hij net verslonden heeft. De enige dieren die niet echt van bezoek gediend zijn, zijn de buffels die als ze niet in een goede bui zijn soms zelfs de neiging hebben

om als een dolle achter de Landrovers aan te hollen. Uren kun je hier rondrijden, en dan nog heb je niet alles gezien; gegarandeerd dat je hier niet meer weg wilt.

Gelukkig vind je op de rand van de vulkaan een aantal bijzondere plekken waar je kunt overnachten zodat je de volgende dag gewoon weer terug kunt richting al dit moois. Als je niet veel geld te besteden hebt, kun je het beste overnachten in je eigen tentje dat je opzet op de Simba Campsite, vlak bij de kraterrand. De prijzen zijn hoger dan normaal voor een camping, maar dit is dan ook wel een van de meest bijzondere campings van heel Afrika. Let op: het is hier vaak redelijk vol, dus je kunt het beste maar van tevoren reserveren.

Maar mocht je je verblijf hier echt onvergetelijk willen maken, dan kan ik je aanraden om een nacht te boeken in de onvoorstel-

baar mooie Ngorongoro Crater Lodge. Zelden heb ik een hotel meegemaakt waar je op zo'n bijzondere manier kunt overnachten. Het gehele complex is gebouwd in de stijl van een Afrikaans dorp op palen boven de grond. Elke suite (want de benaming 'kamer' is echt een understatement) heeft drie aparte vertrekken die allemaal zijn ingericht in een mix van Afrikaanse en Engelse stijlen. Zo vind je in de zitkamer een open haard met twee grote roodpluchen rokersstoelen en een tafeltje met kristallen vazen gevuld met verschillende soorten sterkedrank. Het bed is enorm, en bedekt met prachtige Afrikaanse stoffen. Vanuit het bed heb je direct uitzicht op de krater. Maar toppunt is toch wel de badkamer: die is net zo groot als de slaapkamer en je vindt er niet alleen een gigantische douche maar ook een wit emaillen bad op pootjes met ernaast een grote vaas met vijftig rode rozen. En ook hier heb je weer een verpletterend uitzicht op de krater. Glaasje champagne erbij en het leven is compleet...

**WAT:** Ngorongorokrater

**WAAR:** Tanzania, Afrika

**WANNEER:** Je kunt de krater het hele jaar bezoeken, al is het er in de maanden juni tot en met augustus wel koud. Dit zijn ook de drukste maanden omdat dan in Europa de zomervakanties zijn.
Tijdens periodes met meer regen (oktober-november en april-mei) worden sommige delen van de krater onbegaanbaar door het water, maar er zijn dan wel minder toeristen, qua fotografie is het licht beter en de dieren zijn minder verspreid doordat ze zich verzamelen op de hoger gelegen gebieden.

**WAT KOST HET:** Simba Campsite: vanaf $ 30 per nacht; Ngogongoro Crater Lodge: vanaf $ 385 per nacht, inclusief alle maaltijden en safari in de krater

**MEER INFORMATIE:** Algemene informatie over Tanzania: www.tanzania-web.com; Ngorongoro Crater Lodge: www.ccafrica.com/reserve-1-id-2-12

# KOH PHA NGAN

## Thailand

Veruit de meest populaire Aziëbestemming voor Nederlanders is Thailand. Zowel in het noorden als in het zuiden vind je prachtige jungle, tempels, fantastische mensen en overal kun je heerlijk eten. Het zuiden van Thailand herbergt nog een andere schat, namelijk de eilanden. Niets zo fijn als met een glas vers watermeloensap in je hand een boekje lezen in een hangmat of staren naar die knalgroene zee. De relaxte klanken van Buddha Bar klinken, enkel onderbroken door het gelach van toeristen en Thai. Deze laatsten houden van grapjes maken en dat maakt dat je je hier altijd welkom en ontspannen voelt. Of je moet komen om te feesten natuurlijk...

Als dat het geval is kun je het beste afreizen naar het beruchte eiland Koh Pha Ngan. Het ligt aan de oostkust en het is makkelijk te bereiken vanaf Koh Samui, een eiland dat zo'n acht keer per dag aangedaan wordt door vliegtuigen uit Bangkok.

Wat Koh Pha Ngan zo beroemd maakt zijn de bekende Full Moon Party's. Elke maand trekken tienduizend jongeren uit alle hoeken van de wereld naar dit eiland. Het strand van Hat Rin is de plaats waar het allemaal gebeurt: lampjes in alle kleuren verlichten het strand en mensen die zich met fluorescerende bodypaint beschilderd hebben lichten op in het blacklight. En dan is daar natuurlijk die fantastisch grote maan die precies boven Hat Rin het water uit stijgt.

Om de vijftig meter klinkt andere muziek en in de hele wijde omtrek is geen hutje meer te vinden. Als je naar een fullmoon party wilt zul je je accommodatie van tevoren moeten regelen om te voorkomen dat je ergens in een keuken moet slapen (is mij een keer overkomen en ik kan het je niet aanraden!). Omdat in Hat Rin het dak eraf gaat zul je in de hutjes die hier verhuurd worden niet echt tot rust komen. Het feest gaat tot twee uur de volgende middag door en de rest van de dag vind je mensen die op het strand of op straat hun roes uitslapen. Wil je wel feesten maar ook relaxen, ga dan naar het noordoosten van het eiland. Het is het enige strand dat nog niet bereikbaar is via een geasfalteerde weg. Over een *dirtroad* in de achterbak van een *songtaew* (open taxi) word je naar Ao Thong Nai Pan Noi gebracht. Als je naar Pong vraagt kom je er ook, want iedereen kent de vrolijke Thai die helemaal boven in het eiland fantastische houten hutjes verhuurt.

Het is het strand waar de zee het best is om te zwemmen, er zijn fijne golven en op een winderige dag kun je *bodyboarden* en zelfs *kiten*. De hutjes van Pong zijn gebouwd op de rotsen en de leukste hut is nummer 12, waar je van drie kanten uitzicht hebt op zee. Deze hut, die je voor € 6 per nacht huurt, noemen ze de honeymoonsuite omdat vooral stelletjes hun intrek nemen en er een paar dagen lang niet meer uitkomen. De hut is simpel maar perfect. In het restaurant kun je heerlijk eten en bij de bar bouwen ze bijna elke nacht een bescheiden feestje. Als je naar de ' black shake' vraagt krijg je een *magic mushroom shake* die de omgeving nog stralender maakt. Kijk uit met deze paddestoelen, want er zijn al heel wat toeristen afgevoerd na het eten ervan.

Omdat grootgrondbezitters uit Koh Samui de stranden van Koh Pha Ngan langzaam opkopen dreigt de magische plek van Pong binnenkort te moeten sluiten. Wil je dit unieke, rustieke plekje op het grootste feesteiland van Azië nog meemaken, dan moet je er snel bij zijn!

WAT: Vollemaansfeest

WAAR: Koh Pha Ngan, Thailand

WANNEER: Elke maand als de maan vol is (het feest in februari is het grootst en meest berucht).

WAT KOST HET: Ticket Bangkok vanaf € 595

MEER INFO: Voor de fijne bungalows van Thong Ta Pong loop je helemaal tot het einde van het strand. Hut 8 en 12 zijn de beste!

# KOH PHI PHI

## Thailand

Nog een prachtig, aardig bekend Thais eiland is Koh Phi Phi. Eigenlijk zijn het er twee, want in de Andamaanse zee liggen Kho Phi Phi Don en Koh Phi Phi Leh naast elkaar. Op het laatste eiland werd de Hollywood-film *The Beach* met Leonardo Di Caprio opgenomen. Het is inderdaad de perfecte baai, omsloten door rotsen met een hagelwit strand en een diep turquoise zee. Sinds de film hier werd opgenomen is het strand altijd vol mensen, ondanks het feit dat er niemand op het eiland woont. Traditionele *longtailbootjes* voeren de hele dag door toeristen af en aan en versperren de weg tussen het strand en de zee. En hoewel deze plek fantastisch blijft, heeft ze wel iets van haar originele charme verloren.

Gelukkig is er een simpele oplossing: nog voor de zonsondergang vertrekken alle toeristenboten, om pas de volgende ochtend rond tien uur terug te keren. Je kunt je dus door een longtailboot even voor zonsondergang af laten zetten en met de bootman afspreken dat hij je de volgende ochtend ophaalt. Je hebt dan de hele avond, nacht en ochtend het eiland voor jou alleen!

Je moet niet bang uitgevallen zijn: de oorspronkelijke bewoners van het eiland zijn krabben, zo groot als je hand, die over je heen lopen terwijl je slaapt. Ook muggen zijn in groten getale aanwezig, maar de aanblik van het strand bij zonsopkomst is alles drie dubbel dwars waard! Er zijn weinig plekjes op aarde zo mooi en schilderachtig als dit strand van Koh Phi Phi Leh.

In de paar uurtjes voordat alle toeristen arriveren veranderen de rotsen, de zee, de lucht en het strand voortdurend van kleur. Wie heeft een douche nodig als de zee zo'n temperatuur heeft en zich perfect om je lichaam vouwt...

Omdat je een kampeersessie op het strand waarschijnlijk niet de hele vakantie volhoudt, zul je op Koh Phi Phi Don een hutje moeten zoeken. Dit eiland is ook prachtig, het staat vol palmbomen en bloemen. Er is een uitkijkpunt waar je naartoe kunt klimmen en van waar je een overzicht krijgt. Het eiland is in twee stukken te delen, en wordt door een zandbank – een heerlijk strand – met elkaar verbonden. Phi Phi Don staat vol met winkeltjes, restaurantjes, barretjes en internetcafés en het is er het hele jaar door druk.

Er is één strand waar je dicht bij alle reuring bent en toch afgesloten van de rest van het eiland. Maphrao Beach kun je alleen per longtailboat bereiken en als je er aankomt begrijp je direct waarom je naar deze verscholen baai toe moet. Je hebt het mooiste plaatje van het hele eiland voor je. De zee, de grote leimstenen rotsen en links in de verte Koh Phi Phi Leh. De hutjes van Maphrao zijn simpel en goedkoop en gemaakt van hout. Er komen vooral backpackers van over de hele wereld voor onder meer de duikcursussen die hier gegeven worden. In tegenstelling tot de grote duikscholen op het eiland zijn dat kleine groepjes waarbij voldoende aandacht wordt besteed aan je persoonlijke wensen.

Het restaurantje serveert briljant eten, want wat dacht je van een bananenpannenkoek met chocola als ontbijt, een pittige salade met garnalen voor de lunch en een kokoscurry met kip als avondeten? Aan de bar worden tropische cocktails geserveerd en als je zin hebt in meer, loop je over het lange strand naar het dorpje, waar het feest tot in de kleine uurtjes doorgaat.

**WAT:** Afgelegen baai op fijn Thais eiland
**WAAR:** Koh Phi Phi Don
**WANNEER:** De beste tijd om de eilanden te bezoeken is van januari tot mei, daarna wordt 't wel erg heet.
**WAT KOST HET:** Ticket Bangkok vanaf € 595, hutje bij Maphrao vanaf € 5 per nacht
**MEER INFO:** Thailand algemeen: www.tourismthailand.org, www.maprao.com

# OLIFANTEN

## Thailand

De meeste toeristen die Thailand bezoeken komen voor drie dingen: de hectiek en grandeur van de hoofdstad Bangkok, de rust en ontspanning op de eilanden in het zuiden en het avontuur tijdens een jungletrek in het noorden.

Wil je wel eens een ander deel van Thailand bewonderen, breng dan een bezoek aan het oosten. Dit gebied, dat grenst aan zowel Cambodja als Laos, is nog redelijk onontdekt en je vindt er heel wat plekken die de moeite waard zijn.

Wat dacht je van de stad Surin, bekend om de prachtige zijde die er verkocht wordt. Maar bekender nog is de stad door de olifanten want elk jaar wordt hier een gigantisch festival gehouden ter ere van deze grijze dikhuiden. Tijdens dit feest, dat altijd in het derde weekend van november plaatsvindt, worden meer dan 250 prachtig versierde olifanten verzameld die deelnemen aan parades, krachtmetingen en optochten. Elk jaar komen er tienduizenden mensen op dit spektakel af, waaronder ook veel toeristen.

Het festival begint met een grote intocht van alle dieren, die er dan al een wandeling van meer dan twee dagen op hebben zitten omdat ze van heinde en verre moeten komen. Tegenover het centrale busstation wordt een kleine openingsceremonie gehouden waarna in het stadion de officiële demonstraties plaatsvinden. Die zijn wel een stuk spectaculairder maar ook wel weer wat formeler. De dieren moeten onder meer een grote veldslag na spelen (zonder slachtoffers) en wedstrijden doen in het verslepen van grote blokken hout. Maar het hoogtepunt is de voetbalwedstrijd waarbij twee olifantenteams tegen elkaar strijden om de eer. Tussen deze officiële evenementen in kun je als toerist een ritje op zo'n dier maken door de straten van Surin.

Als je in Surin wilt slapen, is het Pirom Guesthouse een aanrader. Het is eenvoudig en schoon en je wordt hartelijk ontvangen door mevrouw Pirom (ik was er een paar jaar geleden, hoop dat ze er nog zijn). Meneer Pirom, die vroeger werkte als maatschappelijk werker, kan je alles vertellen over dit gebied en in de weekends kun je met hem mee in zijn 4x4 voor verschillende dagtochten. In kleine groepjes bezoek je de bezienswaardigheden uit de omgeving terwijl hij uitgebreid over alles vertelt.

Als je hier niet tijdens het olifantenfestival bent, moet je zeker een tochtje boeken naar Ban Ta Klang, het olifantendorp. Het ligt zo'n 60 kilometer ten noorden van Surin en hier zie je hoe de olifanten worden opgeleid en getraind. Dit oude kui-dorpje (kui is een bevolkingsgroep die hier leeft) heeft een honderden jaren oude traditie van opleiden en verzorgen van olifanten. De kui, ook wel suay genoemd, geloven heilig in de band tussen mens en olifant. In tegenstelling tot het noorden van Thailand, waar olifanten veelal worden gehouden om zwaar werk te doen zoals het verplaatsen van boomstammen, worden olifanten hier gehouden als kameraden. Olifanten groeien samen op met hun eigenaars en ze worden door hen beschouwd als vrienden of soms wel als kinderen. De dieren en hun begeleiders zijn onafscheidelijk en hun vriendschapsband is onbreekbaar.

Je kunt een voorstelling bijwonen waarin de eigenaren en hun dieren laten zien waar ze toe in staat zijn. Een andere mogelijkheid is om een tocht per olifant te maken naar een nabijgelegen dorpje of je kunt een bezoek brengen aan het olifantenstudiecentrum.

Maar het leukste is nog wel om tegen het vallen van de avond aan de rivier een drankje te drinken met uitzicht op de olifanten die een bad nemen en de kinderen nat spuiten die in het water aan het spelen zijn...

WAT: Olifanten!

WAAR: Surin, Oost-Thailand

WANNEER: De beste tijd om dit gebied te bezoeken is van november tot februari (waarbij december wel een uiterst drukke maand is). Vanaf maart/april wordt het weer warm en tijdens onze zomer kan het soms ondragelijk heet zijn. Het olifantenfestival vindt elk jaar in het derde weekend van november plaats. In 2004 is dat op 20 en 21 nov, in 2005 op 19 en 20 nov en in 2006 op 18 en 19 nov.

WAT KOST HET: Kaartjes voor de officiële voorstellingen van het festival: vanaf € 3; Pirom Guesthouse: vanaf € 5 p.n.; dagtocht naar Ban Ta Klang: vanaf € 14

MEER INFORMATIE: Thailand algemeen: www.tourismthailand.org/ of: www.visit-mekong.com/thailand/background/festivals.htm; Pirom Guesthouse: 242 Krung Si Nai Rd. Amphoe Muang, 150 meter van de markt. Tel. 515140.

# STOOMSAUNA VAN BOBO SHANTI

## Tobago

Wuivende palmen, knalblauwe zee en constante muziek. Dat is Tobago. Dit Caribische eiland vormt samen met grote broer Trinidad een tropische republiek. En omdat de grote cruiseschepen de tweeling nog niet ontdekt hebben, is het er rustig, ongerept en een stuk goedkoper dan de omliggende eilanden, zoals Barbados.

Je kunt, via London, redelijk goedkoop op Tobago vliegen en ter plaatse of via internet een passende accommodatie vinden. Kant-en-klare reizen naar Tobago worden nauwelijks aangeboden. Toch is het een van de mooiste eilanden uit de omgeving. Je vindt er prachtige baaien om te zwemmen en te luieren, je deelt het strand met slechts een handjevol toeristen en je kunt er goed duiken.

Met een auto rij je in een dag het eiland rond, de huurprijs voor een jeep met open dak is bijna gelijk aan de huur van een personenauto. De eilandbewoners zijn gek op auto's en sommigen maken er ware kunstwerken van. Rose of knalgroene metallic lak, velgen met gekleurde lichten erin en een vering die niet onderdoet voor de wagens die in video's van Snoop Dogg gebruikt worden. Om deze auto's te kunnen bekostigen verdienen veel jongens iets bij als taxichauffeur. Als je langs de kant van de weg gaat staan en je hand opsteekt, dan stopt er vanzelf één en voor een minimaal bedrag kun je meerijden. Officiële taxi's zijn een stuk duurder, maar die brengen je rechtstreeks naar je bestemming. De blitse gelegenheidstaxi's deel je soms met zijn zessen. Als je toch geen haast hebt is dat wel zo gezellig.

Tijdens je ontdekkingstocht

leer je een fantastisch eiland kennen. Regenwoud, watervalletjes, kleine wegrestaurantjes en prachtige uitzichten over de Caribische zee.

Aan de westkust van het eiland, ongeveer in het midden, ligt het vissersdorpje Castara. Ook wel 'Heavenly Bay' genoemd. Hier wordt gevolleybald, gevoetbald en te ruiken aan de weëe geur, veel *ganja* gerookt. De vis is vers, de mensen vriendelijk en de klanken van de steelpan onvermijdelijk. Deze grote zilveren slabak kan 100 verschillende tonen uitslaan en is typisch voor Trinidad en Tobago. Hij bezorgt je gegarandeerd een vrolijk gevoel.

Maar het mooiste van Castara vind ik de stoomsauna van Bobo Shanti. Deze grote rastafari haalt dagelijks zeven verschillende kruiden uit het regenwoud. Welke kruiden dat precies zijn, weet alleen hij. Op het strand heeft hij een klein houten hokje getimmerd waar je in je nakie plaatsneemt. Een grote bak met kokend water en daarin de zeven helende kruiden worden onderin geplaatst. Tijdens de eerste sessie, die twintig minuten duurt, zweet je alles eruit. Stress, luchtvervuiling, achtergebleven chemische stofjes, allemaal vinden ze door je porieën de weg naar buiten. Je bovenste huidlaag lijkt los te laten, je wordt een beetje licht in je hoofd – door de kruiden of de hitte? Door een klein raampje kun je een blik werpen op de buitenwereld. Een mooi plaatje, want de zee glinstert je tegemoet.

Net als je denkt dat je het niet langer houdt komt Bobo Shanti je verlossen. Ter verkoeling dien je te zwemmen in de zee. In je blootje ren je snel het strand over – verder is het niet de bedoeling dat je hier bijvoorbeeld topless zont – het water in. De eerste aanraking

met het water voelt magisch.

Met die 'high' in je hoofd neem je nog tien minuten plaats in de zweethut. Als je daarna weer het water induikt is het niet zo intensief als de eerste keer, maar die avond, en de dagen erna, ben je meer ontspannen dan ooit daarvoor.

WAT: Sauna op een tropisch eiland

WAAR: Bobo Shanti's herbal steamsauna, Castara, Tobago

WANNEER: December tot maart

WAT KOST HET: 9 dagen vanaf € 900

MEER INFO: www.visittnt.com

# TRANS-SIBERIË EXPRESS

## Treinreizen

Mijn hele leven ben ik al gek op treinen. Tijdens alle reisprogramma's die ik de afgelopen jaren heb gemaakt, heb ik heel wat prachtige treinritten mogen maken. Maar ook buiten mijn werk om ben ik vaak in de trein te vinden. Zo gingen we altijd met de trein op vakantie naar Zwitserland (zie: 'Zwitserland') en ging ik, zoals zovelen, met mijn zusje interrailen door Europa. En dan natuurlijk proberen zo veel mogelijk kilometers af te leggen en zo veel mogelijk verre landen aan te doen.

Maar er zijn mooie treinreizen die me bij zijn gebleven. Een aantal jaar geleden ging ik alleen op vakantie naar de Verenigde Staten om voor mijn lol per trein van San Francisco naar Miami te reizen. Het is sowieso een bijzondere ervaring om in drie dagen tijd door zo veel verschillende staten te reizen. Maar het leukste is nog wel de ontmoeting met de bonte verzameling Amerikanen die de trein nemen: mensen met vliegangst, zendelingen die je proberen te bekeren, handelsreizigers met grote glanzende zilveren koffers en gepensioneerden die hun land nou eens niet vanuit de auto willen bekijken.

Ook een mooie trip, maar van een heel andere orde, is de treinreis Nairobi-Mombasa in Kenia. In tegenstelling tot in het Westen, stap je hier in een afgetrapt treinstel waar je op rammelende bankjes zit terwijl er eindeloos mensen in- en uitstappen en door de gangen heen en weer struinen.

's Avonds eet je eenvoudig maar voedzaam in de dinerwagon waar je wordt bediend door Kenianen in hagelwitte uniformen. Maar het mooiste is nog wel het uitzicht, want als je 's morgens wakker wordt en je gordijntje openschuift, zie je in het morgenlicht hele drommen giraffen op de kale Afrikaanse vlaktes staan. Onvergetelijk!

Thailand is ook prachtig om per trein te ontdekken. Hier moet je evenmin te veel luxe verwachten, maar de trein is hier wel heel effectief en goedkoop. Veel backpackers gaan met de trein naar het zuiden, om vervolgens per boot over te steken naar de verschillende eilanden zoals Koh Phi Phi en Koh Samui. Maar ook de treinreis naar het noorden is populair, want in één nacht ben je in de diepe jungle of in plaatsen als Changmai. En wat zo'n reis zo bijzonder maakt, is de sfeer die er hangt. Eenvoudige coupés met een ventilator (onmisbaar), drommen reizigers met veel te veel bepakking en overal op de stations mensen die je door het raam verschillende etenswaren verkopen.

Ook in Zuid-Amerika kun je met de trein, al zijn daar wel heel veel spoorlijnen in de afgelopen jaren opgeheven. Toch kan het nog wel, bijvoorbeeld in Ecuador, waar je per trein over de Duivelsneus kunt reizen, een rit die tegenwoordig vooral door toeristen wordt gemaakt. Je moet er heel vroeg bij zijn, want het is (soms letterlijk) vechten om een plaatsje op het dak. De hele trein is dan ook afgeladen vol als je uiteindelijk vertrekt. In een paar uur tijd rijd je door het prachtige groene landschap waarbij je onderweg de boeren in de heuvels aan het werk ziet in hun traditionele kleding die uitgebreid naar je zwaaien.

Maar het hoogtepunt is de rit over de Duivelsneus: een gigantisch grote bergpas waar het spoor in lange lussen overheen gebouwd is. Al kronkelend rijd je omhoog waarna je, eenmaal boven aangekomen, weer in snel tempo naar beneden stort.

De opkomst van het luxetoerisme voor reizigers met veel geld heeft ervoor gezorgd dat er een groot aantal lijnen in de wereld tegenwoordig gebruikt wordt voor zeer luxe treinreizen. Beroemd zijn de ritten met de Oriënt-Express in Europa, de Royal Scotchman in Schotland, de Rovos Railway dwars door Zuid-Afrika en de Rocky Mountaineer door de Rocky Mountains in Canada.

Zelf heb ik een paar treinreizen mogen maken uit deze categorie, waaronder de Orient-Expres die van Bangkok naar Singapore gaat. Deze reis duurt drie dagen, kost je een godsvermogen, maar is wel heel bijzonder. In een aantal perfect gerestaureerde wagons reis je eerst door Thailand en vervolgens door Maleisië, waarbij je elke dag wel stopt voor een excursie. Zo staan onder meer de brug over de Kwairivier en het eiland Penang op het programma.

's Avonds dineer je in black tie of avondjurk (verplicht) in de luxe restauratiewagon waar echt zeldzaam goed voor je gekookt wordt.

En als afsluiting kun je in de openluchtwagon een glaasje champagne drinken terwijl boven je de sterren stralen en je een zachte avondbries voelt. En 's ochtends wordt je weer in je privé-wagon gewekt met een verrukkelijk ontbijt van onder meer warme broodjes en verse jus d'orange. Echt een reis om te maken als je ooit eens lang gespaard hebt. Je vindt er dan ook weinig jonge mensen aan boord maar vooral veel gefortuneerde stellen, Amerikanen en Australiërs die de reis van hun leven maken en hier en daar een verdwaalde Russische zakenman met zijn liefje.

Ook een aanrader is de Gahn, de treinreis dwars door Australië. Deze trein is iets betaalbaarder en de sfeer aan boord iets losser. Er zijn verschillende trajecten mogelijk, maar de reis die ik maakte ging van Melbourne in het zuiden naar het hart van het continent: Alice Springs.

Vooral het gedeelte nadat je de bewoonde wereld heb verlaten is adembenemend mooi: eindeloze rode zandvlaktes met alleen hier en daar een verdwaalde koe of boerderij.

Sinds kort kun je trouwens helemaal doorsteken, want niet al te lang geleden is eindelijk een grote wens van veel Australische treinliefhebbers uitgekomen: de verbinding Alice Springs-Darwin, waardoor je nu helemaal naar het noorden kunt reizen per spoor.

Maar de treinreis der treinreizen is en blijft toch echt de Trans-Siberië Express. In meer dan een week tijd reis je van Europa naar Azië, dwars door verschillende landen met hun bijzondere culturen en prachtige landschappen. Er zijn drie routes mogelijk: richting Wladiwostok aan de oostkust van Rusland, de Trans-Mantsjoerije Expres via Rusland naar Beijing en de Trans-Mongolië Express via Mongolië naar Beijing, China. Deze laatste route heb ik afgelegd en mocht je ooit van plan zijn zo'n reis te gaan maken, neem dan deze! Tijdens deze route kun je namelijk niet alleen de vele plaatsen in Rusland bezoeken, maar ook nog eens het fascinerende en redelijk traditionele Mongolië bewonderen. Het mooie aan de reis is dat je zelf bepaalt bij hoeveel plaatsen je wilt uitstappen. Ik kan je aanraden veel tijd uit te trekken voor Moskou, want daar kun je je dagen

vermaken. Maar ook het nabijgelegen Suzdal, een van de oude keizerlijke oorden met prachtige orthodoxe kerkjes en schitterende huizen, is heel bijzonder.

Ook de moeite waard is Siberië. (Al heb ik er wat slechte herinneringen aan. Ik lag namelijk ziek in mijn hotelkamer en werd elk uur wakker gebeld met de vraag of ik nog 'een meisje' wilde.) Toch vind je er het grootste zoetwatermeer ter wereld, het Baikalmeer, waar je per schip mooie rondtochten kunt maken en een bezoek kunt brengen aan een *banja*, een traditioneel Russisch badhuis.

Mongolië is een land waar je de tijd voor moet nemen (zie: Mongolië) want er is zoveel te zien, dat je aan een paar dagen niet genoeg hebt.

En als je ten slotte vanuit je coupé de Chinese Muur ziet liggen, heb je het gevoel alsof je al maanden onderweg bent. Heel indrukwekkend en onvergetelijk. Maak je overigens niet te veel zorgen over je veiligheid, want als je je gezonde verstand gebruikt en goed op je spullen let, zul je zien dat je niets kan gebeuren en dat je eerder heel veel vriendelijkheid zult tegenkomen.

Reizen per trein is en blijft een van de mooiste manieren om je te verplaatsen, omdat het landschap aan je voorbijtrekt en je een land echt kunt beleven door de mensen die je ontmoet en de plaatsen waar je uitstapt. Gelukkig zijn er naast al deze reizen nog veel meer beroemde trajecten: genoeg om je leven lang zoet mee te zijn...

**WAT:** Reizen per trein

**WAAR:** Wereldwijd

**WANNEER:** Het hele jaar door

**WAT KOST HET:** Heel uiteenlopend. Meestal zijn de trajecten die door inwoners van het land worden gebruikt heel betaalbaar (zoals in Kenia en Thailand) terwijl je voor de commerciële en luxe treinreizen weer heel veel kwijt bent. Zo kost de Oriënt-Express je € 1580 voor twee nachten en drie dagen treinen. Maar zoals bij al deze dure reizen krijg je daar wel heel veel luxe en comfort voor.
De Trans-Siberië Express is redelijk goed betaalbaar. Het is goedkoper om ter plekke een kaartje te kopen, waarbij je altijd wel van tevoren moet aangeven op welke stations je gaat uitstappen.
Maar het is makkelijker om alles in Nederland te boeken bij reisorganisaties die alle formaliteiten voor je regelen en je plaatsen reserveren.

**MEER INFORMATIE:** Voor luxe treinreizen: Incento Travel consultants, Stationsweg 40, 1400 BB in Bussum, tel. 035-69.55.111; www.incento.nl; Kenia: www.kenia.beginthier.nl of www.shoestring.nl; Thailand: http://www.travelmarker.nl/bestemmingen/azie/thailand/reizen/reis.htm of www.shoestring.nl; Trans Siberië/Trans-Mongolië Express: www. Tiaratours.nl of www.shoestring.nl.

# CARNAVAL

## Trinidad

Elk jaar in februari barst op veel plaatsen in de wereld het carnaval los. In Brabant en Limburg verkleden mensen zich als kaas uit het vuistje, verpleegster of leernicht, terwijl in Rio de Janeiro bloedmooie meiden in weinig verhullende kleding op praalwagens dansen die zo hoog zijn als torenflats. Ook op alle Caribische eilanden wordt uitbundig carnaval gevierd en met de billen geschud, hoe voller het vlees hoe beter. Het grootste en mooiste Caribische carnaval speelt zich af op Trinidad.

In december beginnen de voorbereidingen al. Duizenden kostuums moeten in elkaar gezet worden om tijdens de grote parade de ogen van de toeschouwers te verblinden. Veren, sierstenen en glitters worden op de stof genaaid. Er zijn verschillende carnavalsgroepen die allemaal een gooi doen naar de hoofdprijs; de mooiste optocht en veel zendtijd op televisie. Elke stad heeft een vertegenwoordiging, soms twee of drie. Ze worden begeleid door een spetterende band. De muzikanten werken het hele jaar aan het beste, meest opzwepende nummer, of *roadjam*, zoals dat tijdens het carnaval heet. Toen ik twee jaar geleden meefeestte op Trinidad, was één plaat favoriet: 'Turn me on', van Kevin Lyttle. Afgelopen zomer was het nummer wereldwijd een hit en bij het horen van het nummer moest ik gelijk weer denken aan de nachtelijke parade waarbij iedereen straalbezopen en besmeerd met modder en blauwe verf achter vrachtwagens met reusachtige geluidsinstallaties aanhobbelt. Of aan de kinderparade vol kleine meisjes in barbie-jurken. Zo klein als ze waren wisten ze al precies hoe ze moesten bewegen op de muziek: swingen met de heupen en schudden met je kont.

De grootste parade is traditiegetrouw op zondag. De seksuele spanning is voor iedereen voelbaar. Midden in Port of Spain, de hoofdstad waar alle eilandbewoners zich deze dagen verzamelen, ligt een strengbewaakte gevangenis. De criminelen, de zwaarste misdadigers van het ei-

land, kunnen de muziek horen en het zweet bijna voelen. Vanachter de muren hoor je ze gefrustreerd joelen. Ze weten dondersgoed wat ze missen: het grootste volksfeest dat er is, waar alle remmen los gaan. Niemand ontkomt eraan, vrouwen grijpen mannen beet en andersom voor een ongelofelijk suggestief danspartijtje. De straten veranderen tijdens carnaval in één grote sekspartij, en alles op de maat van de bas. Een orgie met kleren aan. Niet voor niets kennen alle Caribische eilanden negen maanden na carnaval een babyboom.

Alleen de mensen die in de optocht lopen zijn veilig. Als het carnaval an sich je wel aanspreekt maar een halve aanranding niet, is dit je redding. Ook als toerist kun je meelopen in de optocht. Je moet ongeveer honderd dollar neerleggen voor het kostuum en toegang tot alle feesten maar dan loop je wel, als Caribische royalty, mee in het spannendste volksfeest van de Cariben.

**WAT:** Meelopen in carnavalsoptocht

**WAAR:** Trinidad

**WANNEER:** Carnaval valt elk jaar op een andere datum. Om te weten wanneer je in je feesttenue present moet zijn kun je kijken op: www.whatsonwhen.com.

**WAT KOST HET:** vliegtickets vanaf € 600, accommodatie en eten zijn redelijk goed betaalbaar.

**MEER INFO:** Trinidad algemeen: www.visittnt.com, over meelopen in de optochten kun je informatie inwinnen bij: www.playyuhself.com.

# SKIËN EN CULTUUR

## Turkije

Wie aan Turkije denkt, denkt niet meteen aan een skivakantie. Toch telt het land negen skigebieden, waarvan Uludag veruit het populairste is. Hier komt de Turkse jetset van december tot april om te zien en gezien te worden. Uludag staat bekend om haar après-ski waarbij niet het geijkte gejodel, klinkt maar waar je je kunt verheugen op de aanwezigheid van exotische buikdanseressen.

Uludag ligt op vierenhalf uur rijden van Istanbul. Je kunt je skivakantie dus perfect combineren met een weekend in de enige stad die op twee continenten ligt. Istanbul is de scheidslijn tussen Europa en Azië, tussen Oost en West. Tussen de continenten loopt de Bosporus, die de Middellandse Zee verbindt met de Zwarte Zee. Dit is een drukke rivier en vanaf een bootje heb je mooi zicht op de stad en haar minaretten. De bekendste attracties zijn de blauwe moskee, de grote bazaar en het Topkapipaleis. Vanuit dit paleis regeerden de sultans vierhonderd jaar lang het Ottomaanse rijk. Je mag er een kijkje nemen in de haremvertrekken, die exotisch en oriëntaals zijn. Het woord 'harem' betekent 'verboden' in het Arabisch en in de tijd dat het Ottomaanse rijk op de top van haar roem was, had de sultan maar liefst 800 vrouwen tot zijn beschikking.

Inmiddels is de Turkse samenleving gemoderniseerd en Istanbul is een hippe stad waar genoeg te beleven valt, ook 's avonds. De bovenlaag van de Turkse bevolking vertrekt tijdens weekeinden of schoolvakanties ter ontspanning naar Uludag. Uludag betekent 'grote berg' en aan de voet van de berg ligt de vierde stad van Turkije: Bursa. Voor Turken is deze stad een speciale plek, het was de eerste hoofdstad van het Ottomaanse rijk en het staat er vol historische gebouwen en moskeeën. Al eeuwenlang is Uludag beroemd om haar thermale baden. Het warme minerale water uit de berg staat bekend om haar helende werking. Je moet dus zeker een bezoek brengen aan een van de vele hamams.

Maar de grootste lol beleef je op de top van de berg, in het skigebied. Het dorp staat vol hotels, restaurantjes, theehuizen en discotheken.

Het gebied is vooral gericht op beginnende en semi-gevorderde skiërs. Er zijn dertien liften in Uludag, het hoogste punt ligt op 2543 meter en heeft dus een grote sneeuwzekerheid. Er ligt dertig kilometer piste, waarvan vijftien kilometer blauw, twaalf kilometer rood en drie kilometer zwart. Ook vind je hier veertig kilometer ongeprepareerde piste die zich vooral goed leent voor snowboarders. Tussen februari en maart kun je rekenen op één tot drie meter sneeuw.

Alle hotels liggen direct aan de piste, en om die reden bieden de meeste hotels een pakket aan op basis van volpension. Elk hotel beheert zijn eigen skilift. Toen ik er een paar jaar geleden was moest je skipassen bijkopen wanneer je ook van een andere lift gebruik wilde maken. Een beetje onhandig, maar Uludag is dan ook een skigebied in opkomst.

Het meest bijzonder aan een Turkse skivakantie is de après-ski. Na afloop van een lange dag vol sneeuwpret verzamelt iedereen zich in de lobby van het hotel voor koffie, thee en koekjes. Geen gelal en gestamp maar beschaafde conversatie. Je kunt ontspannen in een hamam of lurken aan een traditionele waterpijp. Uludag is geen wintersportoord voor fanatieke skiërs of feestbeesten maar wel erg leuk in combinatie met Istanbul.

**WAT:** Culturele skivakantie

**WAAR:** Istanbul en Uludag, Turkije

**WANNEER:** December tot april, de beste periode voor een skivakantie is februari tot half maart, de meest sneeuwzekere tijd

**WAT KOST HET:** Zeven dagen vanaf € 400

**MEER INFO:** Turkije algemeen: www.tourismturkey.org, www.snowman.nl

# SAN FRANCISCO

## Verenigde Staten

Eén van de leukste steden in de Verenigde Staten maar ook van de wereld is San Francisco. Het is een multiculturele stad, de stad van de summer of love van 1967, en de stad waar homoseksuelen al in een vroeg stadium geaccepteerd werden. Europeanen vinden in de schilderachtigheid en charme iets Europees, New Yorkers voelen zich hier thuis dankzij de hotels, restaurants en musea van wereldklasse. Het verhaal gaat dat als je elke dag in een ander restaurant wilt eten, je negen jaar zoet bent!

San Francisco is ontstaan doordat er in het begin van de negentiende eeuw goud gewonnen werd in de omgeving. Immigratiegolven brachten vissers uit Italië, kruidenmeesters uit China en mensen met vele andere beroepen uit Europa, Latijns-Amerika en andere landen. Hun talen, religies en culturen hebben een unieke verscheidenheid en een tolerante woonplek gecreëerd. San Francisco is een wereldstad maar je hebt er ook meteen een bepaald gevoel. Hier ben je vrij en, doordat de zon bijna altijd schijnt, blij.

De stad is onderverdeeld in verschillende wijken. Haight Ashbury was het hart van de hippiebeweging en hier kun je terecht als je op zoek bent naar *tie-dye* kleding, tweedehands koopjes of een goede vegetarische maaltijd. Aangrenzend ligt het Golden Gate Park, hier kun je lekker skaten, liggen in het gras of wandelen door de Japanse tuin. Ook worden er danslessen georganiseerd en als je mazzel hebt, feesten. Castro is de homowijk. Hier vind je vooral cafés en hier sta je vaak tussen besnorde mannen in

lederen kleding een biertje te drinken.

Ook de Chinezen trokken destijds naar San Francisco op zoek naar goud en zo komt het dat je in deze stad de grootste China Town in de wereld, buiten Azië, vindt.

Wist je dat Fortune Cookies helemaal niet uit China of Azië komen? Ze zijn bedacht in San Francisco en worden gemaakt bij Golden Gate Fortune Cookies Co. Een fantastisch fabriekje waar je echt even naar binnen moet stappen. Je kunt hier je eigen boodschap of voorspelling in een *cookie* laten plaatsen.

De interessantste wijk van San Francisco is de Tenderloin. De wijk ligt midden in de stad en staat bekend als een achterbuurt. Dat weerhoudt wereldsterren als Robbie Williams of de Red Hot Chilli Peppers er niet van om in deze wijk te logeren als ze de stad bezoeken. Hun favoriete hotel is The Phoenix Hotel. Het is er stijlvol en gezellig, er is een groot zwembad en de bijbehorende club is legendarisch. Normaal gesproken zou je de grootst mogelijke moeite hebben om hier binnen te komen, maar als gast van het hotel is het geen probleem.

Om de hoek van het Phoenix Hotel vind je Glide Memorial Church. Dit is een absolute *must-see!* Dankzij het warme en tolerante klimaat telt San Francisco meer daklozen dan New York en Los Angeles bij elkaar en in Glide Memorial worden ze opgevangen. Waar het om gaat zijn de kerkdiensten die een paar keer per week worden gehouden. Er wordt gospel gezongen, hard geklapt en geswingd. Mensen komen hier om het leven te vieren terwijl ze elkaars handen vasthouden en 'Praise the Lord' roepen. De energie die in deze ruimte rondgaat is om kippenvel van te krijgen, ook als je niet gelovig bent. Glide Memorial is wereldberoemd, in San Francisco maar ook in de rest van het land. Gaat dat zien! En vergeet niet een donatie achter te laten...

**WAT:** Wereldstad

**WAAR:** San Francisco, Verenigde Staten

**WANNEER:** Beste maanden zijn september en oktober

**WAT KOST HET:** Phoenix Hotel: vanaf $ 109

**MEER INFO:** Golden Gate Fortune Cookies Co., 56 Ross Alley, tel: +1 (415) 781 3956; The Phoenix Hotel, 601 Eddy Street, tel: +1 (415) 776 1380; Glide Memorial, 330 Ellis Street, tel: +1 415 674 6000

# FREESTYLE SKISPRINGEN

## Verenigde Staten

Wil je eens wat anders dan blauwe pistes, stoeltjesliften en glühwein, dan kun je in het voormalig olympische dorp Lake Placid, op een paar uurtjes rijden van New York, het hele jaar door terecht voor een cursus freestyle skispringen! Mij lijkt het leuk daar een item over te draaien dus meld ik me in het olympisch complex.

Na een uitgebreide briefing beginnen we met de oefeningen op de trampoline waarmee je goed leert springen en vooral landen. Na een uurtje springen is het tijd voor het echte werk. Eerst leer je op de grond de basisbeginselen, zodat je weet hoe je moet staan, afzetten, glijden en landen.

Daarna is het tijd om me in een waterdicht pak te hijsen en m'n schoenen aan te trekken. De eerste keren sta je bijna onder aan de schans en doe je niet veel meer dan glijden zonder uit het spoor te schieten, al een hele opgave. Aan het eind van de middag is het dan eindelijk tijd om naar boven te klimmen. Ondanks het feit dat ik op de kleinste schans sta, heb ik toch het idee dat ik nu wel aan een bijzonder hachelijk avontuur ben begonnen. Op het moment dat ik afzet weet ik al dat het niet goed gaat en niet veel later schiet mijn linker ski inderdaad uit het spoor en lijk ik rechtstreeks op de zijkant van de baan af te stevenen. Onder me hoor ik de begeleider nog schreeuwen en in een reflex weet ik nog net voor ik er definitief van af schiet, mijn been weer recht te trekken. Als door een wonder bereik ik heelhuids het einde van de baan en even later word ik als een projectiel de lucht

LAKE PLACID
LAKE PLACID
Kodak

in gelanceerd waarna ik met een gigantische plons in het zwembad beland. Echt veel van de sprong kan ik me niet herinneren maar één ding is zeker: ongevaarlijk was het niet.

Gelukkig is de zevendaagse cursus een stuk veiliger en zul je er zeker klaar voor zijn om uiteindelijk van de hoogste schans af te springen. Het is in ieder geval wel een heel bijzondere ervaring om door de lucht te vliegen. Als je eenmaal de smaak te pakken hebt, kun je een vervolgcursus boeken waar je op echte sneeuw leert springen.

Mocht je nog meer adrenalinekicks willen, dan kun je hier in Lake Placid prima je hart ophalen. Zo is er de mogelijkheid om te deltavliegen, en zelfs per bobslee van een olympische baan af te glijden.

**WAT:** Skischansspringen

**WAAR:** Lake Placid, New York

**WANNEER:** Van mei tot oktober (op de borstelbaan met zwembad)

**WAT KOST HET:** $ 55 per dag

**MEER INFO:** MacKenzie-Intervale Ski Jumping Complex. Route 73. Lake Placid, NY 12946. Tel.: 001-518-523-1655, Lake Placid, http://www.orda.org

# NEW YORK

## Verenigde Staten

New York, met recht een wereldplek. Een stad die nooit slaapt, met zo'n zeven miljoen inwoners van over de hele wereld.

Ooit woonden er indianen op de plek die nu NY heet, en zij gaven Manhattan ook haar naam, die 'eiland' betekent. Maar in 1625 werd de staat New York voor het eerst gekoloniseerd en wel door de Hollanders. Nieuw-Amsterdam werd gesticht, maar al in 1664 namen de Britten het gebied over, en doopten het om tot New York. De Holland Tunnel, en de wijken Harlem (Haarlem) en Brooklyn (Breukelen) zijn een paar van de vele herinneringen aan de Nederlandse roots in deze wereldstad.

New York bestaat uit vijf wijken: Manhattan, The Bronx, Staten Island, Brooklyn en Queens. Dankzij de sterke euro en de lage ticketprijzen is het tegenwoordig makkelijker dan ooit om een bezoekje te brengen aan deze wereldstad. Toch kun je ongemerkt heel wat geld kwijt zijn aan vervoer en verblijf, daarom even een korte stoomcursus 'New York overleven zonder blut thuis te komen':

Om van het vliegveld naar de stad te komen, kun je het best een expressbus nemen (13 dollar) naar Grand Central Station. Je kunt ook met een gratis bus naar het eerste subwaystation, waar je voor 1,50 dollar de A-trein naar de stad pakt, maar dit is wel veel omslachtiger.

Eenmaal in de stad koop je voor 17 dollar een Metrocard waarmee je 7 dagen lang met de metro kunt reizen. Dit is goedkoper dan elke keer een los kaartje á 1,50 kopen. De taxi's in NYC (er zijn er meer dan 12.000!) zijn een belevenis op zich. De chauffeurs rijden het hardst, spreken vaak nauwelijks Engels, en het is niet vreemd wanneer je chauffeur geen idee heeft hoe hij moet rijden. Gelukkig zijn ze redelijk betaalbaar. (Let ook op de taxi's waar ze 'cab tv' vertonen, een speciale zender die alleen in taxi's te ontvangen is.)

Begin je dag met een mooi uitzicht over de stad. Het Empire State Building is, sinds de aanslag op het WTC, het hoogste gebouw in NYC en voor 10 euro geniet je van het prachtige uitzicht vanaf de 86ste en de 102de verdieping! Ontbijten doe je bij voorkeur in een van de vele 'diners' a la *Seinfeld* waar je voor een paar dollar al een overvloedig en calorierijk ontbijt kan bestellen.

Een leuke buurt om rond te wandelen is de Lower East Side, een buurt die nog relatief goedkoop is, maar wél erg in opkomst. Je vindt hier veel vintage en artistieke winkeltjes, én Moby's vega-

nische koffielounge TeaNY (90, Rivington Str.). Wil je de stad echt goed leren kennen, dan kun je het best een Big Apple Greeter inschakelen: inwoners van de 'big apple' die het leuk vinden om toeristen gratis een stukje van hún stad te laten zien. Je krijgt ook nog een gratis Funpass waarmee je een dag lang met de metro kunt reizen!

Maar er is meer gratis: wat dacht je bijvoorbeeld van een tochtje van 25 minuten met de Staten Island Ferry die vaart tussen Manhattan en Staten Island, langs het Vrijheidsbeeld en Ellis Island.

En dan is er natuurlijk het Central Park, tusen 59th en 110th Street, dat groter is dan het koninkrijk Monaco en waar je het hele jaar je ogen kunt uitkijken. Je vindt hier onder meer een dierentuin, 12 voetbalvelden, 9000 bankjes, 32 standbeelden, en een vijver om op te roeien of schaatsen. Picknick tussen de New Yorkers, of huur skates en doe een 'rondje' park!

Ground Zero is natuurlijk de plek waar tot 11 september 2001 het WTC stond en het is bijzonder indrukwekkend om deze plek met eigen ogen te bekijken. Na de terroristische aanslag die de Twin Towers en nog vijf andere gebouwen verwoestte, is er nu een platform vanwaar je de rampplek kunt aanschouwen, en de bijna 3000 slachtoffers kunt herdenken.

Wil je 's avonds lekker eten, ga dan naar Kelley & Ping (127 Greene Str., tussen Houston en Prince Str.). Hier serveren ze heerlijke noedels en rijst voor weinig (max 10 dollar) en het restaurant zelf ziet er geweldig uit! (Je moet wel vaak wachten op een plekje.)

Wil je een grote broadwayshow bijwonen, dan kun je vanaf drie uur 's middags de overgebleven kaartjes voor die avond voor de halve prijs aanschaffen. Je vindt dit gebouwtje met TKTS erop midden op Times Square, kan niet

NO STANDING
WED SAT SUN
NO STANDING
EXCEPT TRUCKS

missen. Wil je helemaal gratis een grote show bezoeken, bel dan met wat theaters op en rond Broadway, en vraag of ze nog een usher nodig hebben. Als je geluk hebt kun je vervolgens een uurtje of twee flyers uitdelen (of kaartjes knippen) waarna je gratis de voorstelling kunt bijwonen.

En dan moet je natuurlijk ook een beetje betaalbaar overnachten. Wat dacht je van de volgende hotels: American Dream B&B (227 Lexington Ave., tussen 33rd en 34st Str.) vraagt 80 dollar voor een tweepersoonskamer, of 40 dollar voor een plek op een slaapzaal. De YMCA (224 East 47 Str. tussen 2nd & 3rd Ave) is een nogal luxe jeugdherberg, met twee zwembaden, een tuin, een juicebar en een gym (vanaf 55 dollar). Het Chelsea Star Hotel is gewoon een heel leuk hotel, een zgn. B&B&B (Bed, Bike, Blade), dus een slaapplaats, en een fiets of inline skates (100 dollar voor een tweepersoons kamer). Het Gershwin Hotel ten slotte is een hip design hotel, met de pop-art aan de muren en vele aparte gasten (vanaf 100 dollar).

Succes ermee en geniet ervan!

WAT: Een wereldstad!

WAAR: New York, VS

WANNEER: New York kun je het hele jaar bezoeken, hoewel het er zomers wel bijzonder heet en 's winters erg koud kan worden. De beste tijd is dan ook in het voor- en najaar.

WAT KOST HET: Niet al te veel als je je een beetje inhoudt en de bovenstaande adressen bezoekt en gebruikt.

MEER INFO: New York algemeen: www.nycvisit.com; Big Apple greeter: www.bigapplegreeter.org (alle adressen zie boven).

# GRACELAND

## Verenigde Staten, Memphis

Grote Amerikaanse toeristische attracties zoals pretparken zijn niet echt aan mij besteed. Als iets groots is opgezet en ik twee uur bezig ben om een parkeerplaats te vinden, hoeft het voor mij niet zo nodig. Toch is er een uitzondering en die vind je in Memphis, Tennessee: Graceland! Al ben je geen fan van Elvis, dan nog zul je je daar meer dan vermaken.

Graceland is, zoals de meesten onder ons wel weten, het voormalige woonhuis van Elvis Aaron Presley, een van de meest succesvolle artiesten aller tijden. Elvis kocht dit landhuis om er samen met zijn vrouw Priscilla en dochter Lisa Marie te gaan wonen. In die tijd was de roem van Elvis op zijn hoogtepunt. Elvis hield van het huis en de prachtige tuinen eromheen en dat is goed te zien. Elke kamer heeft een eigen thema, zoals de beroemde 'Jungle Room', ingericht met palmen, banken in tijgerprints en veel spiegels.

De laatste jaren van zijn leven takelde Elvis in rap tempo af. Vlak voor zijn dood was hij verslaafd aan een scala van verslavende middelen en kwam hij de dag niet meer door zonder pijnstillers. Uiteindelijk bezweek hij op het toilet in Graceland, met zijn broek op zijn enkels, aan een hartstilstand.

Jarenlang bleef Graceland in het bezit van zijn weduwe, maar toen Priscilla op een gegeven moment in financiële problemen raakte, besloot ze Graceland als een toeristische attractie open te stellen.

Niet alleen hoopte ze hiermee haar geldzaken op orde te brengen, maar wilde ze ook de legende van haar (ondertussen ex-)man in leven houden.

Aanvankelijk waren er mensen die hun twijfels hadden bij de beslissing van Priscilla, maar dat bleek geheel onterecht. Al vanaf het eerste moment dat het landgoed toegankelijk werd voor publiek, bleek het een gigantisch succes te zijn. Sinds de opening van Graceland passeren jaarlijks meer dan 700.000 mensen de poorten van het landgoed en daarmee is het na het Witte Huis het drukst bezochtste 'privé-huis' in de VS.

Het mooie aan Graceland is dat alles hier liefde uitstraalt voor de artiest maar ook vooral voor de mens Elvis. Het landgoed bestaat uit twee delen: het huis zelf en aan de andere kant van een brede straatweg een gedeelte met onder meer de kassa's, een restaurant, een tentoonstelling van zijn auto's en zelfs van zijn privé-vliegtuigen.

Een klein treintje zet je af voor de deur van het landgoed waarna je in kleine groepen de gang betreedt. Daar zet je de cassetterecorder aan die je bij de kassa gekregen hebt en vervolgens wandel je in een klein uurtje door de verschillende ruimtes van de begane grond (de eerste verdieping met de slaapkamers en HET toilet zijn niet toegankelijk voor publiek).

Het mooie aan de rondleiding is dat de kamers zo authentiek mogelijk zijn ingericht en dus heb je het gevoel dat de King hier gisteren nog was. Ook de teksten van je koptelefoon zijn een geweldige aanvulling want je hoort de mensen die hem toen gekend hebben, zoals zijn vrouw, dochter en vrienden, met veel liefde verschillende anekdotes over hem vertellen.

Na de verschillende kamers is het tijd voor de tuin waar je wordt rondgeleid over onder meer de schietbaan en de squashbaan waarin een tentoonstelling is ingericht met oude kostuums van Elvis (vooral de beroemde pakken van vlak voor zijn dood zijn fantastisch: *over the top* kitsch en gigantisch groot).

De rondtocht eindigt bij de meester zelf want achter in de tuin ligt Elvis begraven, naast zijn moeder en zijn doodgeboren tweelingbroertje Jesse Garon Presley.

De erven Presley hoeven nooit meer te werken, maar niet alleen zij profiteren van het succes van Graceland. Elk jaar wordt nog steeds een gedeelte van de winst rechtstreeks overgemaakt naar een aantal goede doelen zoals een kinderziekenhuis.

En één ding is zeker: al heb je nooit wat gehad met de entertainer Elvis, na een bezoek aan Graceland ga je gegarandeerd overstag.

**WAT:** Graceland, het landgoed van Elvis

**WAAR:** Memphis, Verenigde Staten

**WANNEER:** Het hele jaar, alhoewel je het hoogseizoen van mei tot augustus beter kunt vermijden

**WAT KOST HET:** Entree voor volwassenen: $ 28

**MEER INFORMATIE:** Info over Elvis: www.elvispresleynews.com, www.elvis.com; Graceland: www.elvis.com/graceland

# SHACK-UP INN

## Verenigde Staten, Memphis

Liefhebbers van de blues weten waar ze moeten zijn voor de echte blues: de Mississippidelta! Dit is de geboorteplaats van de blues waar grootheden als Sam Cooke en Muddy Waters hun roots hebben liggen. Bluesliefhebbers kunnen in deze streek hun hart ophalen met steden als Memphis waar je in Beale Street een van de vele bluescafés kunt bezoeken. Ook een stadje als Clarksdale is voor bluesliefhebbers een must want hier vind je onder andere het Delta Blues Museum.

Maar de belangrijkste reden om hier naartoe te gaan is om te overnachten in de Shack-up Inn, vaste *hang-out* van vele blues muzikanten. De eigenaren noemen deze plek een B&B wat staat voor Bed and Beer; dan weet je al genoeg...

Je vindt deze bijzondere plek op ongeveer anderhalf uur rijden ten zuiden van Memphis, nog geen vier mijl van de legendarische *cross roads*. Als je Memphis hebt verlaten, rij je eerst een tijd door het uitgestrekte en kale landschap waarin je niet veel meer ziet dan een verdwaalde koe of boerderij.

Nadat je van de hoofdweg af bent en enige tijd over een stoffige binnenroute hebt gereden, zie je in de verte een grote schuur, omgebouwd tot café, met een aantal afgereden pick-up trucks voor de deur.

Eenmaal binnen wordt extra duidelijk dat je hier in het diepe zuiden van de Verenigde Staten bent. Rechts van de ruimte vind je een lange bar met een aantal stoffige stamgasten op versleten barkrukken. De rest van het café wordt gevuld met houten tafeltjes en doorgezakte banken waarop hier en daar een mandje pinda's staat.

De muren zijn behangen met neonreclames, vergeelde posters en gebroken spiegels. Als je aan de bar een biertje bestelt, komt de barman op zijn dooie gemak aangesloft, en neemt uitgebreid de tijd om je bestelling op te nemen en een praatje met je te maken. De mensen aan de bar draaien zich even om om je te bekijken en gaan daarna weer onverstoorbaar op in hun eigen wereld. Hier kun je uren zitten rondkijken en genieten van de sfeer op deze plek die je normaal alleen in films ziet.

De schuur werd vroeger gebruikt als opslagplaats voor katoen die op de nabijgelegen velden werd geplukt. Om de seizoenarbeiders die op de plantages de katoen plukten onderdak te verschaffen, werd er naast de schuur een aantal kleine huisjes neergezet waar soms hele families woonden.

Nadat het gedaan was met de

katoenoogst raakten de gebouwen in verval. De huisjes bleken echter nog steeds nut te hebben, want ze werden al snel een plek voor muzikanten en componisten die in deze uithoek inspiratie vonden of goedkoop onderdak zochten.

In 1998 werd in de schuur het café geopend en besloot men de huisjes te gaan verhuren aan toeristen. Het mooie is dat er aan de huisjes niet veel is veranderd en dus lijkt het alsof de bewoners van toen nog elk moment thuis kunnen komen. Aan de muur vind je grote boekenplanken vol met stukgelezen klassiekers als Jack Kerouac. Naast de televisie ligt een stapel video's en in de keuken is de koelkast gevuld met melk en eieren. In sommige huisjes staat nog een piano en andere hebben weer stapels lp's of kinderspeelgoed. Aan de muur hangen zelfs nog prive foto's van vroegere bewoners!

Voor je gaat slapen kun je nog even in een schommelstoel op de veranda gaan zitten met een glaasje scotch om naar de sterren te kijken en naar de krekels te luisteren.

De Shack-up Inn is een hotel dat je eigenlijk geen hotel kunt noemen maar meer een belevenis. Een belevenis die je echt het gevoel geeft dat je niet dieper in 'the deep south' kunt zijn dan hier...

**WAT:** The Shack-up Inn

**WAAR:** Memphis, Tennessee

**WANNEER:** Het hele jaar door, maar houd er rekening mee dat het 's zomers erg heet kan worden

**WAT KOST HET:** $ 50 tot $ 75 per 'shack'

**MEER INFORMATIE:** Meer info over Memphis: www.memphistravel.com. Shack up Inn, Clarksdale, Mississippi, USA, tel. 001-662.624.8329 of www.shackupinn.com

# SAIGON

## Vietnam

Als je net aankomt in Vietnam moet je echt even wennen aan de drukte. Het is één grote chaos op straat: fietstaxi's, brommertaxi's, vrouwtjes die met rieten hoedjes op hun hoofd op alle hoeken van de straat hapjes verkopen. Anderen lopen met een grote stok op hun schouder, aan beide uiteinden een mand vol fruit, kreeften of kokend hete noodlesoep. Het verkeer kent geen regels en iedereen toetert de godganse dag om aan te geven dat ze eraan komen, erlangs willen, of gewoon voor de lol. Op rotondes rijdt iedereen kriskras door elkaar en wil je als voetganger oversteken dan kun je het beste gewoon gáán. Lopen zonder twijfel, want als je stil gaat staan kom je er nooit meer doorheen. Er zijn wel wat stoplichten, maar die staan in alle richtingen tegelijkertijd op rood, om vervolgens allemaal op hetzelfde moment weer op groen te springen.

Toch gebeuren er weinig ongelukken in het verkeer en iedereen weet zich perfect door de stroom mensen te wurmen. Dat is ook meteen het speciale aan de Vietnamezen: hun ongelofelijke uithoudings- en aanpassingsvermogen. Na jaren van oorlog is hier een trots volk opgestaan, dat op allerlei manieren het hoofd boven water probeert te houden. Soms merk je in andere Aziatische landen dat de mensen overdreven aardig zijn, onderdanig bijna, maar in Vietnam niet. Als mensen je niet moeten laten ze je dat merken, en wanneer iemand aardig is, meent hij dat ook echt. Ze houden van grapjes maken en vinden toeristen leuk, want daar kunnen ze aan verdienen en ze zullen je dan ook op alle mogelijke manieren

overhalen om iets van ze te kopen, zonder dat het echt vervelend wordt: alles met een lach.

Bij aankomst in Saigon (eigenlijk Ho Chi Minhstad, maar iedereen heeft het over Saigon) is het even schrikken. Het krioelt van de mensen, je kent de weg niet en je zoekt een hotel; altijd lastig in een miljoenenstad. De meeste buitenlandse toeristen laten zich naar de buurt rond Pham Ngu Lao rijden. Dit is een straat in het centrum van de stad, vol goedkope hotelletjes, restaurantjes en winkeltjes. Vanaf hier kun je de grote attracties, de tempels, de markten en China Town makkelijk bezoeken en het is er ook nog eens erg gezellig. Reisagenten verzorgen excursies naar de Mekongdelta, de Chi Chi-tunnels (een ondergronds netwerk waarmee de Vietnamezen de Amerikanen te slim af waren) en regelen visa en vluchten naar Laos, Cambodja of

Nepal. In een steegje achter Pham Ngu Lao staan een paar kleine, goedkope hotelletjes. Ik logeerde bij een familie die prima kamers – rustig, schoon en met balkon – verhuurde voor tien euro per nacht, een aanrader.

Hoewel je altijd moet uitkijken voor zakkenrollers, is Saigon een stad waar je je ook 's avonds veilig en op je gemak voelt. Ga je een avondwandeling maken, dan is het leuk en op een prettige manier spannend om van de grote weg af de kleine straten in te duiken. Achter de verlichte hoofdwegen ligt een netwerk van steegjes, hier wonen en leven de mensen echt. Alle huizen zien er hetzelfde uit, open aan de voorkant, vaak met een miniwinkeltje voor de deur. Oma zit voor de televisie en achterin staat een roze verlicht boeddhatempeltje. Dit is Saigon zoals je het je voorstelde: Azië ten voeten uit.

**WAT:** Aziatische topstad

**WAAR:** Saigon, Vietnam

**WANNEER:** Oktober tot april

**WAT KOST HET:** Hotelkamer vanaf € 8

**MEER INFO:** Minihotel Câm, 40/31 Bui Vien Street.

**RESERVERINGEN:** kevinkien@hcm.fpt.vn; vietnam.pagina.nl; www.lonelyplanet.com/worldguide/destinations/asia/vietnam

# KAAPSTAD

## Zuid-Afrika

Ik heb bij Zuid-Afrika nogal gemengde gevoelens. Natuurlijk: het is een prachtig land met onbeschrijfelijk veel prachtige natuur en cultuur, maar op de een of ander manier voelt het voor mij heel dubbel.

Ik herinner me nog goed dat we aan het draaien waren langs de oostkust, in de buurt van Port Elizabeth. In een geweldig hostel aan het strand werden we uitgenodigd om een 'braai' bij te wonen en het was reuze gezellig. Later op de avond kwam ik aan de praat met een aantal locals van rond de vijftig en meer dan een uur hebben we gezellig staan praten over hoe mooi het hier was, en hoe het ons hier beviel.

Tegen het eind van de avond begon iedereen redelijk dronken te worden en zo ook de drie mannen. Terwijl ze een wijntje bestelden, begonnen ze te lallen over 'vroeger'. Zo gauw er één begon haakte de rest in en alledrie hadden ze het over 'die mooie oude tijd toen ze nog fijn op negers konden schieten aan de grens met Zimbabwe. Dat waren nog eens tijden.'

Mijn drankje heb ik laten staan. Tien minuten later zaten we in de auto.

Hoe je het ook went of keert, tijdens je bezoek aan Zuid-Afrika word je altijd geconfronteerd met de geschiedenis van het land, de apartheid en de invloed die het verleden nog steeds op het land heeft. Altijd weer die enorme tegenstellingen die er zijn tussen arm en rijk. Het begint als je aankomt op de luchthaven van Kaapstad, want als je in de taxi stapt rij je eerst een halfuur langs gigantische krottenwijken voor je uiteindelijk in het centrum aan komt. Het is een eindeloze verzameling van krakkemikkige huisjes waar een groot gedeelte van deze gigantische stad in woont. Beelden die je bijblijven als je niet veel later met een koel drankje en een goede lunch op het terras zit.

Kaapstad is door zijn ligging aan de zee, aan de voet van de beroemde Tafelberg een van 's werelds mooiste steden. De stranden zijn wit en uitgestrekt, de zon schijnt bijna altijd en je vindt overal goede restaurants en cafés waar een uiterst relaxte sfeer hangt.

Op het eerste gezicht lijkt de stad heel klein. Het centrum van de stad, dat ten noorden van de Tafelberg ligt, is heel overzichtelijk en op diverse plekken vind je nog herinneringen aan de Nederlanders die hier ooit de dienst uit

maakten. De belangrijkste 'witte' wijken liggen verspreid naar het noordoosten van het centrum, aan de voet van diezelfde beroemde Tafelberg. In het westen vind je weer exclusieve blanke wijken als Clifton en het prachtige Camps Bay.

De inwoners van Kaapstad staan absoluut heel gastvrij en in heel veel dingen doet de stad denken aan Australië: je leeft hier buiten, je gaat vaak naar de mooie stranden zoals die van Camps Bay en elke avond is er wel ergens een braai. Ook worden er geregeld concerten of optredens georganiseerd en op straat klinkt altijd ergens muziek. Een levendige stad die een enorme aantrekkingskracht heeft op bezoekers van over de hele wereld.

Wil je toch eens de andere kant van Kaapstad zien, dan moet je naar de townships van Cape Flats, niet ver van het centrum van de stad. Ga wel altijd met een gids want als toerist alleen kun je het wel vergeten.

In de townships staan duizenden kleine gammele huisjes dicht op elkaar gebouwd, met stoffige straten waar het altijd druk is met spelende kinderen, vrouwen met plastic manden op hun hoofd en magere geiten die door het afval struinen. Veel inwoners van deze stad, waaronder ook kleurlingen, halen het niet in hun hoofd om deze buurt te bezoeken, maar laat je niet ontmoedigen want je zal, mits je met een lokale gids bent, met heel veel hartelijkheid begroet worden.

Als ik de township Langa bezoek is het al laat in de middag. Ik word bij de moeder van gids Joseph thuis uitgenodigd om cola te drinken en koekjes te eten. Het vrouwtje laat me trots haar verzameling buitenlandse pennen zien, waarna ze me meeneemt achter het huis om me ook nog vol trots de drie tomatenplanten te showen die in grote potten achter

prikkeldraad in het kleine tuintje staan.

Daarna wandelen we gezamenlijk door de stoffige straat en overal worden we met nieuwsgierigheid bekeken. Een vrouw laat me trots haar pasgeboren baby zien; een roze meisje gewikkeld in een dunne deken met een veel te grote gebreide muts op haar hoofdje.

Na een kwartiertje gelopen te hebben, komen we uit bij een klein gebouwtje waar kunst verkocht wordt die door de inwoners van de township zelf gemaakt wordt. Een goede plek om een prachtig souvenir mee vandaan te nemen want er hangen niet alleen hele mooie schilderijen maar de opbrengst gaat ook nog eens volledig naar een klein schooltje even verderop.

Ten slotte neemt Joseph me mee naar de Shabeen, de plaatselijke kroeg. Ik moet even slikken als ik hier naar binnen loop want ik word aangestaard door minstens vijftig man die elke stap volgen die ik zet. Eenmaal binnen gaat de muziek hard en bestelt Joseph twee flessen koud Omaluvubier. We gaan aan een lage tafel zitten en langzaam begint iedereen te ontdooien. Niet veel later schuift de eerste local bij ons aan de tafel die alles van me wil weten: waar ik vandaan kom, hoe ik heet en wat ik van de township vind.

De rest van de avond zit ik met Joseph te drinken en word ik voorgesteld aan de mensen hier. Uiteindelijk staat iedereen te dansen op de veel te krappe dansvloer en als ik door Joseph weer terug word gebracht naar mijn hotel, zit mijn hoofd vol met muziek en plaatjes van de mensen.

Een bezoek aan Cape Flats mag je niet missen want het geeft je een goed beeld van de andere kant van Kaapstad, een kant die de meeste toeristen niet te zien krijgen.

**WAT:** Bezoek een township
**WAAR:** Kaapstad
**WANNEER:** De beste tijd om Kaapstad te bezoeken is tijdens de zomer (onze winter) want dan heb je het beste weer. Regel je ticket op tijd, want de vluchten zitten vaak erg vol.
**WAT KOST HET:** Een bezoek aan een township kost $ 40, maar een deel van dat geld komt ten goede aan projecten in de township zelf.
**MEER INFORMATIE:** Zuid-Afrika algemeen: www.zuid-afrika.startkabel.nl; Kaapstad: www.lonelyplanet.com/worldguide/destinations/africa/cape_town/ of www.cape-town.org; tours door de township: meer info via: www.capetownsafaris.com (onder Cape Town Day Tours).

# KAMPEREN IN KRUGERPARK

## Zuid-Afrika

Op safari gaan is over het algemeen niet goedkoop. In het Krugerpark, het bekendste wildpark van Zuid-Afrika vind je een groot aantal prachtige lodges die voor een overnachting algauw 150 dollar vragen. Een hoop geld, al krijg je daar wel wat voor terug: je slaapt in luxe ingerichte tenten, eet heerlijke maaltijden en wordt per terreinwagen met chauffeur door het gebied gereden, op zoek naar de Big Five: de olifant, de neushoorn, het luipaard, de buffel en de leeuw.

Voor de meeste toeristen zijn dit de vijf dieren die ze gezien moeten hebben, al weten weinigen van hen meer waarom. De term stamt uit de tijd rond 1900 toen de 'grote witte jagers' naar Afrika kwamen om wild te schieten en bij voorkeur de meest gevaarlijke dieren van Afrika wilden neerleggen. Eigenlijk dus een term die we zo gauw mogelijk zouden moeten vergeten, omdat het van oorsprong een aanduiding is voor dieren die 'stoer' waren om te doden. En dan te bedenken dat het gevaarlijkste dier van allemaal, het nijlpaard, er niet eens bij zit! (Zo is er onlangs nog een toerist geconsumeerd door zo'n vriendelijk ogend dier. Schijn bedriegt...)

Of je nou wel of niet de Big Five ziet: zo'n safari is een prachtige maar dure ervaring.

Toch kun je ook met een klein budget de Big Five bewonderen, want in het Krugerpark vind je een aantal kampeerplekken waar je je tent kunt opzetten! Voor nog geen € 24 kun je in het Berg-en-Dal Camp met z'n tweeën overnachten en dat klinkt toch al een stuk beter.

Alle kampeerplekken hebben hun eigen 'braai'plaats waar je 's avonds je eigen maal op kunt grillen (scheelt ook weer). Op het terrein vind je verder 'cottages' die vooral door gezinnen gehuurd worden, een aantal bungalows en twee guesthouses dus mocht je wat meer willen besteden, dan is er genoeg keus. Voordeel van dit camp is het feit dat ze een zwembad hebben; altijd fijn na een warme dag in de bush...

Het camp, vlakbij het Malelane ingang van het park, ligt op zo'n vijf kilometer van een 'waterhole', waar vooral neushoorns vaak komen drinken. Maar ook de giraf, olifant, reebok en het luipaard worden hier gesignaleerd.

Tijdens een gamedrive ga je in een open 4x4 de bush in. Vooral de gidsen zijn briljant, want die zien werkelijk alles: terwijl wij alleen maar groen zien, herkennen zij de dieren al op grote afstand.

Wat je zeker ook niet mag missen is een 'walking safari'. In alle vroegte word je door de gidsen uit je bed getrommeld, waarna je met je slaperige hoofd te voet de wildernis in wandelt. Samen met een klein groepje andere gasten van het hostel loop je vervolgens een paar uur over het terrein en dat is een bijzondere ervaring. De zon komt op, overal om je heen hoor je geluiden en om de zoveel tijd stopt de gids om je te wijzen op kleine details zoals een dierenspoor of een bijzondere plant.

Het is even wennen als je onbeschermd door de vrije natuur loopt. Als je het gebied met de auto verkent, wordt er voortdurend gewaarschuwd niet uit de auto te springen en alleen rond te lopen en dan lijkt een tocht als deze niet echt slim. Toch loop je geen gevaar, want de gidsen zijn goed bewapend, ze nemen geen risico's en ze weten waar ze wel en niet moeten komen.

Veel groot wild zul je tijdens deze wandeling trouwens niet zien, want die beesten zijn schuw en horen de langzame groep van verre naderen. Toch is er altijd wel iets wat je tegenkomt: een groep zebra's die vredig staat te grazen in het open veld, of giraffen die blaadjes uit de toppen van de bomen trekken. Het mooiste van deze manier van safari is dat je dingen ziet die je nooit kunt zien als je per auto door het gebied rijdt. En als je na een paar uur voor je tentje weer aan je ontbijt zit, voel je je de grootste avonturier van wereld…

**WAT:** Betaalbare safari

**WAAR:** Krugerpark, Zuid-Afrika

**WANNEER:** De beste tijd voor een safari is de lente (september-oktober). Door de droogte van de winter zijn de bomen minder groen waardoor je meer kunt zien. In de zomer is de begroeiing dichter, wat het zicht weer beperkt. Een voordeel is dan wel dat er in deze periode veel jonge dieren zijn, die in de lente zijn geboren. In de zomer (december-januari) kan het erg heet zijn, maar heb je wel meer kans op wilde dieren die op de waterplaatsen afkomen.

**HOEVEEL KOST HET:** Toegang Krugerpark € 12; overnachtingen Berg-en-Dal: vanaf € 24; gamedrive: vanaf € 59

**MEER INFORMATIE:** Zuid-Afrika algemeen: www.southafrica.net; Krugerpark: www.krugerpark.co.za/; Berg-en-Dal Camp: www.krugerpark.co.za/berg-en-dal-camp.html

# VLOTVAREN

## Zweden

Vakantie met kinderen: ik ben er geen expert in, dat geef ik meteen toe. Ik heb een voorliefde voor actieve reizen en ik hou ook wel van een goede stedentrip waarbij het nachtleven niet wordt overgeslagen. Dat zijn niet direct trips waar je mee aan moet komen bij een kind.

Gelukkig kan ik dankzij mijn reizen voor Yorin wel een aantal vakanties bedenken waar kids ook enorm veel pret aan kunnen beleven. Zo hebben we in Zuid-Engeland een aantal dagen met een *house boat* door de kanalen gevaren. Deze kleurige schepen hebben alles wat je nodig hebt: keukentje, slaapkamer, douche et cetera, en op je gemakje kun je ermee door de prachtige groene Engelse landschappen varen. Vooral kinderen vinden zo'n tocht prachtig, want ze mogen onderweg bruggetjes ophalen, sluisjes bedienen en meehelpen sturen als je met het schip over een aquaduct vaart (dat vindt iedereen leuk toch?) Je vindt deze kanalen rondom de stad Bath en in deze prachtige stad is ook genoeg te beleven voor jong en oud.

Ook leuk voor kids: kamperen bij de boer in Zwitserland! Lekker met je tentje in de boomgaard, 's morgens vroeg opstaan en meehelpen met het melken van de koeien (de kinderen dan), meerijden op de trekker, appels plukken et cetera. In verschillende kantons (provincies) kun je zo'n vakantie beleven, en reken maar dat ze een toptijd hebben!

Maar er is nog een land waar je met de kinderen prima terecht kunt en dat is Zweden! In tegenstelling tot wat veel mensen den-

ken hoeft een vakantie daar helemaal niet zo duur te zijn, zeker als je met je eigen auto gaat. De tocht gaat via Denemarken waar je vanaf de oostkust bij Kopenhagen de nieuwe brug naar het Zweedse vasteland kunt nemen. Daar in het zuiden vind je trouwens al meteen de eerste leuke activiteit voor de kids: een bezoekje aan Pipi Langstrumpfland. In dit pretpark draait alles om de kleine Zweedse heldin met de twee paardenstaarten, Pipi Langkous. Vervolgens rijd je door naar de hoofdstad Stockholm, een prachtige stad die je zeker niet over moet slaan. Stockholm ligt aan zee en voor de kust liggen honderden kleine eilandjes waar je ontelbare strandjes vindt. Neem de ferry vanuit de stad, stop je rugzak vol met een groot kleed en stapels Zweedse lekkernijen zoals worstjes, pannenkoekjes met blauwe bessen en broodjes gerookte zalm, en je hebt een topdag! En dan maar lekker zwemmen, zonnen, boekjes lezen en eindeloos niets doen.

Na Stockholm vervolg je je reis richting het noorden en na zo'n vijf uur kom je uit bij de plek waar je moet zijn: Gunnerud. Deze streek is sowieso al bijzonder: hoge groene heuvels, mooie houten Zweedse huizen en de prachtige rivier de Klarälven die door het landschap slingert. Aan de rand van de rivier begint het avontuur, want hier bouw je in een dag je eigen vlot waarmee je de komende dagen de rivier af gaat zakken. Het bouwen is op zich niet al te ingewikkeld: de grote stammen liggen al voor je klaar, je moet ze alleen met dikke touwen aan elkaar knopen. Op het grote vlot wordt een aantal kisten neergezet met alles wat je maar nodig kunt hebben onderweg, zoals olielampen, een paar peddels, potten en pannen en nog veel meer handigs. Ten slotte zet je achter op het vlot een echte tent op waar je in kunt slapen en klaar is je nieuwe huis!

De dagen erna dobber je met je vlot de rivier af. Het water stroomt niet harder dan 5 kilometer per uur, dus je hebt alle tijd om te genieten van de prachtige omgeving of om met de kinderen een hengel uit te gooien voor verse vis voor op de barbecue.

's Avonds kun je kiezen of je op het vlot slaapt of in een tentje aan wal. In Zweden mag je vrij kamperen en dus heb je het voor het uitkiezen, waarbij je er alleen op moet letten dat je niet te dicht bij een woonhuis staat.

De volgende dag gooi je de trossen weer los en langzaam dobber je verder, richting het zuiden. Na afloop kun je nog even uitgebreid genieten van een echte Zweedse sauna voor je weer naar huis gaat. Zeker weten dat kinderen, maar ook ouders, hier een topvakantie hebben!

**WAT:** Vlotvaren
**WAAR:** Zweden
**WANNEER:** De beste tijd voor een vlotvakantie is in de zomer, van juni tot en met augustus. Je moet altijd een beetje geluk hebben met het weer, maar net als in Nederland kan het 's zomers wekenlang prachtig zijn! Vergeet trouwens niet genoeg muggenmelk mee te nemen.
**WAT KOST HET:** Pipi Langstrumpfland: volwassenen: € 24, kinderen tot 12 € 16. Vlotvakantie inclusief alle materialen en instructie, vooraf twee nachten in een blokhut en sauna na afloop: vanaf € 425
**MEER INFORMATIE:** Zweden algemeen: www.visit-sweden.com; vlotvakantie: www.wandelwaaier.nl/vakantie-reizen; Pippi Langkous: www.astridlindgrensworld.com of www.pippi.net; Narrowboarts Bath: The Bath & Dundas Canal Co. 0044 1225 722292; kamperen Zwitserland: verkeersbureau: 0800-100.200.31 of www.myswitserland.com.

# VAKANTIELAND

## Zwitserland

Als een van de weinige kinderen in mijn klas hadden wij vroeger geen auto. Alles gebeurde dan ook op de fiets: boodschappen doen, naar school en op vakantie gaan. Zo trokken we 's zomers als een kleine optocht door Nederland: mijn broer en zus op een fietsje, mijn andere zusje achterop bij mijn vader en ik voorop bij mijn moeder. Plus alle rotzooi die je nodig hebt tijdens een fietsvakantie met vier kinderen. Petje af voor mijn ouders die elk jaar weer begonnen aan die volksverhuizing.

Mijn verlangen om naar het buitenland te gaan zat er al van kinds af aan in maar met die fietsvakanties schoot dat niet echt op. Ik kan me dan ook nog haarscherp het moment herinneren dat mijn moeder aankondigde dat we voor het eerst op zomervakantie zouden gaan naar het buitenland, naar Zwitserland om precies te zijn. Ik was elf en mijn vreugde was uitzinnig, zeker nadat ze vertelde dat we met de trein zouden gaan.

De hele reis heb ik als in een roes ervaren. De treinreis was in mijn ogen een wereldreis, de stations groots en indrukwekkend, en de aankomst in Zwitserland onvergetelijk.

We logeerden in een klein dorpje in Graubunden, een van de mooiste gebieden van Zwitserland in een *Familienherberge*, een soort jeugdherberg voor gezinnen. Vaak namen we de Rhätische Bahn (de plaatselijke spoorbaan) om naar een klein dorp te gaan waar vandaan we lange wandelingen door het gebied maakten (soms net iets té lang, mijn vader was altijd wel heel erg enthou-

siast in het plannen van routes).

Jarenlang zijn we op deze manier op vakantie gegaan, vaak gecombineerd met een bezoek aan de familie Luchinger die in Weinfelden, in het noorden van Zwitserland in de buurt van de Bodensee, woont. Oom Theo en tante Cilia en hun vier kinderen zijn familie van mijn moeder en het was altijd geweldig om daar een weekje te verblijven, in het grote huis met de mooie tuin waar we eindeloos konden spelen.

Nog steeds ga ik elk jaar minstens twee keer naar Zwitserland, omdat mijn ouders er te vinden zijn, al is het nu dan omdat ze elk jaar van huis ruilen met de Luchingers. Voor mij blijft het heerlijk om in alle hectiek die een jaar lang reizen voor RTL *Travel* met zich meebrengt even te ontspannen in Zwitserland. Lekker de hele dag boekjes lezen op het terras, op je rug liggen op een kleedje in de prachtige en lekker ruikende tuin, met mijn neefjes en nichtje spelen, lange wandelingen met mijn vader maken door de prachtige heuvels in de omgeving van Weinfelden of met de fiets naar de Bodensee, een gigantisch meer aan de grens met Duitsland waar je kunt zwemmen en zeilen, en ’s avonds op het terras aan het water uitgebreid kunt eten.

Dit kanton is een aanrader, ook als je hier geen familie hebt. Er is bijna geen toerisme, maar vooral als je van activiteit houdt, kun je hier je hart ophalen. Er is een uitgebreid netwerk van wandel- en fietspaden, maar je kunt ook naar de bergen bij Appenzell, een voorloper van de Alpen waar je kunt abseilen, mountainbiken en waar je ’s winters kunt skiën.

Als je toch in dit gebied bent, ga dan ook een paar dagen naar Zürich, met recht een wereldstad. Deze stad ligt aan de Zürichsee en vooral ’s zomers is het er ideaal. Er zijn heel veel mooie maar helaas ook redelijk dure winkels, goede restaurants en geweldige clubs om ’s avonds uit te gaan.

Slapen kun je onder meer in hotel Seegarten, een prima hotel vlak bij het centrum met het fantastische Italiaanse restaurant Latino op de begane grond.

Vooral als het mooi weer is (en dat is het nogal eens) is het hier dikke pret want je kunt, zoals heel veel inwoners van deze stad, languit relaxen in het park aan de Zürichsee, waar je ook kunt *wakeboarden* en zeilen. In datzelfde park worden de hele zomer door ’s avonds openluchtbioscoopvoorstellingen gegeven, met uitzicht op het water en de lichtjes van de stad.

Nog een aanrader is de Letten, een snelstromende rivier die dwars door de stad loopt en waarlangs ze zonneweides hebben aangelegd. Je springt dan de rivier in, laat je een eind meedrijven in de snelle stroming en een stuk later klim je er weer uit om terug te lopen. En dan weer terug naar je handdoek, rosé bestellen en niets doen. En ook hier is 's avonds weer genoeg te doen want je kunt heerlijk eten in kleine hippe restaurants met grote terrassen waar heel veel jonge mensen tot laat in de avond zitten te drinken.

Tot slot nog een tip: ga begin augustus. Dan maak je niet alleen een nationale feestdag met veel vuurwerk mee (1 augustus), maar is er ook een gigantische *streetparade,* die in tegenstelling tot de *loveparade* van Berlijn gelukkig nog wél doorgaat.

**WAT:** Weinfelden en Zürich

**WAAR:** Zwitserland

**WANNEER:** Het hele jaar, hoewel er vooral 's zomers heel veel te beleven is. De streetparade is in 2004 op 7 augustus.

**WAT KOST HET:** Zwitserland is geen goedkoop vakantieland. Accommodatie en restaurants zijn behoorlijk prijzig. Toch zijn er genoeg budgetmogelijkheden en veel leuke dingen zoals fietsen, wandelen, zwemmen en de streetparade zijn sowieso gratis!

**MEER INFORMATIE:** Voor het kanton Thurgau en Zwitserland algemeen: www.myswitzerland.com/; Zürich algemeen: http://www.zuerich.com; Hotel Seegarten, Seegartenstrasse 14, Zürich, tel. + 41-1-3883737, fax + 41-1-3883738; Zwemmen in de Letten: www.badi-info.ch; Streetparade: http://www.streetparade.ch/; Openluchtbioscoop: http://www.orangecinema.ch/en

# EINDBESTEMMING

## Nederland

Ik kan dit boek maar met één wereldplek besluiten, en dat is Nederland!

Goed, er zijn best dingen waar ik niet dol op ben hier: het feit dat je tegenwoordig niet meer normaal van A naar B kunt met je auto omdat je wel erg vaak in de file terechtkomt. En dat we door het weer en de wisselende seizoenen geen volk zijn dat fijn buiten leeft. En wat dacht je van het feit dat we in ons land nog steeds niet erg zuinig met onze natuurgebieden omgaan, zoals bijvoorbeeld bewezen wordt met de aantasting van het groene hart. Zo kan ik nog wel tijden doorgaan...

Maar toch is en blijft Nederland mijn thuisland, het land waar ik geboren en getogen ben. Ik ben absoluut geen type dat met oranje vlaggen tijdens voetbalwedstrijden het volkslied meebrult, maar ik ben wel gehecht aan dit kleine landje aan de Noordzee.

Elke keer als we met het vliegtuig weer de daling inzetten richting Schiphol zit ik met m'n neus tegen het raampje om de windmolens in de Flevopolder te zien, de zeilbootjes op het IJsselmeer of de Zeeuwse eilanden. Het is altijd bijzonder om weer door de slurf te lopen en langzaam Nederland in te wandelen. En niet te vergeten mijn telefoon weer aan te zetten om de vertrouwde stemmen van mijn familie en vrienden weer te horen op mijn antwoordapparaat.

Maar belangrijker is nog dat ik me als geen ander realiseer wat een gigantisch voorrecht het is om hiervandaan te komen en hoe vanzelfsprekend het is een Nederlands paspoort te hebben. Het is een luxe om zomaar overal naartoe te kunnen reizen zonder tegen te worden gehouden. Ik herinner me altijd nog een vrouwelijke gids die ik in Moskou ontmoette en die me vertelde hoe graag ze een keer naar Amsterdam wilde, gewoon alleen maar op vakantie en dan weer naar huis. Maar elke keer als ze een visum aanvroeg, werd dat geweigerd en werd haar indirect verteld dat ze daar toch niets te zoeken had. Maar al had ze dat visum, dan nog kon ze de reis niet eens betalen met een inkomen van € 75,- per maand.

Het is voor mij niet vanzelfsprekend om de wereld over te gaan, ondanks of misschien juist dankzij het werk dat ik doe. Om zomaar je paspoort te kunnen pakken, waarbij je hoogstens af en toe een visum moet aanvragen, dat je meestal wel krijgt. Ik heb veel mensen ontmoet voor wie dat ondenkbaar is: jongeren in de krottenwijken van Durban, arme boeren in Ecuador, kleine zwervertjes in Roemenië, families in piepkleine huisjes in India. Allemaal waren ze niet verder geweest dan hun eigen stad of dorp en ze hadden geen idee waar Nederland lag. Ik zei ze gedag en stapte op het vliegtuig naar huis om een paar weken later naar een andere bestemming te vertrekken. Die vrijheid zal voor mij nooit vanzelfsprekend worden.

Tot slot nog een kleine ode aan een paar 'wereldplekken' in Nederland, plekken waar ik persoonlijk van hou.

Ten eerste is dat de stad waar ik al meer dan vijftien jaar woon: Amsterdam. Niets ten nadele van andere steden, maar Amsterdam is met zijn grachten, inwoners en sfeer met niets te vergelijken. Het liefst stap ik op mijn fietsje om op zondag over de grachten te rijden, een verse jus te drinken op een terras en dan een vriend of vriendin op te zoeken.

Maar ook: het Speulderbos op de Veluwe. Daar ben ik dit najaar nog gaan kamperen met mijn vader terwijl het 's nachts vroor. Het bos is bijna sprookjesachtig met zijn gekromde bomen, gigantische varens en kronkelende paadjes. Loop je door, dan kom je op de heide waar je uren kunt dwalen. En natuurlijk na afloop een kop soep eten in de herberg op de kruising midden in het bos.

Ook heerlijk: het IJsselmeer, en dan het liefst bij Edam. Vijf jaar geleden heb ik met een vriend een boot gekocht in Puerto Rico en die over laten komen. Sindsdien ligt hij in de binnenhaven van Edam en het is en blijft fantastisch om in je eentje door de sluis te varen richting het open water. De hele middag blijf je op het water, met in de verte de kerktorens van Volendam. En dan net zolang op het water blijven tot iedereen al terug is naar de haven en je het uitgestrekte IJsselmeer helemaal voor jezelf hebt.

Tot slot: de Kennemerduinen en het Noordzeestrand. Het zal ermee te maken hebben dat ik hier vlakbij geboren ben en er als kind veel te vinden was met mijn ouders, broer en zusjes, maar dit is voor mij een van de mooiste plekjes van Nederland. Lange wandelingen door de duinen, liefst als het lekker helder koud is in de winter, hier en daar een konijn dat wegspringt en dan verder lopen tot je in de verte de hoge duinen ziet die voor de zee liggen. En ten slotte over de grote duinen klauteren en de grijze Noordzee zien liggen. Toch weer de zee, want daar kun je altijd weer ver over uitkijken en dromen over alle mooie dingen die daarachter liggen...

**WAT:** Amsterdam, het Speulderbos, het IJsselmeer en de Waterleidingduinen
**WAAR:** Nederland
**WANNEER:** Het hele jaar door, hoewel de zomer echt de leukste tijd is (maar dat hoef ik niet te vertellen).
**WAT KOST HET:** Door Amsterdam fietsen is gratis, kamperen in het Speulderbos kost je € 11 per nacht. Zeilen op het IJsselmeer kost je niets, boothuur vanaf € 185 per midweek. Een dagkaart voor de Waterleidingduinen kost € 1.
**MEER INFORMATIE:** Amsterdam: www.show-info.nl/amsterdam/nl; Speulderbos: Speulderbosweg 55, 3886 AN Garderen, tel.: 0577-462809; Waterleidingduinen: bezoekerscentrum De Oranjekom tel.: 023-5233595.

# FOTOVERANTWOORDING

Hanneke van Bindsbergen: pagina 17, 37, 38, 39, 61, 121, 154, 156, 157, 232, 237, 238, 344, 356, 358, 375, 392, 419

Floortje Dessing: pagina 37, 70, 79, 89, 97, 125, 130, 146, 156, 162, 170, 192, 225, 227, 288, 312, 338, 377

Renee Geerards: pagina 56, 60

Gabor Nijenhuis: pagina 387

Martin de Pee: pagina 216, 218, 302, 303, 306, 322, 323, 324, 361, 406, 407

Remco van Puffelen: pagina 117, 118, 169, 173, 195, 196, 298, 349, 350

Mandy Soons: pagina 27, 50, 84, 86, 89, 90, 113, 128, 148, 149, 150, 188, 202, 242, 246, 250, 253, 264, 265, 281, 301, 330, 333, 335, 347, 370, 371, 381, 410

Heleen Spruyt: pagina 53, 69, 74, 108

Sarah Vis: pagina 146, 288, 290, 428

# DANK DANK DANK...

Er zijn heel veel mensen zonder wie *100 wereldplekken* nooit gemaakt had kunnen worden.

Alle vaste redacteuren van *Yorin Travel* bijvoorbeeld zoals Mandy, Hanneke, Heleen en Sarah die al jaren keihard werken aan dit programma. Maar ook alle andere vaste medewerkers zoals Remco, Debbie, Ilja, Marc, Chrisje, Twan, Rick, Dave, Simone, Saskia, Sabien, Mies en alle anderen die bij ons gewerkt hebben. En natuurlijk de vele medepresentatoren die ik gehad heb in de afgelopen jaren. Maar ook de mensen bij Avidrome, waar we ons programma monteren, en niet te vergeten alle stagiaires die ons de afgelopen jaren hebben geholpen. Ook veel dank voor alle cameraploegen die de afgelopen jaren achter ons aan gehold zijn!

Heel belangrijk voor *Yorin Travel* waren en zijn ook de verkeersbureaus, de luchtvaartmaatschappijen, hotels, autoverhuurders en ambassades die ons hebben geholpen.

Heel veel dank natuurlijk voor Yorin (en eerst Veronica) die me de kans hebben gegeven om deze programma's te kunnen maken en mijn eigen productiebureau te starten: eerst Unico, vervolgens Kees en nu Leo. Maar ik ben ook veel dank verschuldigd aan mensen als Erland, Heleen, Raul en Monica die de afgelopen jaren zoveel voor *Yorin Travel* hebben gedaan.

Natuurlijk ook veel dank aan Uitgeverij Prometheus die door middel van het enthousiasme van Esther ervoor zorgde dat het überhaupt zo ver gekomen is.

En natuurlijk mijn vrienden die het altijd begrepen als ik ergens niet bij kon zijn, me bij thuiskomst altijd weer met open armen opvingen en geduldig naar mijn verhalen luisterden. Dankjewel Okkie, Hanneke, Mandy, Angelique, Coletje, Luc, Bouke, Friso, Joost, Martin, Anne, Ernie, Dagmar, Dirk, Melcher, Arlet, Reneeke, Josja, Jochem, Natascha, Sylvia, Jappie, Guido, Ollie, Raymonneke, en Liselotje.

En last but not least mijn familie: paps en mams, Johannes, Claartje en Margje plus natuurlijk 'tante Annie' en alle aanhang: Monique, Dick en Ron. Zonder zo'n familie was ik nooit zo ver gekomen...

Liefs,
Floortje